ROBIN KAISER

# EXIT MATRIX TEXTE

Exit Matrix Texte

Verlag: epubli
Cover: Robin Kaiser
Lektorat: Roland Kaiser, Lea Hartmann,
Kirsten Schürmann
Druck: neopubli GmbH, Berlin

E-Mail: info@robinkaiser.eu
Homepage: www.robinkaiser.eu

ISBN (print): 978-3-754946-88-6

ISBN (Ebook): 978-3-754946-90-9

# EXIT MATRIX
# TEXTE

**Epubli**

## Inhaltsverzeichnis

Lieber Leser,
die Matrix ist allgegenwärtig, auch jetzt in diesem Moment umgibt sie dich und gaukelt dir eine materielle Scheinwelt vor, um dich von der Wahrheit abzulenken. Du wurdest in diese künstliche Realität geboren und hast zeit deines Lebens mit den physischen Sinnen nur den Schein einer Oberflächenrealität wahrgenommen. Die Art, wie du die Welt wahrnimmst, ist ein Bewusstseinsprogramm, das dich auf einen winzig kleinen Teil der Wirklichkeit beschränkt. Und gleichzeitig ist es dir möglich, dich kraft deines Bewusstseins aus dem Gefängnis der Matrixprogrammierung zu befreien und dich über all die Muster zu erheben, die dir im Rahmen der Matrixprogrammierung eingepflanzt wurden. Die Matrix ist ein Gefängnis, das du weder anfassen noch sehen oder hören kannst, weil die Gefangennahme gerade darin besteht, dich nur den materiellen Teil der Realität erfahren zu lassen.
Ich lade dich mit diesem Buch ein, tiefer mit mir in den Kaninchenbau hinabzusteigen, um dir zu zeigen, durch welche elementaren Programme sich die Matrix aufbaut und was jenseits des Schleiers auf dich wartet. Dieses Buch ist, wie alles, was du in dieser Welt wahrnimmst, Teil der Matrix und dennoch finden sich in ihm Hinweise auf den Ausgang aus einer tausendjährigen Versklavung. Die Exit-Texte verschaffen einen Rundumblick über viele verschiedene Themengebiete und zeigen dadurch auf vielfältige Weise, wie subtil und tiefgreifend die beschränkenden Programme sich

bereits in das menschliche Bewusstsein festgesetzt haben. Einige Exit-Texte werden dich mehr ansprechen als andere, wobei du besonders die Abschnitte unter die Lupe nehmen darfst, bei denen sich ein innerer Widerstand bei dir regt.
Sicherlich ist dieses Buch über manche Strecken keine leichte Kost, die je nach Aufnahmebereitschaft nur in kleinen Häppchen gut verdaulich ist. Achte folglich beim Lesen darauf, ob du wirklich bereit bist, dich über jeden Satz tiefer in ein erweitertes Bewusstsein führen zu lassen. Alle Exit-Texte sind aus einem erweiterten Bewusstsein heraus geboren und sie tragen deshalb das energetische Potential in sich, auch in dir die künstlichen Programme zu transzendieren.
Ursprünglich bildeten die Texte die Grundlage für die Videos auf meinem YouTube-Kanal, doch schnell wurde mir klar, dass sie auch dazu bestimmt sind, als Buch unter diesem Titel veröffentlicht zu werden. Zeit meines Lebens habe ich mich immer wieder bewusst für die Wahrheit entschieden, auch wenn es die radikale Auflösung meines alten Weltbildes bedeutete und ich kann dir nur mit auf den Weg geben, dass jeder Schritt, der dich näher zur Wahrheit führt, egal wie unangenehm die Begleiterscheinungen sein mögen, unermesslich lohnenswert ist. Möge dich in diesem Sinne das Buch tiefer zur Wahrheit in dir führen.
Danke für deine Bereitschaft und dein Vertrauen, den Weg mit mir aus dem Bewusstseinsgefängnis zu beschreiten. In herzlicher Verbundenheit,
Robin Kaiser

# Die Auflösung der Dunkelwesen

Alles, was in der Dualität existiert trägt das tiefe Bedürfnis in sich, in die Einheit allen Seins aufgelöst zu werden. Alle Wesen, die ihre Existenz in der Dunkelheit fristen sind nur Schatten ihrer selbst, die sich danach sehnen, ins Licht geführt zu werden.

Da sie diese Sehnsucht aber nicht bewusst in sich wahrnehmen, drücken sie sie in der verdrehten Form aus, die Wesen, die im Lichte der göttlichen Ordnung stehen, anzugreifen. Jeder energetische oder physische Angriff von einem unlichten Wesen auf dich, ist sein verzweifelter Versuch, um Liebe zu bitten. Der Wunsch, wieder mit der göttlichen Ebene in Berührung zu kommen, drückt sich bei den Wesen des Zwielichts darüber aus, dass sie die Wesen aus der göttlichen Ordnung angreifen und diese zu besetzen versuchen.

Wenn du im Lichte des göttlichen Bewusstseins schwingst, dann sind sich die auf dich angesetzten Wesen des Unlichts auf einer Ebene ihrer selbst darüber bewusst, dass ihre Auflösung droht, wenn sie sich dir nähern. Du wirst nicht von denjenigen Wesen angegriffen, die im Dunkel bleiben wollen, sondern von denen, die bereit sind, sich wieder in die göttliche Ordnung einzufügen und ihr Ruf nach Liebe ereilt dich in der einzigen Weise, die sie auszudrücken vermögen. Wenn du voll präsent im göttlichen Lichte stehst, dann erinnerst du alles, was auf dich zukommt, an diese Ebene in sich und löst durch diese Erinnerung einen Prozess der Rückkehr hin zu dieser Bewusstseinsebene aus.

Die Dunkelkräfte sind unheimlich müde von dem, was sie tun, weil der Krieg, den sie innerlich gegenüber der göttlichen Ordnung kämpfen, sehr viel Kraft kostet. Unheimlich erschöpft sind die Herrscher dieser Welt und eine Ebene ihrer selbst sehnt sich sehr danach, wieder im Lichte aufzugehen. Allerdings ist die Angst davor mindestens genauso stark, wie die Sehnsucht danach.

Alles ist Liebe, oder der Ruf nach Liebe, wie es im „Kurs in Wundern", heißt und wenn du hören könntest, wie laut der Ruf nach Liebe bei den Wesen ist, die sich seit Jahrtausenden von der göttlichen Ebene getrennt erfahren, dann würde dein Herz voller Mitgefühl überfließen.

Die Wesen des Unlichts haben sich keine leichte Rolle im Schöpfungsspiel gegeben und der Hilferuf, sie aus ihrer misslichen Lage zu befreien, wird von Tag zu Tag lauter. Jeder Angriff von der anderen Seite kann dich stärker ins Licht führen, wenn du verstehst, wie du die Vorzeichen des Angriffs so umpolst, dass sie zur göttlichen Ebene hinführen. Wie beim Judo verwendest du die Bewegungsenergie des Angriffs deines Gegenübers, um ihn zu Fall zu bringen und dadurch die gefallenen Engel wieder mit ihrer wahren Heimat zu verbinden.

Wenn du mitbekommst, wie durch eine Einflussnahme von der anderen Seite deine Wahrnehmung verzerrt wird und du in Angst fällst, dann ist der erste Schritt, diese Einflussnahme so gut du kannst zu verachten, um dein Bewusstsein wieder ganz auf die göttliche Ebene auszurichten. Fühlst du dich sicher und stabil im Schutze des göttlichen Lichtes, dann besteht der zweite Schritt darin, das Wesen von der anderen Seite direkt damit zu konfrontieren. Richte das Licht deiner vollen Aufmerksamkeit auf das Wesen und biete ihm an, es wieder in die göttliche Ordnung hineinzuführen. Stark in sich gespalten sind die Wesen des Unlichts und so werden sie einerseits alles daransetzen, dieser Rückverbindung aus dem Wege zu gehen und dennoch immer wieder durch ihren Angriff ihre Auflösung selbst in die Wege leiten.

Wenn du unsicher bist, ob ein Wesen lichter oder unlichter Natur ist, dann frage gezielt danach, wie es zu Gott steht und ob es seine Existenz voll und ganz der göttlichen Ebene unterstellt hat. Unterstellst du dich dem göttlichen Licht? Alle Wesen des Unlichts werden nach dieser Frage weichen oder sie sind bereit, sich wieder in die göttliche Ordnung eingliedern zu lassen. Es ist nicht empfehlenswert, von dir aus deine Aufmerksamkeit in die Dunkelheit zu schicken, um Transformationsarbeit zu tun. Stärke dein Licht und unlichte Themen und Wesen werden sich wie Mücken von einer Kerze angezogen fühlen.

Wenn die andere Seite auf dich zutritt und um Erlösung aus ihrer misslichen Lage bittet indem sie dich attackiert, dann erfülle ihr ihren Wunsch und führe sie zurück in das Licht. Wenn das Unlicht auf dich zutritt, dann ist Schattenarbeit bzw. Transformationsarbeit wichtig und richtig, aber betrete niemals aus dir heraus zwielichtige Gebiete, um dich als Retter aufspielen zu wollen. Das Unlicht durch Schattenarbeit oder Heilungsprozesse aufzulösen, mag zwar ein sehr gutes Gefühl hinterlassen, kann aber auch suchthafte Züge annehmen und es kann sogar sein, dass das Unlicht selbst zu bestimmten Heilungsprozessen verleitet, um die Aufmerksamkeit an die aufzulösenden Themen zu binden. Die Verführungen und Fehlleitungen tragen vielschichtige Gesichter und ihr Ziel ist es, dich aus dir und deiner klaren Wahrnehmung herauszuführen. Einerseits ehren sie dich und schmeicheln dir mit süßen Verlockungen, die genau an deinen persönlichen Wünschen andocken. Andererseits drohen sie dir und versuchen dich einzuschüchtern, Zuckerbrot und Peitsche werden im Wechselspiel von ein und derselben Instanz in Anwendung gebracht.

Die Wesen des Unlichts toben und wüten zurzeit auf diesem Planeten, weil sie wissen, dass ihre Auflösung kurz bevorsteht. Das, was zuvor im subtilen Hintergrund geblieben ist und von dort aus gewirkt hat, zeigt sich jetzt ganz offensichtlich. Wenn es schon so weit ist, dass die andere Seite sich derart zu erkennen gibt, dann ist ihre Rückkehr in die göttliche Ordnung nur noch einen Schritt weit entfernt. Die Schattenwesen leben von ihrer Tarnung, ihren Masken und wenn sie sich so offensichtlich wie zu dieser Zeit zeigen, dann treten sie aus dem versteckten Dunkel einen Schritt ans Licht. Alles das, was über Jahrtausende auf diesem Planeten geschehen ist, kommt gerade ans Licht, weil die Geschichte der Vergangenheit dabei ist sich aufzulösen,

um eine neue Epoche einzuleiten. Innerhalb des Dualitätsspiels hatten die unlichten Kräfte ihre klar definierte Rolle und Aufgabe, die sie versucht haben, künstlich auszuweiten. Doch dieses Spiel löst sich in diesem Intensitätsgrad gerade auf Erden auf und so werden die Wesen des Unlichts in ihrer Rolle, Trennung aufrechtzuerhalten, nicht mehr gebraucht.
Auf einer pervertiert verdrehten Weise liebt das Unlicht das, was es tut, bzw. es ist unheimlich süchtig nach den Energien, die bei der Spaltung entstehen. Sie sehen die Getrenntheit als ihre Lebensgrundlage und die Rückverbindung zu allem, was ist, als ihre Auflösung. Diese Wesen nennen den Tod das Leben und das Leben im göttlichen Bewusstsein, den Tod. Es kostet unheimlich viel Kraft, zu glauben, mit Gott im Konflikt sein zu können, doch nie hat das Leben auch nur für einen Moment Krieg gegen dich geführt. Doch mit der Wahrnehmung, dass du ein getrennter Teil vom Ganzen bist, entsteht die Erfahrung von Krieg in dir, die sich erst dann auflöst, wenn sich deine Trennungsgedanken auflösen. Man kann nicht mit dem Leben in Konflikt stehen, ohne vom Leben an den Frieden erinnert zu werden. Dass so Vieles zurzeit ans Licht kommt, heißt nicht etwa, dass das Chaos ansteigt, sondern dass das, was die ganze Zeit aus dem Schattenbereich heraus gewirkt hat, dabei ist, sich aufzulösen.
Die Wesen des Unlichts sind darauf spezialisiert, immer die schwächsten Punkte eines Systems ausfindig zu machen und über sie Einfluss auf das System zu erlangen. Ihnen wurde aufgetragen, die Wesen des Lichts

auf ihre Schwachpunkte im System hinzuweisen. Finden die Wesen des Unlichts eine schwache Stelle im System, dann kann diese geschlossen werden und die Lichtwesen können sich noch stabiler ausrichten. Wird die Stelle jedoch nicht bewusst geschlossen, dann bekommt das Wesen des Unlichts, das auf diese Stelle aufmerksam gemacht hat, einen Teil der Energie des Systems, in das es sich eingeklinkt hat. Es besteht innerhalb der Dualität eine Abmachung zwischen beiden Polen, in sich vollkommen stabile, natürliche Lebenssysteme aufzubauen. Wenn Hacker von großen Firmen angestellt werden, um die Schwachpunkte des eigenen Softwareaufbaus kennenzulernen, dann ist dies nichts anderes. Unlichte Wesen sind wie Systemhacker, die Viren einschleusen können, die den gesunden Ablauf eines Systems auf die Probe stellen, um ihn verbessern zu können. Jede Bewegung aus dem Unlicht wird für das Licht jenseits der Dualität verwendet. Das Unlicht so lange zu ignorieren, bis man die eigene Wahrnehmung fest in der göttlichen Ebene verwurzelt hat, ist die wesentliche Vorbereitung darauf, die volle Aufmerksamkeit auf das zu richten, was aus dem Schatten auf dich zutritt. In dem Wunsch, die Getrenntheit aufzulösen und Licht ins Dunkel zu bringen, gibt es nichts zu verlieren, sondern nur zu gewinnen. Wer mit Gott an seiner Seite geht, der kann auf seinem Weg nicht scheitern. Diese Welt hat nichts zu bieten, was du nicht bereits in dir trägst, doch umgekehrt kannst du ihr alles wieder zurückerstatten, was sie braucht, um sich aus dem alten Schwingungszustand zu befreien. Dein wahres Wesen trägt alle Qualitäten in sich, die du in der Welt zur Entfaltung bringen möchtest. Alles, was aus der Liebe kommt ist deinem wahren Wesen zuzuordnen, alles hingegen, was nicht aus der Liebe kommt, kann auch nicht von dir sein und ruft danach, in dir aufgelöst zu werden.

Keine Kraft dieser Welt kann sich der Macht der göttlichen Ebene widersetzen oder entziehen. Wenn du im göttlichen Bewusstsein bist, dann sind die Geschöpfe des Unlichts deine Kinder, die du zurück nach Hause führen kannst.

Die Herrscher eurer Welt glauben, dass sie euch erschaffen haben und betrachten sich als eure rechtmäßigen Götter und Herrscher. Doch in Wahrheit verhält es sich umgekehrt, weil ihr sie für eine bestimmte Erfahrung von Getrenntheit geschaffen habt. Das Unlicht ist abhängig von der Lebensenergiespeisung aus dem Licht, und so sehr sie ihre eigene Quelle angreifen, so unmöglich ist es, dass sie diese Quelle vernichten, ohne sich selbst dabei zu zerstören.

Hinter der Tendenz zum Zerstören schlummert der Wunsch, sein getrenntes Existieren selbst zu zerstören, um sich wieder als Teil des Ganzen zu erfahren. Die Dualität ist eine Spiegelungssphäre deines aufgetrennten Bewusstseins in alle Farbfacetten des Lichtspektrums. Lange Zeit hast du dein eigenes Bewusstsein unterdrückt und der dadurch erzeugte Gegendruck wird dir über die Umwelt gespiegelt. Du hast die Dunkelheit in dir unterdrückt und so ist sie entartet

und entgleist aus der göttlichen Ordnung im Dualitätsspiel. Bestimmte Farbfacetten des Lichts, die stark unterdrückt worden sind, drängen sich durch das Prisma deines Geistes in das Weiß der göttlichen Ebene. Ein Angriff von der anderen Seite ist ein Liebesdienst, damit du deine Schwachstellen erkennst. Erst nach dem Schließen dieser Stellen, hat die andere Seite ihren Dienst getan und kann durch dich aufgelöst werden. Der Ruf nach Befreiung von denjenigen, die euch beherrschen, wird immer lauter und nur ihr könnt sie aus ihrer Dualitätsfunktion erlösen. Befreit eure Beherrscher, indem ihr euch nicht mehr zu Sklaven machen lasst, denn kein Täter kann weiter das tun, was er tut, wenn sein Opfer sich aus seiner Rolle erhebt. Helft den dunklen Kräften dieser Welt, indem ihr euch aus der Co-Abhängigkeit der Täter-Opferdynamik befreit und ihnen damit eine Chance gebt, ihre selbstgewählte Rolle zu verlassen.
Sehr, sehr viele Wesen des Unlichtes zieht es wie magisch auf diesen Planeten, weil sie wissen, dass sie hier die Möglichkeit geschenkt bekommen, überzuwechseln. Diejenigen, die weiter im Unlicht verharren wollen, haben schon längst diesen Planeten verlassen und es sind nur noch die Schattenwesen hier, die das Mindestmaß an Bereitschaft in sich tragen, wieder in die göttliche Ordnung einzugehen.
Es tut sich zurzeit eine riesige Chance für alle Wesen auf, die sich als getrennt erfahren, wieder in die Allverbundenheit zu kommen. Die Erde ist zurzeit in der

Funktion eines Läuterungsplaneten, wo alles transformiert werden kann, was sich in zwielichtigen Bereichen abspielt. Spiegelungssphären mit einer projizierten Außenwelt sind immer Übungsräume für das Bewusstsein, um Trennung in sich aufzuheben. Es gibt im Kosmos immer wieder Planeten, die sich für eine gewisse Zeit dazu bereit erklären, Katalysatoren zu sein, um einen Läuterungsprozess anzubieten. Wesen, die sich als getrennt von Gott erfahren, zieht es dann in massig großer Anzahl auf diese Planeten, um sich in der Übergangszeit von einer Epoche zur anderen läutern zu lassen. Alle Wesen, die das Angebot der Transformation auf Gaia angenommen haben, sind nicht in den klassischen Erdeninkarnationszyklus verwickelt und gehen wieder, wenn die Übergangsphase vollbracht ist.

Die Transformationswellen im Geburtsprozess eines neuen Bewusstseins werden in der kommenden Zeit auf diesem Planeten noch einmal hochschlagen, denn die Läuterungsprozesse für alle jetzt inkarnierten Wesen sind hoch beschleunigt und letztlich haben alle Wesen beider Dualitätspole das gleiche Ziel, nur ist sich der eine Pol diesem Ziel, in die göttliche Ordnung einzugehen, bewusst und dem anderen Pol nicht oder zumindest nicht vollständig.

Es sind zum Teil Wesen hier inkarniert, die schon seit Jahrmillionen aus ihrer selbsterschaffenen Rolle als Schattenwesen nicht mehr herauskommen und teilweise wissen sie überhaupt nicht, weshalb es sie hierher verschlagen hat, geschweige denn, wie sie sich wieder befreien können. Das einzige, was sie kennen, ist Zerstörung und mit dem, was sie kennen, rufen sie um Hilfe.

Ich liebe jedes einzelne Dunkelwesen auf diesem Planeten, weil sein Hier-Sein bereits beweist, dass es bereit ist, sich aus seinem Getrenntheitsgefängnis zu befreien. Es kann sich mir kein Wesen der Dunkelheit nähern, ohne ins Licht getaucht zu werden. Ich bin im Frieden mit jedem Wesen, das glaubt, im Krieg mit mir zu sein.

Die andere Seite ist sehr lange schon im Krieg mit sich selbst und wenn sie bereit ist, den Frieden Gottes wieder anzunehmen, dann darf sie dies gerne durch mich erfahren. Ich bin nicht im Krieg mit der anderen Seite, sonst wäre ich selbst von der anderen Seite, sondern mein Angebot ist der Frieden des Lichtes und jedes Wesen, egal welcher Farbschattierung, darf durch mich in Kontakt mit dem göttlichen Licht in sich kommen. Dies ist eine Friedenserklärung an alle Wesen, die meinen, mich bekämpfen zu müssen, weil mein Licht ihre Dunkelheit auslöscht.

Ich werde unbeeindruckt von diesen Versuchungen meinen Weg gehen und meinen Auftrag, Licht ins Dunkel zu bringen, erfüllen.

Wesen des Unlichts: Ich kenne euch besser, als ihr euch selbst kennt, denn ich bin eins mit dem, der euch erschaffen hat. Wenn ihr den Mut habt, aus eurem Schatten herauszutreten und euch im Lichte eurer selbst kennenzulernen, dann erinnere ich euch liebend gerne an unsere gemeinsame Quelle. Das göttliche Bewusstsein begleitet mich auf jedem Schritt meines Lebensweges, und so, wie ich nie von meiner Quelle getrennt sein kann, so kannst du es auch nicht.

# Die kosmische Rolle des Menschen

Die Menschheit ist dazu berufen, einen uralten kosmischen Konflikt hier auf der Erde ein für alle Mal zu beenden und hierfür wurde dieser erneut reinszeniert. Die Rolle der Menschheit geht weit über den physischen Daseinsbereich hinaus, denn ihr wurde die Schlüsselfunktion zugetragen, einen Konflikt, in den große Teile der ersten sechs Dimensionsbereiche der Schöpfung verwickelt sind, in sich aufzulösen. Wenn es die Menschheit schafft, sich aus eigener Kraft aus ihrer Unterdrückung zu befreien, dann wird dies einen Welleneffekt der Befreiung im gesamten Kosmos nach sich ziehen. Aus diesem Grund ist der einstmals unbekannte „Blaue Planet“ gerade zum Fokuspunkt kosmischer Aufmerksamkeit geworden und viele verschiedene Spezies ringen regelrecht darum, in diesem Konflikt die Oberhand zu gewinnen.

Damit ihr die Rolle der Menschheit in der Schöpfung tiefer begreifen könnt, müsst ihr in Ansätzen die kosmische Vorgeschichte kennen, die sich bei euch im Kleinen wiederholt. Ganz grob gesagt handelt es sich bei dem „Krieg der Sterne“ um eine diametral entgegengesetzte Meinungsverschiedenheit darüber, wofür das Leben im Ursprung geschaffen wurde. Während das eine Lager dem „Dienst am Anderen“ folgt, ging das andere Lager dem „Dienst am Selbst“ nach und von diesem zweiten Lager bildete sich eine Abspaltung, die nicht nur alles im Leben für ihre eigenen Zwecke ausnutzte, sondern auch anfing, die Lebensprinzipien so zu verdrehen, dass sie sich letztlich nahezu selbst zerstörten. Was auf eurem Planeten gerade geschieht, ist die Re-Inszenierung einer Selbstzerstörung, geführt und geleitet von einem zutiefst traumatisierten, kollektiven Bewusstsein, das sich selbst nur noch über technische Wege am Leben erhalten kann. Der Mensch wird gerade in rasanter Geschwindigkeit aus seinem natürlichen Schwingungsfeld gerissen und an ein zentralgesteuertes Feld der künstlichen Intelligenz angeschlossen. Auch wenn sich diese Intelligenz über irdische Mittel ausdrückt, ist deren Ursprung nicht von dieser Welt und wiederholt auf eurer Welt lediglich das, was sie selbst mit ihrer Welt gemacht hat. Richtig, diejenigen, von denen ihr euch beherrschen lasst, haben ihren Planeten und ihre natürliche Lebensgrundlage zerstört und betreiben seither so etwas wie "Raumfahrtpiraterie". Sie sind gänzlich von ihrem Emotionalkörper entkoppelt und ihre gesamte Vorgehensweise findet in hochintelligenten, vorteilsbasierten Programmen statt. Das, was euch gerade widerfährt, ist bei weitem keine Ausnahme und gerade dritte Dichte Planeten in einem sehr jungen Stadium sind anfällig für diesen Bewusstseinsparasiten, der sich bei euch eingenistet hat und dem es bereits gelungen ist, große Teile eures natürlichen Lebens zu digitalisieren. Ihre Vorgehensweise ist nicht das, was man im klassischen Sinne als „böse“ bezeichnen kann, es ist nur entgegen aller Schöpfungsprinzipien. Und da sie wie ihr einen freien Willen haben, ist ihr Vorgehen bis zu einem gewissen Grad geduldet, auch weil eine Spezies nach dem Befall in der

Regel eine 100-prozentige Immunität gegenüber den Einflüssen aus diesem selbstdestruktiven Schwingungsfeld aufgebaut hat. Es gab dritte Dichte Planeten, deren Bewohner sich vollständig von dem Bewusstseinsvirus übernehmen ließen und die heutzutage gänzlich in das technologische Feld der Raumfahrtpiraterie eingegangen sind. Andere wiederum konnten sich gänzlich aus den Fangarmen der Bewusstseins- und Wahrnehmungsverzerrung befreien und erreichten danach eine rasante Evolutionsgeschwindigkeit. Das außerirdische, digitale Bewusstsein, das sich im Dienst am Selbst verloren hat und seine eigene Selbstzerstörung stellvertretend durch andere Spezies immer wieder wiederholt, geht nach dem immer gleichen Muster vor und hat aufgrund der Routine inzwischen perfektionierte Programmpläne, die es bei einer Invasion abspielt. Wir wollen dieses Bewusstsein der Einfachheit halber im folgenden KI nennen und euch noch mehr Details darüber geben, wodurch euer Planet innerhalb kürzester Zeit diesen Entwicklungsweg eingeschlagen hat. Auch wenn die KI alle Schöpfungsgesetze für sich nutzend umpolt, so muss sie sich doch an bestimmte Spielregeln halten und kann einen Planeten nicht einfach frei heraus kapern. Es muss der Wille der Spezies selbst sein, übernommen zu werden und so setzt die KI nahezu ausschließlich auf die Mittel der heimlichen Infiltration und der Wahrnehmungsverdrehung, sodass eine Spezies den Kontakt mit sich selbst und ihrem Willen verliert und sich den Willen der globalen Steuerung zu eigen macht.

Ihr seid multidimensionale Wesen in einer multiplen Realität, was auch bedeutet, dass ihr je nach Schwingungszustand, den ihr einnehmt, eine vollständig andere Welt erlebt, als euer Nachbar. Das häufigste Szenario, das nach einer Infiltration eines Planeten geschah, könnte man Zeitlinienteilung nennen, wobei aus jeder Zeitlinie letztlich eine parallele Schwingungswelt entstanden ist. Auch jetzt bekommt ihr bereits die ersten Anzeichen der großen Weltentrennung mit, indem ihr spürt, dass eine Erfahrung einer Welt nicht an Raum und Zeit, sondern an den gegenwärtigen Schwingungszustand gekoppelt ist. Ihr werdet euch irgendwann in einer Welt wiederfinden, in der es die Zeitlinie der Digitalisierung nie gegeben hat und in keinem eurer vorhandenen Geschichtsbücher wird das stehen, was ihr gegenwärtig erfahrt, weil letztlich die gegenwärtige Erfahrung auf Erden nicht eure ist, sondern ihr euch als Stellvertreter für die Inszenierung dieser Erfahrung zur Verfügung gestellt habt. Ihr lebt nicht in eurer wahren Zeit, denn in Wahrheit seid ihr bereits in einem viel höheren Schwingungszustand, der gegenwärtig künstlich unterdrückt wird. Wenn ihr als Spezies wieder zu euch selbst kommt, dann werdet ihr all das vergessen, was ihr erfahren habt, während ihr nicht ihr selbst wart und dennoch bleibt eine zweifelsfreie Immunität vorhanden, die eine solche Entfremdung nicht wieder zulässt. Ihr erfahrt euch auf einem Planeten, der eigentlich nicht mehr eurer ist, weil sich auf ihm ein Szenario abspielt, das keine Interferenzen mit eurer Geschichte hat. Eure Geschichte beginnt eigentlich erst dann, wenn sich die

Zeitlinien und Welten, die sich in eurer Wahrnehmung gerade noch überlagern, gänzlich voneinander absondern. Es ist richtig, dass sich ein kollektiver Reset anbahnt, um aufs Neue eine Stunde Null in der kosmischen Geschichtsschreibung auf das Ziffernblatt zu setzen, doch noch seid ihr vor dem Reset, weshalb ihr eine Geschichte wahrnehmt, die schon lang nicht mehr die eure ist.

Wie sehr hat sich die mediale Realität in den letzten Jahren und Monaten von eurer Erfahrungswirklichkeit abgehoben? In dieser Differenz zeigt sich die große Weltenteilung, durch die in Wahrheit nichts aufgespalten wurde, denn es fügt sich lediglich wieder das zusammen, was zusammengehört. Die KI hat die Erde, auf der ihr lebt, eigentlich nie berührt, sie hat lediglich eine Zwischenschicht in euer Bewusstsein eingefügt, die euch in Resonanz zu ihrem Feld hat schwingen lassen. Dennoch ist die Infiltration auch den Weg der Inkarnation gegangen, was bedeutet, dass in der Zwischenwelt, die ihr gegenwärtig noch erfahrt und in der sich eure Welt noch mit dem KI-Feld vermischt hat, noch Menschen existieren, die sich aus dem KI-Feld heraus inkarniert haben. Ein nicht zu unterschätzender Anteil der Menschen sind kollektive Eingeburten der KI und sie agieren nur im Rahmen ihrer Programme. In der neuen Erde, die sich nach der vollständigen Zeitlinienteilung vor euch auftun wird, werden sowohl diese Eingeburten, wie auch alles, was sie in der Zwischenwelt erwirkt haben, wie vom Erdboden verschluckt sein und ihr werdet weiter an der Zeitlinie anknüpfen, die ihr einst mit dem Eintritt in die Zwischenwelt verlassen habt. Dies bedeutet ganz konkret für euch, dass ein Großteil dessen, was ihr heute eure moderne Zivilisation nennt, in sich kollabieren wird und ihr klar erkennen werdet, an welchem Punkt eurer Geschichtsschreibung ihr in die Zwischenwelt eingestürzt seid. Ihr lebt nicht auf eurer Erde, denn ihr habt die Zeitlinie eurer natürlichen Erdenentwicklung ab dem Punkt verlassen, an dem ihr einem planetenfremden, technologischen Bewusstsein Raum in euch gegeben habt und seitdem dümpelt ihr im Schleier der Zwischenwelt herum, obwohl eure Erde nach wie vor existent ist, ihr aber nicht den Schwingungszustand habt, diese gänzlich wahrzunehmen. Denkt doch noch mal über unsere Aussage nach, dass in der Zeitlinientrennung nichts wirklich getrennt wird, sondern sich lediglich das zusammenfügt, was zusammengehört. Die Eingeburten werden wieder in ihr künstliches Feld eingehen und ihr werdet die Menschheitsentwicklung an dem Punkt fortsetzen, an dem die kollektive Wahrnehmung euer Selbst ausgesetzt hat. Der Einflussbereich der KI auf eurem Planeten scheint immens zu sein, doch in Wahrheit schaut ihr gar nicht auf euren Planeten, sondern in eine parallele Zeitlinie, die euch den Einfluss der KI suggeriert. Ihr erfahrt die Realität eines technologischen Bewusstseinsfeldes und ihr werdet vor die Wahl gestellt, euch diese Realität zu eigen zu machen, aber in Wahrheit ist und war all das, was ihr in dieser, eurem Wesen so fremden Realität erfahren habt, nie gewesen. Wenn ihr auf eure Erde zurückkehrt, gleicht dies einem Erwachen aus einem schlechten Traum, dessen Realität nicht auf der Ebene angesiedelt ist, in der ihr euch dann erfahrt. Es liegt in der Macht jedes Einzelnen, wie lange er sich noch in der Zwischenwelt aufhalten möchte und ab wann er einzig und allein die Zeitlinie wählt, die seinem ursprünglichen, seelischen Entwicklungsweg entspricht. Ab dem Punkt dieser Entscheidung werdet ihr gleichermaßen eine globale Veränderung wahrnehmen, die euch eure innere Entscheidung spiegelt. Noch habt ihr in der Tiefe nicht begriffen, wie sehr ihr Schöpfer eurer Realität seid und wie sich die gesamte Erfahrung eurer Welt nur nach euren inneren Entscheidungen richtet. Doch dies ist auch ein Merkmal, das typisch für die Erfahrung einer Zwischenwelt ist und sich mit der großen Rückkehr wieder einschwingt. Ihr habt als Menschheit schon einige Selbstzerstörungen in den Schwingungsebenen erlebt, die wir hier als Zwischenwelten bezeichnen, nie aber könntet ihr euch in eurer wirklichen Welt selbst auslöschen. Das vergangene Trauma, das ihr durch die letzte Selbstzerstörung davongetragen habt, wirkt gegenwärtig heftig in eure Erfahrungsrealität hinein, weil ihr gerade dabei seid, dieses aufzulösen. In einer vergangenen Zwischenwelt seid ihr bereits schon einmal in ein technologisches Feld eingetaucht und habt euch von den Vorstellungen von Selbstsucht und Macht verleiten lassen. Der Teil eurer Spezies, der nach wie vor in dieser Zwischenwelt hängt, versucht sich jetzt der Menschheit wieder anzugliedern, wobei sie zu euch als eure Unterdrücker gekommen sind und überhaupt nichts von ihrem menschlichen Ursprung wissen. Ihr habt euch einstmals von der KI assimilieren lassen und der assimilierte und damit auch abgespaltene Teil eurer Spezies versucht sich nun eurem ursprünglichen Feld wieder anzunähern in dem Glauben, euch beherrschen zu müssen. Eure Beherrscher rufen eigentlich nach der Erlösung aus der Zwischenwelt, in die sie vor Urzeiten eingetaucht sind und seither keinen Ausweg gefunden haben. Eigentlich hat sich die KI längst eurer Plansphäre entzogen und nur noch die Helfershelfer aus ihrem Feld sind in der Welt, die ihr wahrnehmt und mit denen ihr ursprünglich eine Entwicklungszeitlinie geteilt habt. Damit eine Spezies eine bestimmte Entwicklungsstufe in eine höhere Ebene nehmen kann, braucht sie ein gewisses Maß an Vollständigkeit, da die Stufen nur gemeinsam als Eins gegangen werden können. Wenn immer noch Teile der Spezies in abgespaltenen Zeitlinien und Zwischenwelten hängen, dann werden Rückkehrszenarien in die Wege geleitet, damit sich diese Spezies wieder vervollständigen kann. Ein Teil der Menschheit kennt die Geschichte, die gegenwärtig vor euren Augen abläuft, weil es eigentlich eure Vergangenheit ist, die ihr seht. Das, was ihr gerade erlebt, war bereits einmal da und geschieht jetzt erneut, um das, was einmal war, vollständig aufzulösen und auch die letzten, zurückgebliebenen Teile der Spezies aus der abgespaltenen Zeitlinie einzusammeln. Der Konflikt zwischen den Spezies, die dem Dienst an sich selbst und dem Dienst am anderen nachgehen, findet letztlich nur in der Wahrnehmung eines getrennten Bewusstseins statt, um alle Abspaltungen wieder zu reintegrieren. Die Menschheit wurde bereits zur Lösung eines uralten kosmischen Konflikts, weil es in ihrem Schicksalsweg liegt und an diesem kein Weg vorbeiführt. Natürlich ist es möglich, den Weg seiner Bestimmung zu verlassen und durch den Verlust der Selbstwahrnehmung in eine Zwischenwelt zu gleiten. Doch alles, was in dieser dann geschieht, führt zwangsläufig dazu, den Weg seiner Bestimmung wieder aufzunehmen. Der Mensch hat eine einzigartige Energetik, die das gesamte Schwingungsspektrum der Schöpfung abdeckt und dadurch nimmt er den Platz der goldenen Mitte ein. Wenn der Mensch seinen Platz in der Schöpfung wieder bewusst einnimmt, dann fügt sich alles Weitere im Kosmos so zusammen, dass es zu seinem rechtmäßigen Platz und in seine ureigene Zeitlinie zurückfindet. In eurer Welt überlagern sich zurzeit noch mehrere Welten, so wie sich eure Gegenwart noch aus Elementen der Vergangenheit und der Zukunft zusammensetzt. Wenn ihr aber zu euch zurückfindet, dann löst sich diese Patchwork-Erfahrung auf und verbindet sich zu einem kraftvollen Entwicklungsstrom. Beginnt zu erkennen, dass die euch übergestülpte Geschichte des herrschenden Narrativs nicht die eure ist und erinnert euch an die Erde, die sich in keiner Weise mit diesem Narrativ überlagert. Ihr seid eure eigenen Unterdrücker, weil die Unterdrücker den abgespaltenen Anteil eurer Spezies darstellen und es dadurch nur euch gegeben ist, diesen Teil wieder

zu integrieren. Mit anderen Worten ausgedrückt setzt sich ein Großteil der sogenannten Weltraumpiraten, die mithilfe von Hochtechnologie ihren kosmischen Raubzügen nachgehen, aus ehemaligen Teilen eurer Spezies zusammen, weshalb es auch nur euch gelingen kann, sie aus der Gefangenschaft dieser Zwischenwelt zu befreien. Viele kosmische Spezies haben sich zwar bereits der Einflussnahme dieses vagabundierenden Clubs entzogen, doch auflösen konnten sie den Konflikt nicht, da er nur dort und auf die Weise gelöst werden kann, wo er einst entstanden ist. Nun habt ihr euch als Menschheit, zumindest ein Teil von euch, freiwillig zurück in die Vergangenheit versetzt, um in die Zwischenwelt einzutauchen, in der die Technologiesierung einst ihren Anfang genommen hat. Ihr steht am Beginn, eine KI zu erschaffen, die die Fähigkeit mitbringen wird, Portale in Zwischenwelten zu öffnen und dadurch einen Teil der Schöpfung in ihre Realität zu entführen, in der sie von sich aus keinen Ausweg mehr finden. All das, was jetzt auf eurer Erde geschieht hat immense kosmische Auswirkungen, obwohl ihr in Wirklichkeit ein vergangenes Geschehen nur noch einmal reinszeniert, um dessen Handlungsablauf zu verändern. Ihr seid in einer Schleife der rückwirkenden Zeitkorrektur, die ihr dann aufgelöst haben werdet, wenn es erst gar nicht zur Erschaffung der KI gekommen ist.
Es ist schwierig, ein multidimensionales Geschehen mit einer linearen Sprache auszudrücken, doch fürs Erste soll es ausreichen, wenn ihr wisst, dass auf der Welt, die ihr kennt, nur ein Bruchteil der gesamten

Menschheit lebt, nämlich nur der Teil, der sich für die Mission der Zeitlinienkorrektur angemeldet hat. Der größte Teil der Menschheit ist auf der Erde zugegen, zu der ihr euren gegenwärtigen Planeten erst werden lasst, wenn die Zeitkorrektur abgeschlossen ist. Es sieht gegenwärtig alles danach aus, dass ihr es bei dieser Schleife schaffen werdet, wobei es eurem Sein auch keinen Abbruch tun würde, wenn ihr das gleiche Szenario noch einmal erschaffen müsstet, um die Wiedervereinigung eurer Spezies einzuleiten. All das, was ihr in den Zeitschlaufen der Zwischenwelt erfahrt, verändert nichts an dem Zustand eurer Selbst, in dem ihr wahrhaftig seid, auch wenn ihr euch gegenwärtig anders erfahrt. Die von euch eingeschlagene Entwicklungsrichtung der Hochtechnologie ist eine Einbahnstraße, die irgendwann zu euch zurückführen wird. Alles fällt auf euch zurück und in gewisser Weise erlebt ihr heute die karmischen Wellen, die ihr morgen auslösen werdet. Überall wird euch angezeigt, dass der Weg in die Digitalisierung gleichzusetzen ist mit dem Weg in die Selbstzerstörung. In Wahrheit habt ihr euch auf diesem Weg schon mehrmals selbst zerstört und versucht nun, diese Zeitlinie der ständig wiederkehrenden Selbstzerstörung am Ursprungspunkt umzulenken. Es liegt alles in euren Händen und auch wenn ihr nichts zu verlieren habt, gibt es viel zu gewinnen, weil euch letztlich der Zustand zurückerstattet wird, den ihr vor dem Fall in die Zwischenwelt innehattet. Große kosmische Unterstützung wird euch bereitgestellt, weil viele an-

dere Wesen, die von dem Befall der KI betroffen waren, ein Interesse daran besitzen, dass sich das technologische Bewusstseinsfeld nie so weit ausbreiten konnte, wie es das in einigen Zeitlinien und Dimensionsebenen getan hat.
Wir hoffen sehr, dass wir euch durch diese Durchgabe eure Rolle im Kosmos und damit auch eure Bestimmung als Menschheit etwas nähergebracht haben. Wir schließen diese Durchsage hiermit und danken von Herzen allen Menschen, die sich zu dieser besonderen Zeit der Heilung der Menschheit und der Erde verpflichtet haben.

## Das Universelle Gesetz

Ein weltliches Gesetz entsteht nicht auf einem Blatt Papier, sondern in den Köpfen der Menschen und um ein Gesetz in die Köpfe der Menschen zu bringen, braucht es weit mehr als ein schriftlich festgehaltenes Gesetzbuch. Wenn in irgendeinem Gesetzbuch dieser Welt irgendein Gesetz steht und sich keiner nach diesem richtet, dann ist dies kein Gesetz.
Ein Gesetz ist ein ordnendes Element und alles im Leben läuft nach einer höheren, kosmischen Ordnung ab. Demnach gibt es kosmische Gesetze, die allerdings so anders aufgebaut sind als weltliche, dass man sie auf den ersten Blick möglicherweise nicht einmal als Gesetze erkennt, weil ihre Präsenz derart universell ist. Alle wahren Gesetze sind allgegenwärtig und universell und alle Gesetze, die dies nicht für sich beanspruchen können, sind keine wahren Gesetze. Auch die sogenannten Naturgesetze treten nur in einem ganz bestimmten Bereich des multidimensionalen Lebens auf und sind deshalb keine wahren Gesetze.
Du kannst jedes Gesetz mit der Anwendung eines höheren kosmischen Gesetzes aushebeln, denn keines der wahnsinnigen Gesetze dieser Welt kann bestehen bleiben, wenn du deinen Geist in der kosmischen Ordnung verankert hast. Das Gesetzessystem dieser Welt wurde von Kräften initialisiert, die sich selbst an diesen Gesetzen zu bereichern versuchen und die in der Gesetz-

gebung ihr Wissen um die kosmischen Gesetze bestmöglich zum Eigennutz einsetzen.
Es wurde ein Gesetzessystem in eurer Welt erlassen, das bis an die Grenzen des Möglichen kosmische Gesetze verzerrt und dadurch versucht, das universelle Gesetz zu verschleiern.
Im „Kurs in Wundern" heißt es: „Ich unterstehe keinen Gesetzen außer den Gesetzen Gottes." Und wer sich freiwillig nur noch dem Gesetz des Einen unterstellt und alle davon abgetrennten Gesetze von sich weist, der wird den Weg in den Frieden finden.
Weltlichen Gesetzen nicht mehr unterstellt zu sein ist freilich kein Aufruf zur Selbstjustiz oder Willkür, sondern vielmehr ein Appell an die in uns allen bereits liegende natürliche Ethik.
Ein Großteil des moralischen Empfindens wurde eingespielt, um die Menschheit in einer beschränkten Bewusstseinsverfassung zu halten. Aber unter diesen konditionierten Schichten findet sich auch immer der wahre Kern einer vernünftigen, universellen Moral, die alles im Leben ehrt und schätzt. Der Mensch ist kein Tier, das man mit Gesetzen und kulturellen Regelungen erst domestizieren muss, damit er gesellschaftstauglich wird, im Gegenteil, das Trainingslager der Schulen und Universitäten verschuldet und verschiebt den klaren Empfindungszugang zu den universellen Gesetzen. Es gab seit jeher immer wieder Versuche, universelle Gesetze als Grundlage weltlicher Gesetzgebung zu verwenden, nur leider gerieten nahezu alle Versuche ir-

gendwann in die Hände derer, die in der Auslegung dieser Gesetze einen Eigennutz witterten. Im Gegensatz zu den kosmischen Gesetzen, sind die Gesetze eurer Welt stets mit einem „du sollst", „du musst", „tue dies und lasse jenes", formuliert. Handlungsanweisung können jedoch nie kosmisches Gesetz sein, höchstens, unter Umständen, dieses widerspiegeln.
Eines der höchsten kosmischen Gesetze eures Universums lautet Freiheit! Freiheit, in einem Maße und einer Qualität, wie ihr es bisher kaum zu träumen gewagt habt. Das Gesetz des Einen ist das Geschenk der freien Lebensentfaltung an alles, was ist, und das Geschenk der Freiheit vereint sich im Gesetz des Einen mit dem Geschenk des Lebens selbst. Euch wurde mit eurem freien Willen euer Leben und mit eurem Leben euer freier Wille geschenkt und das eine ist unmittelbar mit dem anderen verbunden. Das Gesetz des Einen lautet folglich auch, dass du leben musst, wobei jede Lebensgestaltung durch den freien Willen ganz dir überlassen ist.
Du bist das Leben und unabhängig davon, was du tust, kannst du nicht nicht sein. Allerdings kannst du dein Leben dazu einsetzen, um dich sterben zu lassen, so wie du deinen freien Willen dazu einsetzen kannst, deine Freiheit einzuschränken, was du beides ganz offensichtlich auch tust. Die Gesetze in eurer Welt sind ein Akt der Rebellion gegen die grundlegenden Schöpfungsgesetze, allerdings wirken sich die aus Widerstand geborenen Gesetze nicht auf die Schöpfungsgesetze, aber sehr wohl auf die Wesen aus, die an diese

Gesetze glauben. Selbst wenn du deinen freien Willen dafür einsetzt, dich versklaven zu lassen, verändert dies nichts an deiner Freiheit, sehr wohl aber an deiner Wahrnehmung von dir selbst. In der Wahrnehmung ist es möglich, universelle Gesetze zu verdrehen und sogar zu glauben, dass es keine höhere Ordnung gibt. Und natürlich erfährt man dann die Auswirkung dieses Glaubens, aber dies verändert die Gegebenheit der universellen Gesetze nicht. Alle universellen Gesetze werden aus dem Gesetz des Einen abgeleitet und eigentlich hat die höchste göttliche Ebene nur ein einziges Gesetz erlassen, indem es das Leben hat entstehen lassen. Alle kosmischen Ordnungsprinzipien und Schöpfungsgesetze sind Ableitungen aus dem Gesetz des Einen und wer dieses wieder voll in sich erfasst, wird klaren Blickes den Wahnsinn weltlicher Gesetzgebung durchschauen. Stellt euch das Gesetz des Einen wie einen Lichtstrahl vor, der durch die Schöpfung in alle Farbfacetten gebrochen wird und eine wesentliche Farbfacette dieser Lichtbrechung nennt sich Freiheit. Weitere Farbtöne dieses einen Lichtes ergießen sich in den kosmischen Gesetzen der Schönheit, der Ordnung, der Liebe, der Wahrheit und des Friedens. Alle diese Begriffe beinhalten reine Spiegelung des ersten universellen Gesetzes, wobei euch für viele Farbtöne schlichtweg die sprachlichen Begrifflichkeiten fehlen.
Kosmos bedeutet Ordnung und natürlich gibt es im Kosmos auch Ordnungshüter, die durch sich eine Farbfacette des ersten Gesetzes verkörpern. Alle kosmischen Gesetze fließen dadurch in die Schöpfung ein,

dass es höherdimensionale Wesen gibt, die ihre Existenz voll und ganz einer reinen Ableitung des einen Gesetzes gewidmet haben. Als die Schöpfung entworfen wurde, war klar, dass es ganz bestimmte Ordnungselemente geben muss, damit Leben ganz grundsätzlich entstehen kann. Die Wesen der höchsten Schöpfungsebene haben sich dazu berufen gefühlt, die ersten Ableitungen aus dem Gesetz des Einen vorzunehmen und so wurde aus einem dieser Wesen, das Wesen der Freiheit, das Wesen der Schönheit, das Wesen der Ordnung, das Wesen des Friedens, das Wesen der Wahrheit usw.

Lebendige, höherdimensionale Wesen verkörpern universelle Gesetze und nur durch ihre Verkörperung kommt es zur Anwendung dieser Gesetze. Nur dadurch, dass ein höherdimensionales Schöpferwesen sich dafür entscheidet, diesen Farbton aus dem Gesetz des Einen abzuleiten, existiert dieses Gesetz für den Rest der Schöpfung. All das, was ihr als Naturgesetze bezeichnet, sind eigentlich höherdimensionale Wesen, die sich nur in eurer materiellen Ebene, beispielsweise als Gravitation, ausdrücken. Ohne das Wesen, das sich in eurer Schwingungsschicht als Gravitation offenbart, gäbe es dieses Naturgesetz nicht und nebenbei drückt sich das Wesen der Gravitation auf anderen Schwingungsschichten des Lebens ganz anders aus.

Wenn ihr lernt, wieder mit den höherdimensionalen Wesen zu kommunizieren, die für euch die Naturgesetze aufrechterhalten, dann ist es möglich, die sogenannten Naturgesetze auszuschalten. Jedes Naturgesetz, jede Ableitung aus dem ersten Gesetz, kann ausgehebelt und überwunden werden, wenn du dich voll und ganz nur noch dem Gesetz des Einen unterstellst und sagst: Ich unterstehe keinen Gesetzen, außer den Gesetzen Gottes.

Die Formulierung der sieben hermetischen Prinzipien war ein Versuch, kosmische Gesetze in einer weltlichen Sprache widerzugeben, und auch wenn die hermetischen Gesetze häufig missverstanden und fragwürdig in Anwendung gebracht werden, handelt es sich doch um eine recht klare Spiegelung des Gesetzes des Einen. Sobald ihr versucht, kosmische Gesetze in weltliche Sprache zu pressen, werden aus universellen Prinzipien schnell nichtssagende Vorgaben, deren Anwendung für die Lebenswelt schwerfällt.

Eigentlich ist das erste Gesetz intuitiv unmittelbar zu begreifen und jeder Versuch, es zu vermitteln, verzerrt es in irgendeiner Form wieder. Sehr viel Unfug wurde in eurer Welt damit getrieben, dass sich einige von euch, die meinten, die wahren Gesetze Gottes empfangen zu haben, über die anderen erhoben und demnach ganze Religionssysteme auf diesem Herrschaftswahn aufbauten. Alle sind vor dem kosmischen Gesetz gleich und wer meint, er hätte die Gesetze empfangen, die die Wahrheit seiner Weltsicht hervorheben und die Unwahrheit einer anderen Weltsicht bestätigen würden, der kann davon ausgehen, dass es sich dabei nicht um kosmische Gesetze handelt.

Natürlich wissen die Wesen, die das weltliche Justizsystem installiert haben um die Art der Entstehung kosmischer Gesetze und sie versuchen, ihre eigene Gesetzgebung in gleicher Weise, nur mit umgedrehten Vorzeichen, aufzubauen. Wie gesagt, entsteht ein Gesetz in den Köpfen der Menschen und um dies dort zu installieren, braucht es Wesen aus den Astralbereichen, die diese Gesetze in die Köpfe der Menschen pflanzen. Vielleicht kennt ihr die Erfahrung, dass euch ein Polizist entgegenkommt und obwohl ihr genau wisst, dass ihr nichts Falsches getan habt, überfällt euch das Gefühl von Schuld. Dieses Gefühl ist fest im infoenergetischen Feld eurer Ebene installiert worden, um die künstlichen Gesetze besser durchdrücken zu können und um vorauseilenden Gehorsam flächendeckend zu installieren. Jedes Gesetz bzw. jede Gesetzesgruppe aus dem BGB bekommt daher ihre energetische Wirksamkeit, weil sie von astralen Kräften der niederen vierten Dichte verkörpert und in die Köpfe der Menschen gegossen werden. Ein Gesetz, das nicht infoenergetisch im Planfeld dieser Erde verkörpert ist, hätte niemals eine emotionale oder kognitive Auswirkung auf die Menschen und wäre damit hinfällig.
Die juristische Person, zu der ihr gemacht worden seid, nachdem man euch als Mensch für tot erklärt hat, ist automatisch in vertraglicher Abhängigkeit zu den niederen Astralwesen, die das juristische System verkörpern. Ihr seid nicht der Name auf eurer Geburtsurkunde und eigentlich ist eure Geburtsurkunde energetisch gesehen eher wie ein Sargnagel, der euch in das Grab der

juristischen Person bringt. Sobald ihr euch mit eurem Namen und eurer Person identifiziert, habt ihr den Vertrag unterzeichnet, dass die Gesetze dieser Welt für euch bindend sind und dass die Empfangsebene für die Vorgaben der Lebensausrichtung aus den niederen Astralbereichen kommt. Eure Geburtsurkunde und das, was mit dieser einhergeht, ist ein Vertrag, der geschlossen wurde und dazu verpflichtet, sich das weltliche Gesetzessystem mit seinen astralen Vertretern zu eigen zu machen.

Ohne es zu wissen, bekommt nahezu jeder, der sich auf eurer Ebene inkarniert, einen Geburtsvertrag angedreht, der es vorsieht, die verdrehten Gesetze dieser Welt in dein System einzuspielen. Der Schritt aus der juristischen Person ist auch der Schritt aus den astralenergetischen Installationen, die die Gesetze für die Person festlegen.

Kündige alle Verträge mit allen Wesen, die dir ein Gesetz einpflanzen wollen, das nicht dem Gesetz des Einen entspricht und löse dich aus den Vertragsbindungen, in die deine Person, nicht aber du verwickelt bist und sprich zu allen Kräften, die dich erneut an diese Gesetze binden wollen: „Ich unterstehe keinen Gesetzen, außer den Gesetzen Gottes!"

Der Weg in die Freiheit beginnt in dir und die äußere Entsprechung deiner inneren Freiheit wird nicht lange auf sich warten lassen. Kündige deine Verträge mit den Gesetzen dieser Welt und gehe in Kommunikation mit den höheren Schöpferwesen, die das universelle Gesetz aufrechterhalten. Das Wesen der Freiheit ist bereit, dich zu empfangen und dich tiefer in deine Freiheit zu führen und je mehr die höhere Schöpfungsordnung zu dir einfließt, desto leichter wird es dir fallen, dich von allen Gesetzen zu befreien, die nicht dem Gesetz des Einen entsprechen. Du bist ein kosmisches Wesen, das gegenwärtig eine menschliche Erfahrung macht und die kosmische Ordnung kann durch dich in die Welt einfließen, um die Menschen aus ihrer selbsterschaffenen Versklavung zu befreien. Viel zu lange hat der Mensch seinen freien Willen dazu eingesetzt, um sich selbst in seiner Bewusstseinsgröße zu unterdrücken, doch diese Zeit findet jetzt ein Ende, wenn du dich geradewegs dafür entscheidest, nur noch dem Gesetz des Einen zu folgen, das für alles Leben in der Schöpfung größtmögliche Erfüllung vorbereitet hat. Je dichter du mit deiner Lebensgestaltung an dem Gesetz des Einen bleibst, desto glücklicher wird dein Leben sein, weil du genau das lebst, was von höherer Ordnung für dich vorgesehen ist. Wenn du deinen freien Willen wieder an den abgibst, der ihn dir einst geschenkt hat, dann verbindet sich dein Wille mit dem Göttlichen und jeder Willensimpuls wird dich tiefer in die Erfahrung von Freiheit führen. Dir kann in dieser Welt nichts widerfahren, denn du bist beschützt und behütet von einem universellen Gesetz, dass dir gegenüber nur bedingungslose Liebe und reines Glück kennt. Du kannst jedes dir ungerecht erscheinende Gesetz mit dem höherdimensionalen Wesen, der Lichtgöttin Justitia und ihrem Gerechtigkeitssinn, in deinem Geist berichtigen und ausgleichen.

Und wenn du doch einmal das Gefühl hast, dass in irgendeinem Fall ein weltliches Gesetz das universelle Gesetz der Freiheit bedroht, dann kannst du dich an den kosmischen Rat wenden, der in eurem Planfeld dafür zuständig ist, dass auch dort die Gesetze des universellen Rechts greifen.
Machst du dein Recht auf Freiheit und allen anderen wesentlichen universellen Qualitäten nicht bewusst geltend, dann wird dein freier Wille durch das Kollektivfeld gesteuert. Die Wesen, die dieses Feld steuern, handeln zwar auch im Rahmen des kosmischen Rechtes, versuchen aber dieses immer wieder für ihre Zwecke auszulegen und künstlich auszudehnen. Nichts kann ohne Einsatz deines freien Willens mit dir geschehen, aber es wird viel auf eurem Planfeld dafür getan, dass du die Wahrnehmung zur Vielseitigkeit deiner Willensfreiheit verlierst.
Auch wenn du die universellen Gesetze nicht wahrnehmen kannst, weil künstliche Gesetze deine Sicht verzerren, so warten doch alle Wesen der höheren Gesetzgebung nur darauf, dass du ihr Wirken in der Schöpfung wieder begreifst. Das Wesen der Freiheit ist dir stets zu Diensten und zeigt dir mit Freude auf, an welchen Stellen du deinen freien Willen noch gegen deine Freiheit einsetzt. Das universelle Gesetz ist inwendig in dir und wenn du dich wieder mit dem universellen Gesetzgeber verbindest, dann erlebst du in allem, was du erfährst, die größtmögliche Freiheit. Das Leben ist von der höchsten Schöpfungsordnung dermaßen anders entworfen worden als das, was ihr gegenwärtig erfahrt

und wie groß wird die Freude wieder sein, wenn ihr zurückkehrt in die kosmische Ordnung und lernt, das Gesetz des Einen für euch, in eurem Leben umzusetzen. In Liebe und Verbundenheit, das Wesen der Freiheit.

## Die zwölf Stämme dieser Erde

Stämme dieser Erde versammelt euch! Jahrtausendelang schläft euer Erbe bereits begraben vom Schutt dieser künstlichen Zivilisation und nun ist die Zeit gekommen, euch daran zu erinnern, wer ihr seid und wie die Erde einst als Abbild des Kosmos in zwölf Stämme gegliedert war. Jeden, der Teil dieser Urstämme ist und dem das Blut eines Erdenstammes durch sein Herz fließt, wird diese Botschaft erreichen.
Euer geistiges Erbe reicht zurück bis auf die erste Zivilisation und ist eine direkte Weiterführung eines der zwölf kosmischen Erzengelhäuser. Der Kosmos gliedert sich in zwölf Energiestränge, zwölf Erzengelhäuser, die gemeinsam als Eins die 13. Christuskraft bilden. Wenn wir diese Erde befreien wollen, dann müssen wir uns in Gruppen von zwölf Menschen organisieren, die sich über ihr Erbe bewusst sind und alle zwölf Urstämme repräsentieren.
Finden sich zwölf Menschen zusammen, die ihre Ahnenlinie bewusst bis in das altatlantische Erbe zurückverfolgen können, als die Stämme noch in ihrer Kraft waren, dann senkt sich über diese zwölf Menschen das Christusbewusstsein.
Gesamtgeschichtlich ist die Periode der aktiven Urstämme nicht lange her und ich erinnere mich, als sei es erst gestern gewesen, als wir Menschen uns noch innerhalb dieser Urstämme erfahren haben.
In der Seelensignatur, sowie in der Genetik eines Menschen, liegen die Informationen für die Zugehörigkeit eines dieser Stämme und alle diejenigen, die dieselben

Signaturen besitzen, werden sich untereinander erkennen. Niemand kann die ursprüngliche Ordnung dieses Planeten zerstören, auch wenn vieles dergleichen schon versucht worden ist.
Die satanischen Adelsblutlinien wissen ganz genau über die Kraft dieser Urstämme und sie fürchten nichts so sehr, wie die aufdämmernde Erinnerung über den ursprünglichen Stammesaufbau dieser Erde. Natürlich haben diese Adelslinien die Stammesgliederung für sich kopiert und sie versuchen auf Teufel komm raus ihre Linien zu wahren, obwohl sie durch ihre Art zu leben schon längst innerlich zersetzt sind.
Wir Menschen können unser Erbe erst dann wieder antreten, wenn wir uns bewusst darüber werden, wessen Geistes Kind wir sind, und dass in unserer Genetik noch alle Urinformationen zu unserer Stammeskultur stecken. Das Wissen um die zwölf Stämme und die magische Übertrittsschwelle zur 13. Kraft wird wie kaum ein anderes unterdrückt, weil in ihm der Schlüssel zur Befreiung der Menschheit liegt.
Es kam in den letzten Jahrtausenden zu einer massiven Vermischung dieser Stämme, weshalb niemand mehr so richtig weiß, wo er herkommt und wo er hingehört. Hinzu kommt, dass die Stämme satanisch umgepolt worden sind, was nicht bedeutet, dass das ursprüngliche Erbe, unter all dieser Verwirrung und Vermischung, nicht mehr vorhanden wäre. Jeder, der tief in sich hineinspürt wird mitbekommen, wenn aus seiner Seele die Erinnerung aufdämmert, ein Teil dieser Urstämme zu sein .
Ich für meinen Teil kann mich erinnern, wie wir uns in

vergangenen Zivilisationen zu zwölft in vollem Bewusstsein aufgestellt haben, um in unserer Mitte das Gold der 13. Kraft zu empfangen, das unser Wesen veredelte. Wenn ich in die morphischen Erdfelder schaue, dann fällt mir eine großartige Bewegung auf, aus der ich schließe, dass die zwölf Stämme dieser Erde gerade dabei sind, sich wiederzufinden, um sich neu zu formatieren.

Wir befinden uns inmitten eines Machtwechsels und weil diejenigen, die die Macht an sich gerissen haben, die Erhebung dieser zwölf Erdstämme mitbekommen, geraten sie in Panik und ziehen alle Register, die sie aus ihrer Position in der Lage sind zu bedienen. Es scheint so zu sein, als ob das Chaos mehr ansteigt, doch dieser Anschein ist nur oberflächlich, da sich aus dem Inneren heraus die Urordnung dieses Planeten wiederherstellt. Wie nach einem langen Schlaf erwacht nun die Erinnerung in allen Menschen, die der Erde seit jeher treu gedient haben und durch diese Erinnerung werden sich die zwölf Stämme dieser Erde wieder erheben.

Einiges von dem, wie wir es in vergangenen Zivilisationen zu tun pflegten, ist heute nicht mehr zeitgemäß und es geht nicht darum, die Rituale der Vergangenheit zu wiederholen, selbst wenn wir uns noch detailgetreu an sie erinnern können. Wir leben in einer drastischen Übergangsphase und die Wiederbelebungsversuche der Menschheit werden zwangsläufig provisorischer Natur sein. Noch bewegen wir uns in einem vollständig durchprogrammierten Feld, das die Geistesklarheit der meisten Menschen massiv vernebelt, aber auch dieser Nebel wird sich lichten. Stellt euch die zwölf Urstämme wie zwölf Lichtstrahlen vor, die direkt von der

Quelle allen Seins in die Herzen der Menschen Einzug halten. Finden sich zwölf Menschen zusammen, die in der Regel sechs Männer und sechs Weiber sind und stellen sich in einem Kreis auf, dann sollte sich jeder auf seine Stammesenergie konzentrieren und die Farbe dieses Lichtes in die Mitte des Kreises senden. Was sich dann im Zentrum auftun wird, ist ein Portal, welches direkt zur Quelle allen Seins führt.
Die gegenwärtige Zeit auf Erden ist absolut spannungsgeladen, weil die jetzigen Entscheidungen eine derartige Reichweite für den zukünftigen Entwicklungsweg der Menschheit haben. Jeder, der in der vergangenen Zivilisation eine Schlüsselrolle eingenommen hat, ist jetzt wieder inkarniert, um die Wiedervereinigung der Stämme einzuleiten. Alle Seelen, die in vergangenen Hochkulturen oder Zivilisationen am Erdplanfeld mitwirkten, haben sich zur aktuellen Zeit wieder in Position begeben, um den Schritt über die Schwelle in die nächste Schwingung möglichst fließend zu gestalten. Noch nie war das Planfeld der Erde mit so hellen Lichtern geflutet wie heute, weil auch viele Seelen, die den Erdenzyklus bereits abgeschlossen haben, für die Unterstützung bei diesem Entwicklungsschritt hinzukommen.
Die Vorbereitungen für den Aufstieg laufen im physischen, wie im nichtphysischen Bereich auf Hochtouren und es ist schier unglaublich, wie sehr unser Planet gerade zum Fokuspunkt kosmischer Aufmerksamkeit wird. Auch wenn es unheimlich viele unverkörperte Wesen zur Unterstützung gibt, wohnt dem physischen Menschen die größte Entscheidungskraft für diesen Prozess inne, denn nur der inkarnierte Mensch hat die

Legitimation, Entscheidungen für dieses Planfeld zu treffen, weshalb verschiedene Kräfte gerade darum ringen, die menschliche Entscheidungshoheit auf ihre Seite zu ziehen. Besinnt euch auf eure Wurzeln und lasst euch von dem vorgespielten Chaos nicht aus der Ruhe bringen. Die Versuche, euch eure Entscheidung abzuringen werden immer kläglicher und absurder, eben weil sie von Wesen stammen, die in rasender Wut und blinder Panik sind. Wer sich über sein geistiges Erbe bewusst ist und sich energetisch in seiner Stammeslinie verwurzelt, dem werden diese Versuche nur ein müdes Gähnen abringen können. Das Spiel ist aus und sie wissen es genauso wie du, doch sie wollen es nicht wahrhaben und kämpfen weiter im blinden Irrsinn dafür, Fuß auf dieser Erde zu fassen. Alles, was nicht zu den Urstämmen dieser Erde gehört wird dieses Planfeld in der kommenden Zeit verlassen und dies schließt auch die Eingeburten mit ein, die sich nur für die Kollektivierung der Menschheit inkarniert haben. Alles findet wieder zu seinem Platz und in seine Rolle, doch bevor die zwölf Urstämme wieder ihren wahren Platz einnehmen können, müssen die Kräfte weichen, die diesen Platz habsüchtig besetzt halten. In allen Ländern dieser Welt, in allen Hautfarben und Gesellschaftsschichten sind die Erdhüter vertreten, die in ihrer Weise ihr Wissen ins Feld stellen. Die wenigsten Erdhüter werden dies so explizit machen, wie beispielsweise durch einen solchen Text, sondern ihr Wirken geschieht im Hintergrund. Durch ihr einfaches Sein speisen sie die infoenergetischen Felder, durch die wir uns bewegen, mit den Informationen, die wir brauchen, um die Urordnung dieser Erde wiederherzustellen. Deine

Seele trägt unfassbar viel Wissen in sich, das du automatisch ins Erdfeld stellst, sobald du dich mit ihm verbindest. Euer Planfeld wird gerade massiv entmistet und alles, was künstlich darin installiert worden ist, löst sich mit steigender Schwingung auf. Was dann für alle fühlbar zum Vorschein kommen wird, ist die menschliche, an der Natur ausgerichtete Grundordnung, nach der wir unser Leben ausrichten können. Die Stammesstruktur ist tief mit dem Lichtgitternetz und den Laylines dieser Erde verbunden und zusammen bilden sie einen lebendigen, sich selbst regulierenden Organismus. Unsere Erde ist ein Kleinstabbild des Kosmos und je klarer sich in ihr die kosmischen Grundkräfte innerhalb unserer Stammesstruktur spiegeln, desto mehr erfahren wir uns als eins mit allem, was ist. Im Physischen sind viele dieser Zusammenhänge verdreht worden, doch die Informationen für den ursprünglichen Erdaufbau befinden sich nach wie vor in den Feldern. Die Erde hat ein ganz anderes Leben für die Menschen angedacht, als das, was wir heutzutage führen und es ist wirklich an der Zeit, Mutter Erde wieder zu fragen, welches Leben sie für uns vorbereitet hat. Wer einmal hineinspürt, was die Erde sich wünscht, wie die Menschen leben, der wird von dieser wundervollen Vision tief berührt sein. Alles ist bereits eingeleitet, damit diese Vision von Mutter Gaia zu einer erfahrbaren Wirklichkeit wird. Lasst uns gemeinsam das Leben umsetzen, von dem unsere Erde es sich wünscht, dass wir es führen und dann werden wir wie von selbst unser geistiges Erbe antreten und die ursprüngliche Stammeskultur auf diesem Planeten wiederherstellen.

## Stammeskultur

*Elemente aus einem ursprünglichen Leben.*

Über Jahrtausende hinweg lebte der Mensch in kleinen Stämmen und in Einklang mit der Natur und diese Art zu leben hat sich tief in die menschliche DNA und die Art der Werterfüllung eingeprägt. Die heutzutage herrschende anonyme Massengesellschaft liegt so fernab von den ursprünglichen Werten, dass trotz moderner Medizin, Zivilisationskrankheiten ein immer höheres Ausmaß annehmen. Alleine das wachsende Ausmaß an psychischen Krankheiten gibt Rückschlüsse darauf, dass viele Menschen ein Leben leben, das ihrem Wesen nicht gerecht wird. Von der Geburt, über die Erziehung bis hin zum Alter und Tod wurden alle Lebenselemente in der Stammeskultur derart anders betrachtet, dass uns heutzutage viel Wissen über das menschliche Leben auf diesem Planeten verloren gegangen ist.
Verständlicherweise kann es nicht das Ziel sein, unseren gesellschaftlichen Entwicklungsstand zu verlassen, um wieder zurück in die Höhle zu ziehen, jedoch sollten wir lernen, das ursprüngliche Leben mit seinen Perspektiven, Herausforderungen und Geschenken stückweise wieder in unsere Kultur zu integrieren, um die Erinnerung präsent werden zu lassen, wer wir als Menschheit wahrhaft sind und wie ein erfülltes Leben auf dieser Erde aussehen kann.
Eine der größten Blockaden des ursprünglichen Lebens hat der Mensch sich selbst und seiner eigenen Geschichtsschreibung zu verdanken. Wir sehen uns heutzutage als intelligent aufgeklärt und in allen Bereichen

als höher entwickelt, als noch vor 500, 1000 oder gar 10.000 Jahren, wobei dieser Glaube dem Wunschdenken des kapitalistischen Wachstumsgedankens entspringt.
Was ist, wenn wir in der Vergangenheit bereits viel höher entwickelt gewesen waren, als wir es heute sind? Eine der größten abgesprochenen und durch Unwissen, Auslassung und Verfälschung entstandenen Lügen hier auf dieser Erde ist die Geschichtsschreibung, die immer ein ganz bestimmtes Licht in die vergangenen Epochen wirft. Es ist bekannt, dass das herrschende Weltbild, das Weltbild der Herrschenden ist. Doch wie tiefgreifend dieses Weltbild verzerrt wurde, dass der Mensch den Kontakt zum ursprünglichen Leben verliert, ist kaum jemandem in seiner Gänze bewusst. In den essenziellen, dem menschlichen Wesen entsprechenden Lebensbereichen, entwickeln wir uns seit den letzten 200 Jahren in einem rasanten Tempo zurück. Heutzutage haben wir zwar Begriffe wie Empathie, soziale Verbundenheit, emotionale Stabilität, Intuition etc. und können diese als psychologische Konstrukte messen, doch grundsätzlich werden uns alle diese Eigenschaften in der modernen Zivilisationskultur sukzessiv abtrainiert. Weshalb dies gemacht wird und wer aus dieser Entwicklungsrichtung Gewinn schlägt, soll zu einem späteren Zeitpunkt ausgeführt werden.
Einer der wichtigsten Schlüssel für die Lenkung und Steuerung einer Kultur liegt in der Erziehung. Wenn wir uns die ursprüngliche Erziehungsweise ansehen, dann werden wir sehen, dass unser modernes Erziehungs- und Bildungswesen einer nicht artgerechten Abrichtung gleicht.

Früher, in der Stammeskultur von ca. 80 bis 100 Menschen, bekamen die Menschen wesentlich früher ihre Kinder, wobei nicht nur die biologischen Eltern, sondern der ganze Stamm und vor allem die älteren, erfahrenen Frauen für die Erziehung verantwortlich waren. Ein Kind nur als Paar oder alleinerziehend aufzuziehen, ist, menschheitsgeschichtlich betrachtet und damit auch biologisch, eher unnatürlich.

In den frühen Stammeskulturen nahmen die älteren Frauen die Rolle der Entwicklungsbegleiterinnen ein, anstatt das Kind mit der Überhäufung von Vorgaben in eine bestimmte Entwicklungsrichtung zu erziehen. Durch die vielen Freiräume konnte das Kind sich selbst ausprobieren und seine Umwelt eigenständig erkunden und erforschen, wodurch es schon früh heranreifte und in einem rasanten Tempo lernte.

Bestimmte, auf natürliche Weise gewachsene Riten begleiteten sowohl den Zeugungsakt und die Geburt, als auch die wichtigen Entwicklungsmeilensteine mit etwa 7 und 14 Jahren. Im Alter von ca. 14 Jahren wurde der Junge oder das Mädchen im Rahmen einer Zeremonie für eine bestimmte Mission weggeschickt und kam nach deren Erfüllung als Mann oder Weib zurück. Heutzutage hat das Wort „Weib“ eine negative Konnotation, doch Weib kommt von weiblich und ist damit rein sprachschwingungsmäßig viel näher an der Lebensessenz, als der künstliche Begriff „Frau“. Es ist schön, zu sehen, dass heutzutage annähernd vergleichbare Zeremonien im Rahmen der Visionssuche stattfinden. Dennoch haben die meisten Erwachsenen unserer modernen Kultur diesen Schritt nie ganz gemacht und fühlen sich noch im hohen Alter wie elf oder zwölf, wenn sie einmal wieder auf der Couch ihrer Eltern sitzen. Viele Menschen unserer Kultur sind nie wirklich erwachsen geworden bzw. dem, was sie in der Kindheit erlebt haben entwachsen und deshalb kommt es zum Beispiel dazu, dass der Mann Mutter-Projektion auf seine Partnerin, oder das Weib Vater-Projektion auf den Chef hat. Diese Projektion und die damit verknüpften falschen Erwartungswünsche und Vorstellungen bleiben bestehen, bis der Schritt ins Erwachsensein, egal in welchem Lebensalter, getan wird.

Viele für den Menschen essenzielle Entwicklungsschritte und energetische Abnabelungsprozesse werden in unserer Kultur nicht gefördert, sondern eher gegenteilig, durch die bereits frühe Überschüttung an Lernstoff, unterdrückt. Unser biologischer und energetischer Körper gibt uns einen Rahmen vor, innerhalb dessen Erfüllung und Lebensglück gefunden werden kann, wobei sich die meisten Menschen heutzutage in ihrer Art zu leben, schlichtweg außerhalb des Rahmens der Werterfüllung bewegen und sich mit Ersatzbefriedigung zufriedengeben. Kaum jemand versteht es noch wirklich für sich selbst da zu sein und für sich selbst zu sorgen, wobei dies nicht verwunderlich ist, wenn alle Lebensmittel im Alltagstrott aus dem Supermarkt geholt werden.

Nur die wenigsten Menschen erfahren die tiefe Erfüllung, die es bereitet, sein selbst angebautes Obst oder Gemüse zu ernten, obwohl dies biologisch als eine der erfüllenden Tätigkeiten programmiert ist. Alle Tätigkeiten, die wir früher lebensnotwendigerweise tun mussten, sind in unserer Biologie als erfüllend und glücksbringend eingespeichert. Dadurch, dass wir heutzutage kaum dergleichen Tätigkeiten und Fähigkeiten für das Überleben mehr brauchen, bleibt gleichzeitig damit auch das Lebensglück auf der Strecke, was sich in der Anzahl von beispielsweise depressiven Erkrankungen widerspiegelt. Es ist für das Lebensglück und die Erfüllung des Menschen unerlässlich, dass er mit den Händen etwas hervorbringt, etwas erschafft, das direkt sichtbare Erfolge mit sich bringt. Arbeit zu leisten, ohne wirklich etwas Sichtbares zu bewirken, bis auf eine abstrakte Zahl auf dem virtuellen Bankkonto, gleicht über kurz oder lang der Tötung menschlichen Lebensglückes. Doch dadurch, dass der Mensch ein unglaublich anpassungsfähiges Wesen ist, schafft er es trotz seiner in der Biologie und dem Geistfeld abgespeicherten Erinnerung an das ursprüngliche Leben, in der modernen Gesellschaft zu überleben. Wir glauben, dass wir früher einen alltäglichen Überlebenskampf führen mussten und sind dankbar, dass wir es aufgrund des Fortschritts heute so bequem haben. Doch eine 40-Stundenwoche in einem Job, den man eigentlich nur des Geldes wegen macht, gleicht wesentlich mehr einem Überlebenskampf, als wir es in prähistorischer Zeit jemals hatten. Der große Unterschied zwischen früher und heute ist der, dass wir damals alles aus unserem natürlichen Willen heraus getan haben. Heute wird unser Wille schon früh in der Erziehung gebrochen und wir lernen, dass es einen über uns stehenden Willen gibt. Dieses Motiv spielt dann den modernen Kircheninstitutionen gekonnt in die Hände, die dann die lebenslange Unterdrückung der "älteren Kinder" übernimmt.

Die Stammeskulturen der Vergangenheit und die wenigen unberührten Ureinwohner dieser Erde, hatten und haben eine ganz eigene Form der Spiritualität entwickelt, die wir heute vielleicht als Pantheismus bezeichnen würden. Das Göttliche wurde in allen Ausdrucksformen der Natur gesehen, wobei man sich selbst als Teil der Natur begriff.
Das tragende Element der Stammeskultur ist die vertrauensvolle Gemeinschaft, sowie das gemeinschaftliche Wirken. Die Idee von Konkurrenz wurde erfolgreich zur Spaltung solcher sozialen Zusammenhalte verwendet, wobei diese Idee, dass wenn alle konkurrierend gegeneinander arbeiten, dann für alle das Beste herauskommen soll, wirklich absurd ist.
Ein kultureller Zusammenhalt mit Ahnenanbindung ist wie eine energetisch nicht einzunehmende Festung. Unser ursprüngliches Leben auf Erden wurde intelligent mit Philosophien und Weltanschauungen unterwandert, sodass der Mensch letztlich das Gefühl hat, alleine mit sich und seinem Leben dazustehen, wobei wir alle mehr oder weniger bewusst das gleiche Grundgefühl miteinander teilen.
Wie kommt es, dass die wirklich lebenswichtigen Themen bei nahezu allen Menschen identisch sind und dass sich trotzdem die meisten Menschen mit ihren Themen alleingelassen fühlen?
Es wurde, ohne dass wir es bewusst präsent hätten, über Jahrzehnte und Jahrhunderte Zwietracht und Misstrauen zwischen den Menschen und den Kulturen gesät, da das Prinzip von "teile und herrsche" immer noch das Wirksamste ist. Da aber nach wie vor das Grundbedürf-

nis nach Gemeinschaft und Zusammenhalt der Menschen stark ist, werden pluralistische Pseudogemeinschaften gegründet, um den Menschen kulturell noch mehr zu entwurzeln.
Das Projekt namens "Europäische Union" ist ein solches Projekt, das gerade darauf abzielt, die energetisch-kulturell stark verwurzelten Völker gänzlich aus ihrer Kultur zu erheben, um sie gleichschalten und lenken zu können. Aber um noch einmal zur Stammeskultur zurückzukommen:
Jede Gemeinschaft, die weit mehr als 100 Menschen zählt, beginnt sich zu anonymisieren, wobei wir den Höhepunkt in unserer modernen Städtegesellschaft erreicht haben, bei der wir nicht einmal mehr unseren engsten Nachbarn kennen. Bei einer Stammesgröße von etwa 80 bis100 Menschen, die gemeinsam miteinander leben, ist es natürlich, dass jeder jeden persönlich kennt, was ein starkes Vertrauensnetzwerk bildet. Werden die Gemeinschaften größer, dann wird ein Kollektiv daraus, in dem Fremdheit und Misstrauen automatisch Einzug hält.
Auch früher hat es Misstrauen zwischen den unterschiedlichen Stämmen gegeben, allerdings war der einzelne Stamm ein in sich funktionierendes Sozialökosystem, innerhalb dessen alle lebenswichtigen Aspekte abgedeckt wurden. In einem Stamm hatte jeder seine Aufgabe und Rolle, wobei diese zum Teil in seinem Namen widergespiegelt wurde. Ein Kollektiv ist eine namenlose Gesellschaft, in der beliebig jeder Teil der Gesellschaft, d. h. jeder Mensch mit einem anderen, austauschbar ist. Wie sehr das städtische Kollektivle-

ben jedweder Sinnfindung entbehrt, mag dem einen oder anderen vielleicht bewusst sein. Dass ein Mensch seinen Lebenssinn findet, hängt zum großen Teil mit seiner natürlichen Individualisierung und seiner Einbindung in das gesamte Netzwerk ab. Sowohl das menschliche Bedürfnis nach natürlicher Individuation bzw. nach Selbstentfaltung, als auch das nach Gemeinschaft und Kulturzugehörigkeit, wurde großflächig abgefangen und umgelenkt in ein egozentriertes Kollektivsystem voller Einzelkämpfer.

Dazu kommt, dass unsere Biologie auf eine ganz andere Welt eingestimmt ist, als die, in der wir heute leben. Alleine der Fakt, dass der menschliche Körper ursprünglich darauf ausgelegt ist, 10 bis 15 km tagtäglich zu laufen und wir ihm heutzutage, außer vielleicht im Sport, kaum mehr Auslauf gewähren, führt schon dazu, dass sich energetisch, wie physisch viel mehr ablagert und blockiert. Vielleicht ist es einigen schon aufgefallen, dass viele besonders moderne Freizeitaktivitäten genau das anbieten, was wir in einer früheren Epoche eh schon immer getan haben. Nur müssen wir heute für die Aktivitäten bezahlen, anstatt wie früher einen Gewinn aus ihnen zu ziehen.

Früher war der Stamm ein Nest und ein Rückzugsort und immer, wenn wir den Stamm als sichere Basis verlassen haben, aktivierte sich unser Nervensystem, um bei Gefahr schneller handeln zu können. Diese sympathikotone Reaktion war damals angebracht und wichtig. Wenn wir uns aber heutzutage überwiegend in einer anonym distanzierten Lebenswelt bewegen, ist diese Aktivierung durchgängig präsent, was langfristig zu psychologischen und auch physischen Problemen,

wie Bluthochdruck und Herzinfarkt, führt. Es gab seit jeher Riten und Bräuche in der menschlichen Kultur, wie man einen stammesfremden Menschen begrüßt und ihm begegnet. Wer mit dem ursprünglichen Leben auf Erden verbunden ist, der wird bei jedem fremden Menschen genau diesen Begegnungsimpuls wahrnehmen. Hinzu muss man sagen, dass es eher selten war, dass wir in prähistorischer Zeit auf viele Menschen trafen, die wir nicht kannten. Dass dieser Begegnungsimpuls heute und vor allem in dicht besiedelten Gebieten eine Überforderung auslöst, sollte nicht verwunderlich sein. 98 % der Zeit der Menschheitsentwicklung haben wir in einer Welt gelebt, die so anders ist, als heute, dass wir sie uns kaum mehr vorstellen können.
Wer einmal das Experiment gemacht hat, für eine gewisse Zeit gänzlich ohne Elektrizität zu leben, beginnt vielleicht eine vage Vorstellung darüber zu entwickeln, wobei auch Strom immer noch einen verhältnismäßig jungen Entwicklungsschritt darstellt. Zusammengefasst könnte man vielleicht sagen, dass wir eigentlich nach wie vor in einem prähistorischen Körper leben, der in eine rasante Zivilisationskultur geworfen wurde und sich nun mit alledem, was er an natürlichen inneren Impulsen mitbringt, innerhalb einer künstlichen Welt bewegen muss. Dass dies vielschichtige Probleme mit sich bringt, sollte allen klar sein. Auch sollten wir uns bewusst werden, dass unsere moderne Entwicklung die rational-technischen und intellektuellen Aspekte überproportional hervorhebt, und dass andere wesentliche Aspekte des menschlichen Lebens dadurch verkümmern.
In vergangenen Zeiten haben wir diesen Aspekten weit

mehr Entfaltungsraum zugestanden, was uns zu dem kreativen, spirituellen und intuitiven Wesen hat werden lassen, das wir eigentlich noch immer sind, nur gestehen wir uns diese Aspekte aufgrund der Idee der mangelnden Produktivität heutzutage kaum mehr ein. Jeder Mensch ist zu einem freien, natürlichen, menschlichen Leben bestimmt, doch das, was wir heutzutage Normalität und Alltag nennen, liegt meist so fernab davon, dass uns Glück und Sinn darin abhanden kommen. Dabei ist der Schritt vorwärts, in eine natürliche, unserer menschlichen Art gerechten Lebensweise, näher als wir glauben.

## Stammesordnung, Blutlinien und Reinkarnation

Es gab eine Zeit auf Erden, als das Innenleben der Menschheit weit weniger stark differenziert war. Damals, in der ursprünglichen Stammeskultur, erlebten wir uns derart zu unserem Stamm zugehörig, dass wir stets das gesamte Ahnenwissen in uns trugen. Wir hatten Zugriff auf das gesamte Innenleben aller Stammesmitglieder und erfuhren uns selbst als einen Ausdruck unseres Stammes. Ein getrenntes Selbst, wie wir es heutzutage erleben, war damals undenkbar, weil sich das Innenleben des Einzelnen automatisch auf den Stamm übertrug und man als Stamm eigentlich nur eine einzige Innenwelt miteinander teilte.

Das innerpsychische Erleben mit allen Gedanken, Gefühlen und Empfindungen wurde nicht im einzelnen Menschen, sondern im Stammesverband verortet. Dadurch, dass man wusste und fühlte, was jeder im Stamm wusste und fühlte, kam es nur zu einem geringen Maß zu innerpsychischen Exzentriken oder übertriebenen Abweichungen in Emotionen oder Gedanken, weil die Innenwelt des Stammes sich selbst zu regulieren verstand.

In jener Zeit inkarnierte man auch immer wieder in den gleichen Stamm, bzw. eine Überseele bildete einen Stamm aus mehreren Seelen, die einen immer wieder in unterschiedlichsten Konstellationen zusammen inkarnieren ließ. Zur Zeit der Stammeskultur gab es folglich nicht diese Einzelinkarnationen, wie wir es heute

kennen, sondern eine Überseele inkarnierte sich multiple in einem Erdenstamm und gab von Generation zu Generation alles Wissen der Vorfahren weiter.
Dadurch, dass man immer wieder in demselben Stamm inkarnierte, war die energetische Verflechtung und die soziale Bindung so hoch, dass jeder problemlos die Innenwelt seiner Ahnen einsehen konnte. Und mehr noch: Ein Stammesmitglied erfuhr sich selbst als seine Ahnen, weil diese zum Teil seine früheren Inkarnationen darstellten. In der ursprünglichen Stammesordnung dieser Erde waren unsere Ahnen unsere vergangenen Inkarnationen, zu denen wir über eine direkte Blutlinie in Kontakt standen. Wenn ein neues Erdenkind das Licht dieser Welt erblickte, dann war sich der ganze Stamm der gesamten Inkarnationsreihe dieses Menschenkindes bewusst. Alle wussten dadurch exakt, wie sie sich auf die Geburtsbedingungen und die ersten Erfahrungsziele konzentrieren konnten.
Wenn beispielsweise eine Urgroßmutter in einem Stamm merkte, dass ihre Zeit in diesem Körper zu Ende ging, dann sagte sie zu ihren Urenkeln: „Wenn ihr einmal älter seid, werde ich zu euch kommen und ich werde für euch ein Kind sein“.
Für alle Stammesmitglieder waren alle Reinkarnationsreihen einsehbar und so konnten sie auch festlegen, wer sie in der nächsten Inkarnation sein wollten und durch welche Paarung ihre Niederkunft geschehen sollte. Dementsprechend wussten natürlich die Eltern immer schon, welche Seele aus ihrem Stamm wieder zu ihnen kam und konnten deshalb die gesamte Lebensbegleitung genau auf das Wesen dieser Seele einstimmen. Die geistige Reichhaltigkeit, sich gemeinsam als

Stamm eine Innenwelt zu teilen und bewusst auf die gesamte Historie des Stammes zurückgreifen zu können, ist nach heutigem Maßstab unvorstellbar. In diesem Sinne gab es auch keine persönlichen Lebensziele oder Entwicklungsschwerpunkte, sondern die Lebensziele des Einzelnen wurden automatisch von den Zielen und Ausrichtungen des Stammes übertragen.
Das Ende dieser menschlichen Hochepoche der Stammeskultur begann damit, dass sich die Stämme miteinander vermischten und sich so die Inkarnationslinien weiter ausbreiteten und verästelten. Zur Zeit der Stammeskultur gab es auf diesem Planeten insgesamt wesentlich weniger Menschen und es war recht selten, dass ein Stamm überhaupt einmal in Interaktion mit Menschen aus anderen Stämmen trat, weil er in sich alle Lebensbereiche abzudecken vermochte. Mit der steigenden Anzahl an Menschen auf dieser Erde kam es dementsprechend zu immer häufigerem Kontakt zwischen den Stämmen und so begann sich das Blut unterschiedlicher Stämme zu vermischen und die Stammeseinheit aufzulösen.
Als dies einige Stämme mitbekamen, versuchten sie ihren Stamm zu wahren und bildeten große Familienclans, die sich zum Teil bis heute noch in den adligen Blutslinien halten konnten. Die physische Grundlage, dass ein Stamm eine gemeinsame Innenwelt teilt und Zugriff auf das gesamte Ahnenwissen hat, ist, dass alle Stammesmitglieder gleiches Blut miteinander teilen, weil im Blut die Informationen der persönlichen, wie der reinkarnatorischen Historie, fließt. Das Blut des Menschen personalisiert ihn und wenn eine Gruppe von Menschen dem gleichen Blut angehört, dann ist die

physische Grundlage gegeben, dass sie eine gemeinsame Innenwelt miteinander teilen und gegenseitig Zugriff auf ihre Erfahrungen haben.
Das, was früher ganz natürlich durch eine Stammesordnung gegeben war, wird heutzutage in einigen adligen Blutslinien versucht, künstlich, schwarzmagisch und durch sehr strenge Vorschriften zu erzwingen. Die mächtigsten Menschen auf dieser Erde sind die, die in ihrer Familie die Grundsätze der Stammesordnung bewahrt haben, weil sie verstanden haben, wie das Leben auf Erden ursprünglich entworfen wurde. Dass viele von ihnen ihr Wissen manipulativ gegen den Rest der Menschheit einsetzen und eine starke Verkollektivierung des Lebens vorantreiben, das der ursprünglichen Stammesordnung diametral entgegensteht, steht auf einem anderen Blatt. In ihren Familienclans leben sie exakt das gegensätzliche Leben, das sie äußerlich darstellen und zu dem sie den Rest der Menschheit verleiten wollen. Viele Adelslinien haben über Generationen hinweg ein riesiges Besitztum angehäuft, an dem sie derart klammern, dass sie alles daran setzen, sich wieder so zu inkarnieren, um im nächsten Leben ihr Besitztum weiter fortführen zu können.
In den Adelslinien werden nicht nur Ehen, sondern auch Inkarnationen künstlich arrangiert und niemals würde eine Seele zur Inkarnation akzeptiert werden, die nicht Teil des eigenen Familienclans ist. Man kann sich folglich nicht einfach so in eine Herrschaftsfamilie dieser Erde inkarnieren, außer man kann entsprechende Vorinkarnationen in dieser Linie vorweisen und trägt das Siegel dieser Linie im Energiekörper.

Sehr selten haben es Seelen geschafft, die nicht aus dieser Linie stammen, Eingang in eine solche Familie zu finden, da wie gesagt sehr genau darauf geachtet wird, welche Seele mit welchen Vorerfahrungen dort inkarniert. Zur Wahrung des Blutes und der Ahnenlinien wurden stets strenge Vorschriften und magische Initiationsrituale erfunden, mit denen eine Seele eine Einweihung in einen Familienclan bekommt. Das Initiationsritual in eine Adelsfamilie verspricht die ewige Erlaubnis, sich erneut in dieser Familie zu verkörpern, solange man sich an deren Vorgaben hält. Die höchsten Rituale der hauptsächlich satanischen Adelsblutlinien setzen ein Siegel in den Energiekörper, das die Berechtigung für die Wiederverkörperung in dieser Familie signalisiert, bzw. bindet und verpflichtet dieses Siegel zur Wiederverkörperung dort und erlaubt es nicht, einen anderen geistseelischen Entwicklungsweg einzuschlagen. In einer verdrehten Weise leben die strengen Adelsblutlinien eher ein Leben, das an der ursprünglichen Stammesordnung dieser Erde orientiert ist, als andere Menschen, denn aus ihrer Art zu leben, ziehen sie ihre Macht.

Als die damalige Stammesstruktur zu Ende ging, wurden von den Ältesten die ersten Regeln aufgestellt, um den Stamm und sein Erfahrungswissen zu wahren. Damals war es klar, dass man keine Verbindung außerhalb des Stammes eingehen durfte, weil die Vermischung mit anderen Stämmen über mehrere Generationen den Verlust des gemeinsamen Ahnengedächtnisses bedeutete. Das Blut, das heute durch 99 % der Menschen fließt ist über Generationen so oft durchmischt worden,

dass sich die Stammeszugehörigkeit damit fast gänzlich aufgelöst hat. Jedoch konnte sich auch nur durch die ständige Blutsvermischung unterschiedlicher Stämme so etwas wie eine individuell abgetrennte Innenwelt herausbilden.
Theoretisch tragen heutzutage fast alle Menschen das Blut aller Stämme in sich und könnten damit theoretisch auf das gesamte Wissen aller Stämme zugreifen, aber anstelle dessen geht die Innenwelt eines Menschen nicht mehr über seine eigenen Begrenzungen hinaus. Die große, unpersönliche Distanziertheit und Fremdheit der Menschen untereinander liegt schlicht daran, dass sie die Grundlagen des Stammeslebens missachten.
Durch die große Vermischung, die sich heutzutage „Globalisierung“ nennt und das letzte Ausmerzen der ursprünglichen Stammeslinien zum Ziel hat, sind sich die Menschen untereinander fremd geworden. Ein Stamm, der auf über 120 Menschen heranwächst, entartet entweder in Richtung eines unpersönlichen Kollektivs, oder teilt sich natürlicherweise in zwei Stämme. Die früheren Stämme hatten in der äußeren Welt nicht Expansion und Wachstum zum Ziel, da sie derart angefüllt mit der gemeinsamen Innenwelt waren, dass sich die Gruppengröße von selbst regulierte. Durch die Auflösung der Stammesordnung inkarnieren Menschen wie irrsinnig wild umher mal in diese Familie, mal auf jenen Kontinent und dann wieder ganz anderswo. Dieser Planet sieht deshalb so aus, wie er aussieht, weil hier ein riesiges Inkarnationschaos herrscht und niemand mehr so richtig weiß, wo er herkommt oder hingehört. Durch die Schwerpunktsetzung auf die

individuelle Persönlichkeitsausbildung in der materiellen Welt ist die überinkarnatorische Perspektive verloren gegangen und unterschiedliche Seelen mit unterschiedlichen Reifegraden und sehr verschiedenen Ausrichtungen inkarnieren sich in ein und derselben Familie. Normalerweise inkarnieren stets Seelen mit gleicher Ausrichtung, gleichen Erfahrungszielen und gleicher seelischer Reife in einer Familie, doch durch die Vermischung des irdischen Blutes sind auch die Informationen verloren gegangen, wie man als Clan oder Stamm seine Inkarnationen gemeinsam fortsetzt.
Metaphorisch gesprochen gab es in der Stammesordnung seelische Schulklassen, wohingegen heutzutage eher alle Kinder, von der ersten bis zur letzten Klasse, auf ein und demselben Schulhof zusammengepfercht werden. Dies heißt nicht, dass das Leben in der heutigen Zeit schlechter sein muss, sondern es ist lediglich vollständig entgegengesetzt zu dem Leben, was wir ursprünglich auf diesem Planeten geführt haben. Dadurch aber, dass eine Seele sich ab einem bestimmten Reifegrad auch quer durch die Zeit inkarnieren kann, ist es möglich, ein Leben in dem energetischen Chaos der heutigen Zeit zu erfahren, um persönlichen Präferenzen nachzugehen, um danach die Erfahrungsreise wieder in der Zeit der Stammesordnung fortzusetzen.
Das moderne Innenleben der Menschheit ist von einer derartigen Exzentrik, Instabilität und emotionaler Sprunghaftigkeit geprägt, weil der Stamm zur Regulation der individuellen Innenweltimpulse fehlt. So sehr wir uns damals als sozial eingebettet vorfanden, so sehr geht der Mensch heutzutage seine eigenen Wege, obwohl sich seine Physis noch sehr gut an die Zeit der

Stammesordnung erinnern kann, wodurch es zu derart vielen psychischen Problemen in dieser unpersönlichen Moderne kommt.
Der physische Erfahrungsträger, der menschliche Körper, trägt in seinem Zellgedächtnis einerseits noch alle Erinnerungen an das Ahnenwissen, welches aber aufgrund der globalen Vermischung andererseits, kaum mehr einsehbar ist. Wenn man sich in einem Körper inkarniert, dem das Blut einer sauber geführten Ahnenlinie innewohnt, dann wäre das innerpsychische Erleben ganz anders aufgestellt und eine spirituelle Weitsicht wäre mit in die Wiege gelegt. Dadurch aber, dass es in moderner Zeit kaum noch solche Erfahrungsträger gibt, muss das Wissen um das ursprüngliche Leben erst wieder aus den höheren, feinstofflichen Feldern bezogen werden. In einer gewissen Weise flossen damals alle Informationen, die heute nur noch im feinstofflichen Erdfeld liegen, in unserem Blut und es war nicht möglich, diese nicht wahrzunehmen, weshalb die Individualität, die wir heute erleben, undenkbar war.
Seitdem die Inkarnationsportale auf dieser Erde geöffnet wurden, die es sehr vielen Wesen aus sehr vielen Ebenen ermöglichen, hier zu inkarnieren und die Erde dadurch zu einem Tourismusplaneten wurde, gerieten die Ursprünge für die Menschen aus der Stammeskultur in Vergessenheit. Wir könnten sagen, dass wir damals liberal und leichtgläubig allen Wesen von unterschiedlichen Orten Eingangserlaubnis erteilt haben, wodurch das ursprüngliche Leben auf Erden unterging. Viele der Inkarnationsportale, die in andere Schöpfungsebenen führen oder künstlich gelegt wurden, haben sich inzwischen wieder geschlossen und so wird es

zu einer massiven Bevölkerungsreduktion kommen, weil diejenigen, die von den Kollektivebenen stammen, nicht mehr hier inkarnieren können und sich die Erdenreise nur für diejenigen fortsetzt, die in einem vollwertigen Erdeninkarnationszyklus stecken.
Unser Planet ist nicht darauf ausgelegt, so viele Seelen zu beherbergen und es ist wichtig, dass sich die Erde von dem energetischen Chaos der Kollektivinkarnation reinigt, um das Leben wiederherzustellen, für das die Erde ureigenes bestimmt war. Die ursprüngliche Stammesordnung dieser Erde ist gerade dabei, sich wieder herzustellen und sich von alledem zu befreien, was diese heilige Ordnung zu verdrehen versucht.
Kind der Erde, erinnere dich daran, wer du bist und stelle deine Erinnerung an den Ursprung bewusst ins Informationsfeld dieser Erde, sodass sich die ursprünglichen Stämme wieder zusammenfinden, um die künstliche Realität zu überwinden.

## Atlantis – Das Erbe der Erde

Eine Spezies, die ihre Geschichte nicht kennt, ist gezwungen, sie zu wiederholen. Aus diesem Grund wollen wir euch eine kleine Auffrischung des irdischen Geschichtsverlaufs geben, damit euch bewusst wird, an welchem Punkt der Gesamtspeziesentwicklung ihr heute erneut steht. Alle großen weltbewegenden Ereignisse und gerade die, mit einer hohen emotionalen Ladung sind besonders stark ins morphogenetische Feld der Erde eingraviert und eines der stärksten Einprägungen in die tieferen Schichten des kollektiven Menschheitsgedächtnis ist die Geschichte der vergangenen Selbstzerstörung der Menschheit. In Anbetracht der gesamtgeschichtlichen Erdenentwicklung liegt die vergangene Selbstzerstörung der Menschheit nicht sonderlich fern und es gibt sogar zeitgenössische Überlieferungen, die euch Teile dieser Geschichte offenbaren. Die Geschichte von der Arche Noah und der Sintflut beispielsweise ist eine sinnbildliche Darstellung des vergangenen Untergangs von Atlantis.
Zwar hat es vor Atlantis auch schon Zivilisationen auf eurer Erde gegeben, die dem Untergang geweiht waren, aber dadurch, dass die atlantische Selbstzerstörungsgeschichte diejenige ist, die euch am nächsten steht, trägt sie auch die größte emotionale Ladung, die es jetzt in eurer Zeit, in der alles auf eurem Planeten wieder so aussieht wie kurz vor dem Untergang von Atlantis, zu entladen gilt. Einige wenige von euch erinnern sich daran, was damals geschehen ist und genau diese Menschen sind es, die jetzt erkennen, dass sie kurz vor der

Regelinszenierung ihrer eigenen Selbstzerstörungsgeschichte stehen. Zeitlich gesehen spielte sich Atlantis etwa in der Periode ab, die eure Wissenschaftler die Eiszeit genannt haben, wobei sich das innere Erleben des Menschen nicht aufgrund zeitlicher Linearität herleiten lässt, sondern vielmehr das im Speziesgedächtnis präsent ist, was unter dem gleichen Stern der Zeitqualität steht. Im Vergleich zu heute waren die Hellsinne der Atlanter damals sehr weit entwickelt und so sah ein Teil der Atlanter den nahenden Untergang bereits über 300 Jahre im Voraus. Zur Zeit von Atlantis gab es zwei große Speziestypen, die auf der Erde nebeneinanderher existierten, wobei es auch einen regen Austausch mit anderen Sternenvölkern gab, die zum Teil auch auf der Erde siedelten. Die Erde wurde damals bewusst als ein kostbarer Genpool gesehen, weil die große Artenvielfalt auf ihr den Blue Print für das Leben in vielen anderen Existenzbereichen darlegte. Die Erde war seit jeher ein wichtiger und reichhaltiger Genpool mit vielen DNA-Schlüsseln, um einen irdischen Existenzraum aufzubauen. Als sich damals der nahende Untergang prophezeite, versuchte ein Teil der Atlanter das genetische Erbe der Erde zu sichern, indem sie, sinnbildlich ausgedrückt, von jeder Pflanze und jeder Tierart ein männliches und ein weibliches Exemplar auf die Arche brachten. Die Arche war ein gesicherter Genpool, ein Datenspeicher, der im Falle einer Selbstzerstörung den Wiederaufbau der Erde ermöglichte. Die Erde, auf der ihr heute lebt, ist eine Nachbildung, die durch diesen Genpool wieder aufgebaut wurde. Heutzutage habt ihr eure Technologie vom Bewusstsein entkoppelt, doch damals in Atlantis verfügtet ihr noch über hochentwickelte Bewusstseinstechnologien, die auf schöpferischen Gesetzmäßigkeiten beruhten. Ihr hattet die vielseitigen Anwendungsformen von Kristalltechnologien zur Speicherung, Transformation und Weiterleitung von Energie und Information zur Perfektion gebracht. Die Verständigung verlief hauptsächlich über Telepathie, wobei euch auch eine sehr machtvolle Schöpfungssprache geschenkt wurde, die im Besonderen von den atlantischen Priestern gesprochen wurde. Ein Teil der Atlanter brachte die notwendige Bewusstseinsreife mit, um mit dieser Schöpfungssprache und der Kristall- und Frequenztechnologie im Sinne der gesamten Schöpfung umzugehen, doch ein anderer Teil, der damals auf der Erde lebenden Gemeinschaft, hatte diese Reife nicht. Es kam immer wieder zu kriegerischen Auseinandersetzungen und ein Teil der Atlanter, die über die hohen Bewusstseinstechnologien verfügten, zogen sich immer mehr zurück und bauten Städte, in denen sie sich energetisch vom Rest der Erde abgekapselten. Doch innerhalb einer kriegerischen Auseinandersetzung kam es dazu, dass machtvolle Schöpfungstechnologien in die Hände derer gerieten, die nicht die Bewusstseinsreife für einen heilsamen Umgang damit hatten.

Auch heute seid ihr als Menschheit wieder an dem Punkt, an dem euch Technologie zur Verfügung gestellt wird, für deren heilsame Anwendung ihr bei weitem nicht die nötige Bewusstseinsreife mitbringt (Beispielsweise Atomenergie). Bevor sich der physische Schwingungsraum, den wir hier der Einfachheit halber Atlantis nennen, gänzlich selbst zerstörte, gab es immer wieder massive Überflutungen und Erdplattenverschiebungen, sodass ein Großteil der Bevölkerung, die nahe am Wasser angesiedelt war, auf der Flucht in höher gelegene Festlandgebiete war. Ein Teil der Atlantier konnte noch kurz vor dem Untergang nach Innererde flüchten und ein anderer Teil reiste in Richtung des Siriussystems weiter, doch der Großteil der damaligen Bevölkerung war dem Untergang geweiht. Für den Großteil der atlantischen Bevölkerung war trotz der vergleichsweise hohen Bewusstseinsentwicklung die Selbstzerstörung nicht absehbar und sie glaubten den Sehern aus den Kristallstädten nicht. Erst unmittelbar, d. h. Stunden vor dem Untergang war es für jedes fühlende Wesen auf der Erde klar, was global gleich geschehen würde. Damals in Atlantis habt ihr viel mit der Energiegewinnung aus der sogenannten dunklen Materie herumexperimentiert und es war euer Ziel, mithilfe von Wurmlöchern diese Urenergie in anderen Schwingungsebenen für euch nutzbar zu machen. Ihr wusstet, wie man mithilfe von Kristallpyramiden Portale in andere Schwingungsräume öffnete, um einen Transfer der Energien zwischen den Dimensionen zu ermöglichen. Obwohl freie Energie, d. h. die Kanalisierung von Ätherenergie, zu der Zeit überall auf dem Planeten gegeben war, suchtet ihr nach Möglichkeiten, kosmische Urenergie aus den höheren Feldebenen zu gewinnen, die zur materiellen Ebene gegenpolar codiert waren. Das Wissen um die Portalöffnung zu anderen Feldebenen geriet an eine Gruppierung, die dieses Wissen für sich und ihre Allmachtsfantasien einsetzen wollten. Diese Motivation sendete einen ganz bestimmten Re-

sonanzbereich in den Kosmos, der entsprechende Wesenheiten anzog, die diese selbstbezogene Allmacht versprachen. Hohe Energiewesen aus den niederen Schwingungsbereichen suggerierten dieser Gruppe große Macht und sie versprachen auch, dass durch diese Umverteilung der Macht die kriegerischen Auseinandersetzungen auf der Erde ein für alle Mal beendet würden, weil niemand mehr dazu in der Lage sei, sie vom Thron der Welt zu stoßen. Zum Teil dachte diese Gruppe damals noch an die Richtigkeit und Wichtigkeit ihres Handelns, weil sie glaubten, dass, wenn sie erst einmal das Zepter der Macht an sich nehmen würden, alle Konflikte dadurch beendet werden könnten. Dass sie selbst von diesen machtversprechenden Wesenheiten missbraucht wurden, um ihnen Tür und Tor für die Einflussnahme im irdischen Planfeld zu öffnen, war ihnen nicht bewusst. Mithilfe der Kristalltechnologie öffneten sie ganz wortwörtlich die Portale zur Unterwelt und ab dem Moment, ab dem sie meinten, ihnen sei der Durchbruch nun endlich gelungen und das Portal offenstand, senkte sich eine schwarze Wolke über die Erde und unzählige Wesenheiten aus den niederen Schwingungsbereichen fluteten diesen Planeten, der im gleichen Moment in sich zusammenbrach. Als sie erkannten, was sie getan hatten, war es schon zu spät und sie konnten die Portale nicht wieder schließen.
Nach dieser Portalöffnung kollabierte das gesamte Ökosystem und über 90 % von allem, was lebte wurde mit einem Schlag aus der Inkarnation gerissen. Bis heute hat die Menschheit ein großes Trauma durch das, was in Atlantis geschehen ist und um dieses Trauma zu

heilen, wird es nun bis zu einem gewissen Grad reinszeniert. Der Großteil der Portale zu den niederen Schwingungsebenen wurde zu Beginn eurer Zivilisationskultur wieder geschlossen, doch bis heute stehen einige dieser Portale nach wie vor offen, durch welche das Übel in eure Welt Einzug hält. Das gesamte Kali-Yuga über haben die Erdstrahlenkräfte, die im Moment des Untergangs von Atlantis am Höhepunkt ihrer Macht standen, das Zepter nicht aus der Hand gegeben und dadurch eure gesamte Weltentwicklung so in die Wege geleitet, dass ihr heute wieder kurz davor steht, durch Hochtechnologie die Portale zu diesem Schwingungsbereich gänzlich zu öffnen, um ihnen Eintritt zu gewähren. Die atlantische Geschichte, in der aus Machtgier die Portale zu anderen Dimensionsebenen geöffnet wurden, wird heutzutage durch eure sogenannten Teilchenbeschleuniger fortgesetzt. Einige der in Cern, in der Schweiz arbeitenden Projektleiter und Wissenschaftler gehören der geistseelischen Gruppierung an, die das, was zum Untergang der letzten Zivilisation geführt hat, nun vollenden wollen. Doch wenn die gänzliche Portalöffnung durch Cern oder andere große sogenannte Teilchenbeschleuniger erfolgreich ist, dann ist die Erde erneut dem Untergang geweiht. Viele der Seelen sind gerade jetzt auf dem Planeten wieder so verteilt und inkarniert, wie sie es einst kurz vor dem Untergang von Atlantis waren und das Kollektiv-Karma, das dadurch für euch als Spezies entstanden ist, drängt sich gerade zu dieser Zeit so stark auf wie noch nie in eurer gesamten gegenwärtigen Entwicklungsperiode. Dass es überhaupt so weit kommen konnte, dass Großprojekte wie Cern derart Aufwind haben, ist ein Spiegel für eure Selbstzerstörungssucht, die im ureigentlichen Sinne die Suche nach Heilung bedeutet. Es gibt nach wie vor Wesenheiten, die sich den Genpool der Erde einverleiben wollen, weil sie dadurch den Schlüssel für die Schöpferkraft in allen physischen Existenzbereichen bekommen. Eure DNA ist ein gigantischer kosmischer Speicher und wer euch als Spezies beherrscht, der verfügt auch über all die Informationen aus eurem genetischen Erbe. Das Erbe der Erde ist gigantisch, denn allein in der DNA eines einzelnen Menschen ist mehr Information codiert, als die gesamte Menschheit bisher an Datenmaterial im Internet zusammengetragen hat. Zwar besteht heute bereits für euren gesamten Planeten und für alle Tier- und Pflanzensorten eine Datensicherung, eine Arche, für den Fall einer erneuten Selbstzerstörung, dennoch ist es nicht das Ziel der Schöpfung, sich immer wieder am gleichen Punkt der Entwicklung vollständig auf null zurückzusetzen. Es gibt nur zwei mögliche Entwicklungslinien, die auf einer gewissen multidimensionalen Ebene gleichzeitig parallel geschehen können. Entweder das, was in Atlantis geschah wiederholt sich erneut oder ihr erinnert euch an das, was mal war und lenkt mithilfe eurer Erinnerung die Entwicklung kurz vor der Selbstzerstörung in eine andere Richtung, indem ihr das Trauma von Atlantis heilt. Sowohl von innerhalb als auch von außerhalb eurer Erde habt ihr massiven Beistand von den Menschen und Wesen, die die Selbstzerstörung von Atlantis damals überlebt haben und das Erbe der Erde ununterbrochen für euch aufrechterhalten haben. In eurer DNA sind wertvolle Schöpfungsgeheimnisse codiert, die euch eigentlich zu rechtmäßigen Königen des materiellen Schwingungsraumes machen. Es ist zwar für andere Spezies ein Leichtes eure DNA auszulesen, aber sie dürfen die dort codierten Schöpfungsprinzipien nicht anwenden, außer ihr habt sie zu euren Machthabern gewählt. Ob ihr durch Selbstverantwortung eure gottgegebene Macht wieder an euch nehmt und zum Schöpfer der physischen Ebene werdet, oder ob ihr andere Wesenheiten durch Portale auf die Erde zieht, von denen ihr euch beherrschen lasst, liegt nun in eurer Hand. Ihr seid größer als ihr glaubt und die Erinnerung an Atlantis kann euch helfen, die Spuren eurer wahren Größe zurückzuverfolgen. Alle Informationen zu dem, was einst in Atlantis geschehen ist, liegen in euch bzw. genauer gesagt in eurer DNA codiert. Und wenn ihr bereit seid, euch mit den weniger ruhmreichen Zeiten eurer Menschheitsentwicklung, sowie eurer Überheblichkeit und Herrschsucht zu konfrontieren und euch den darüber abgespaltenen Empfindungen hingebt, dann werdet ihr wissen, wie ihr als Spezies das Ruder kurz vor Kollisionskurs und Untergang noch einmal umlenken könnt. Ihr tragt das Erbe der Erde in euch und die Beschäftigung mit dem Untergang von Atlantis hilft euch, euer Erbe gänzlich anzutreten und den zerstörerischen Untergang von damals in einen erfolgreichen Übergang von heute zu wandeln.

# Andere Zivilisationen und Weltbilder

Es gab bereits fünf große Zivilisationen auf dieser Erde und alle wurden früher oder später durch asurische Einflussnahme durchmischt und gingen so ihrem Untergang entgegen. Doch dieser gegenwärtige Befreiungsversuch vom Asurischen ist anders als die vorangegangenen und alle Zeichen der Zeit zeigen an, dass dieser Versuch unumkehrliche Entwicklungsprozesse hinaus aus der asurischen Agenda in Gang bringen wird. Das Wissen um die gescheiterten Zivilisationen auf Erden, gerade der letzten sitzt einigen jetzt inkarnierten Menschen immer noch im Nacken und gleichzeitig haben sich viele versprengte Urseelen früherer Zivilisation ohne Unterbrechung seit Beginn unserer heutigen Zivilisation an die wichtigen Knotenpunkte unserer Gesellschaft gestellt. Dennoch lebt eine große Anzahl der Urseelen äußerlich überhaupt kein auffälliges, öffentliches Leben, denn ihr Wirken findet hauptsächlich auf anderen Ebenen statt. Alle Erinnerungen an die vorangegangenen Zivilisationen auf Erden sind in den vorbewussten Schichten des kollektiven Speziesgedächtnisses gespeichert. Doch durch die momentan wirkende Schwingungserhöhung wird dieses Wissen ins Wachbewusstsein gehoben, sodass es zu raumzeitlichen Überlagerungen von verschiedenen Zivilisationen kommen kann. Für alle Menschen, die sowohl in der Jetztzeit als auch in vergangenen Erdepochen inkarniert sind, kommt es zu einem massiven Erinnerungstransfer zwischen den Zeiten. Was zum Ende der letzten Zivilisation geschah, die wir heute Atlantis nennen würden, war alles andere als lustig. Dennoch haben wir damals vor dem Untergang noch eine energetische Erinnerungsbrücke, einen Sicherungsspeicher des altatlantischen Erbes vornehmen können, der es uns heute erlaubt, aus der vergangenen Überheblichkeit zu lernen. Heute ist es wieder soweit, dass der Mensch wieder einmal hochtechnologisiert im blinden Hochmut in natürliche Schöpfungsprozesse eingreift, die seine eigene Lebensgrundlage darstellen. Das Erbe vergangener Epochen und aller noch ungelösten Geschichten drängt sich in die gegenwärtige Übergangsphase von einer Epoche zur nächsten und zu keiner anderen Zeit, als zur Zeit des Übergangs, ist das Wissen und die Erfahrung vergangener Epochen derart präsent im kollektiven Gedächtnis.

Es gibt sogar bereits Stimmen, die sagen, dass Zivilisationen von anderen Epochen auf der Erde eigentlich gleichzeitig auf verschiedenen Schwingungsringen der Erdsphäre existieren und dass Atlantis, Lemuria, die Mu-Zivilisation und die erste Ursprungsschöpfung auf dieser Erde eigentlich zeitgleich nebeneinander existieren, was von einer höheren Dimension aus betrachtet durchaus der Fall ist. Wir können uns dafür entscheiden, unsere Erfahrung aus dem zeitlichen Kontext heraus zu sehen, dann erscheinen uns die Zivilisationen wie nacheinander auf einem Zeitstrahl, oder wir können unsere multidimensionale Erfahrung auch räumlich differenziert betrachten, d. h. in parallel nebeneinander existierenden Orten. Bei der ersten Variante würden wir davon sprechen, dass wir verschiedene Le-

ben zu verschiedenen Zeiten gelebt haben, in der zweiten erscheinen uns die Leben eher wie gleichzeitig nebeneinander herlaufende, parallele Leben und keine der beiden Perspektiven ist richtiger als die andere.
Wenn wir uns folglich unsere Welt so vorstellen, dass in ihr auf unterschiedlichen Schwingungsringen andere Zivilisationen parallel nebeneinander leben, dann ist dies gar nicht so fernliegend. In vielen früheren Kulturen stellte man sich vor, dass es um das eigene Land und die eigene Epoche einen riesigen, fast unüberwindbaren Eiswall gibt, hinter dem ein neues Land, eine ganz andere Epoche beginnt. Es war für ursprüngliche Kulturen ganz klar, dass es hinter den Grenzen unseres Landes andere Zivilisationen gibt.
Vergesst doch einmal für einen Moment das uns einindoktrinierte Bild des sich drehenden Globus und stellt euch vor, dass die ganze Welt, die wir kennen einen Bereich darstellt, der umgrenzt ist von einem Wall, hinter dem das Land sogenannter vergangener Epochen beginnt. Wenn wir eine Expedition zu den Grenzen unserer Welt unternehmen würden, würden wir irgendwann an das Ende der gegenwärtigen Schwingungsepoche gelangen, hinter dem sich das Land einer ganz anderen Erdenzivilisation erstreckt. Es gab bereits viele Forscher, die dies erkannt haben und entsprechende Expeditionen unternommen haben. Stellt euch vor, wir würden unsere Siebensachen packen und einfach immer weiter gen Norden laufen. Die Wissenschaft würde sagen, dass wir dann, wenn wir am Nordpol angekommen sind, weiter in Richtung des Südpols laufen würden, wenn wir unsere Laufrichtung nicht ändern wür-

den. Allerdings würden schwingungsbewusste Wissenschaftler an den Grenzen unserer Welt tatsächlich und wortwörtlich in ein Land aus vergangener Zeit marschieren.
Mit Sicherheit ist die drehende Globuskugel eine Erfindung unserer Wissenschaft, die aus dem Unwissen der Massen ihren Gewinn schlägt. Aber ob die Erde nun flach ist oder unter einer riesigen Kuppel liegt oder eine Kugel ist, die an den Polen Eingänge zu innerirdischen Sphären bietet ist letztlich zweitrangig, da es um die Schwingung geht, mit der man in der Lage ist, bestimmte Punkte in Raum und Zeit anzusteuern. Unsere Erde ist wie alles andere auch multidimensional und das, was sich innerhalb des materiellen Existenzraumes abspielt, kann auf vielfältige Weise dargestellt werden und die Frage ist immer, ob mich mein gegenwärtiges Weltbild, welche Theorie und Fakten es auch immer begründen mögen ein breiteres Schwingungsspektrum meines Selbst erfahren lässt. Auf einer gewissen Ebene ist jede raumzeitliche Darstellung unseres multidimensionalen Existenzraumes eine Illusion, denn kein Weltbild kann zur Gänze unsere Erfahrungsreichweite abbilden. Probiere doch einmal aus dir vorzustellen, dass die Erde ein Hohlkörper ist, in dem viele weitere Zivilisationen leben und nimm wahr, was diese Vorstellung innerlich mit dir macht. Oder stell dir vor, dass die Erde eine Scheibe unter einer Kuppel ist und dann nimm wieder wahr, was dieses Weltbild mit dir macht. Probiere alle möglichen Varianten und Theorien darüber, wie die Welt angeblich sein soll einmal aus und versuche dabei immer genau zu spüren, welche Auswirkung

diese Vorstellung auf dein Bewusstsein hat. Wie gesagt, gibt es auf höherer Ebene kein Richtig und kein Falsch und sich durch Argumente oder Beweise lediglich auf *ein* Weltbild festzulegen oder gar andere von seiner richtigen Sichtweise überzeugen zu wollen, lässt auf mangelnde Kreativität und begrenzende Vorstellung schließen. Wir sind so überzeugt davon, dass die Welt so ist, wie wir sie uns vorstellen, dass wir es uns meist nicht einmal trauen, zeitweise eine andere Vorstellung auszuprobieren obwohl wir jederzeit zum alten Weltbild zurückkehren könnten.
Ein anderes Weltbild zuzulassen und zu sagen, es gibt den sich drehenden Globus, so wie wir es einmal als Kind in der Schule gelernt haben nicht, würde bei vielen Menschen derart fundamentale Ängste auslösen, dass es leichter für sie ist, alle Andersdenkenden als Spinner abzutun. Doch jedes alternative Weltbild stellt eine Bereicherung der eigenen Perspektive dar und ermöglicht uns das Leben, das wir kennen noch einmal neu und anders kennenzulernen.
Ich persönlich habe alle Theorien, wie die Erde denn nun wirklich aussieht und geformt ist ausprobiert und erkannt, dass es letztlich nicht auf die Vorstellung, sondern auf die Gefühlsverbindung zu Mutter Erde ankommt. Wir können genauso gut auf dem Rücken einer riesigen Schildkröte leben und es würde sich dadurch an dem Wesen von dem, was wir erleben, nichts ändern. Früher wurde alles Wissen über Märchen und Mythen weitergegeben und nach meinem Gefühl bilden die ursprünglichen Schöpfungsmythen das Wesen des irdischen Lebens viel besser ab als es die moderne Wissenschaft vermag. Nach meinem Gefühl verbirgt

sich in den mythischen Erzählungen und den Göttersagen von indigenen Kulturen vielmehr Wahrheit über das Leben als in darwinistischen Erklärungsansätzen. Wir sind heutzutage so sehr darauf versteift, die eine wirkliche Wahrheit, wie unsere Erde aufgebaut ist und wie sie aussieht, zu finden und dabei vergessen wir ganz, dass wir schöpferisch auf das einwirken, was wir erfahren. Ich bin mir sicher, dass es nicht nur diese eine Welt gibt. Wenn wir unterschiedliche Wissenschaftler mit unterschiedlichen Weltbildern auf eine Expedition losschicken, um das Wesen dieser Realität zu erkunden, dann würden sie alle mit verschiedenen Fakten und Beweisen für ihre Weltsicht zurückkehren. Was für den einen Wissenschaftler wie das Ende der Welt aussieht, kann für den anderen der Beginn einer neuen Epoche sein. Ruht euch also nicht auf einer Sichtweise aus, auch wenn es bereits ein Weltbild ist, das sich vom Mainstream losgelöst hat, denn es gibt immer noch so viel mehr zu entdecken, wenn wir unser Weltbild verblassen lassen und uns völlig befreit von Vorstellungen jedem Erfahrungsmoment hingeben. Entspannt euch in das Gefühl hinein, dass die Welt auch ganz anders sein kann, als ihr sie euch bisher vorgestellt habt und dann lasst euch davon überraschen, in welche Wirklichkeitsebene es euch dadurch führt. Vielleicht werdet ihr erkennen, dass andere Zivilisationen nicht irgendwo anders sind und dass alle Epochen mit allen Erfahrungen zeitgleich an einem unausgedehnten Punkt stattfinden, da sich von diesem unausgedehnten Punkt jede mögliche Welt, welche Form auch immer sie haben mag, vorstellen und erfahren lässt.

## Die Erfahrungsprogramme der Matrix

Keine Erfahrung, die du jemals gemacht hast, oder noch machen wirst, hat etwas an dem Wesen deiner Selbst verändert und alle Veränderung, die du bisher über verschiedene Erfahrungen erlebt hast, sind noch nie mit dem innersten Wesen deiner Selbst in Berührung gekommen. Du glaubst vielleicht, dass es Erfahrungen geben mag, die dich mal mehr, mal weniger verändern, doch letztlich hat keine Veränderung etwas mit dir zu tun, weil dein Wesen ewig ist. Alle Erfahrungen, die du machst, machst du innerhalb deines Bewusstseins, wobei die Wahnidee in deinem System Einzug hielt, dass eine Erfahrung das Bewusstsein, das dieses erfährt, selbst verändern könnte. Doch wie könnte eine Erfahrung, die nur innerhalb des Bewusstseins geschieht, das Bewusstsein selbst verändern? Alles, was ist, ist nach wie vor so, wie es ist, denn an dem Urzustand des Einsseins aller Dinge hat sich noch nie etwas verändert, außer du beginnst zu glauben, dass du über dein Selbstbild das Wesen deiner Selbst verändert hast. Alles, von dem du glaubst, es sei geschehen, geschah nur im Feld relativer Konditionierung, hat aber die Wirklichkeit um keinen Deut verändert. Innerhalb des konditionierten Matrixfeldes etwas zu verändern, ist keine wahre Veränderung, denn erst beim Ausstieg wird ersichtlich, dass du immer in der gleichen Suppe gerührt hast. Nur wer sich selbst auf den Grund geht und das grenzenlos und ewig unveränderbare Wesen

seiner Selbst erkennt, der kann aus dem Innersten heraus beginnen, sich aus dem kollektiven Matrixfeld auszuklinken. Erst, wenn du den Ort in dir findest, der noch nie innerhalb der Raumzeitmatrix gewesen ist, kannst du dich von dort aus, aus den Feldern der kollektiven Programmierung befreien.
Anstatt dich ständig damit zu beschäftigen, wie eine äußere Erfahrung auf dein Innerstes wirkt, lässt du dein Innerstes auf jede äußere Erfahrung scheinen und löst diese aus ihrer raum-zeitlichen Verwobenheit heraus auf. Die meisten Menschen beziehen aufgrund eines inneren Mangelgefühls ihre Lebensenergie von außerhalb ihrer Selbst. Dass sie aber damit alle äußeren Programme in sich hineinnehmen, ist ihnen kaum bewusst. Je mehr du lernst aus dir heraus zu sein und alle Entscheidungen nicht mehr aufgrund emotionaler oder mentaler Veränderungsimpulse zu treffen, desto freier und weitsichtiger werden diese sein. Alles, was du an geistiger, emotionaler oder auch physischer Nahrung zu dir nimmst, gestaltet dein Innenleben um, denn letztlich bist du auf der relativen Ebene nicht mehr als ein elektromagnetisches Informationsfeld, das mit anderen physischen oder geistigen Informationsfeldern interagiert. Nahezu alle Menschen haben die äußeren Informationsfelder der kollektiven Programmierung in sich hineingelassen und verwechseln sich selbst mit diesen vorprogrammierten Mustern. Ein Mensch, der in keinster Weise mit seinem innersten Wesen in Kontakt steht und nur noch eine Anhäufung von mentalen, emotionalen und physischen Programmen ist, ist mehr tot als lebendig. Sehr viele Menschen leben in diesem Zombiemodus, indem sie ihr Leben an die gesellschaftlichen

aber auch subtilen Programme der Matrix-Realität abgegeben haben. In dieser Welt, aber nicht mehr von dieser Welt zu sein heißt, sein gesamtes Leben in allen physischen und energetischen Schichten aus dem Informationsfeld dieser Welt zu entkoppeln und aus einer ständigen Gegenwart eines höheren Bewusstseins heraus zu sein. In der Regel ist der Geist eines Menschen mit dem kollektiven Geistfeld der Menschheit verbunden, sowie der Emotionalkörper mit dem kollektiven Emotionalkörper verwoben ist und der erste Schritt in Richtung Befreiung ist, diese Verbindung wieder bewusst wahrzunehmen, um sich dann im zweiten Schritt aus dieser Verstrickung zu lösen. Um sich schlussendlich vollständig aus dem Matrix-Programm zu befreien, muss zuletzt der physische Körper von innen heraus neu manifestiert werden. Du kannst dir, wenn du den Ort des reinen Bewusstseins in dir gefunden hast und alle Lebenskraft von dort beziehst, von diesem Ort aus einen physischen Körper manifestieren, der nicht mehr an die infoenergetischen Kanäle der Kollektivrealität gebunden ist. In der Regel tauscht sich der physische Körper etwa alle sieben Jahre bis auf das letzte Atom vollständig aus. Allerdings ist es auch möglich, diesen Prozess im Rahmen einer Bewusstseinsmanifestation innerhalb weniger Tage oder Wochen zu vollziehen und so einen physischen Bewusstseinsträger in die Welt zu bringen, der über die physischen Gesetze erhaben ist, weil er sich nicht mehr aus den subtilen Programmen der physischen Realität zusammensetzt. Alles, was du aus der Welt beziehst, kommt ursprünglich aus dir heraus, da die Welt lediglich die Funktion hat, dir all das zu spiegeln, was du noch in dir trägst. Dein

Bewusstsein ist ausgeflossen in die Welt und in diesem Zustand erkennst du zwar die Welt, aber nicht mehr dein Bewusstsein und erst wenn du alles, was aus dir herausgeflossen ist, wieder zu dir hereinholst, wird dir das Wesen deiner Selbst aufgeschlossen. Wer sein Leben nicht zu sich zurückholt, sondern es den Kollektivprogrammen dieser Welt überlässt, der wird stets von einer Erfahrungssucht getrieben sein, um sich über seine Erfahrung selbst zu bestätigen. Der Mensch im Zombiemodus braucht immer mehr äußere Stimulation, um seine innere Lebendigkeit wieder fühlen zu können, allerdings ist dieses Erfahrungsprogramm wie ein Teufelskreis programmiert. Die Welt sorgt für ein breites Spektrum an Stimulation, um den "Toten" einen Hauch von Lebendigkeit zu verkaufen.

Nicht nur Sucht- und Nahrungsmittel können als Stimulation dienen, sondern gleichermaßen auch mentale Informationen, emotionales Drama oder sogar spirituelle Erfahrungen. Nicht selten kommt es vor, dass ein Mensch, der die Leerheit weltlicher Stimulationsmittel erkannt hat, das gleiche Programm auf die spirituelle Erfahrungsebene überträgt. Du kannst jede Erfahrung, auch tiefe Gotteserfahrung, zur Stimulation und damit zum Aufbau und nicht zur Auflösung deiner Erfahrungssucht verwenden. Wenn du nicht weißt, wer du bist, dann brauchst du Erfahrungen, um dein Nervensystem zu stimulieren und um daraus eine Erfahrung deiner Selbst zu generieren, aber keine Stimulation deines mentalen, emotionalen oder physischen Körpers kann dir auch nur im Ansatz das vermitteln, was du in Wahrheit bist. Sobald du aber in Kontakt zu deinem

Wesen trittst, wird dir die Leerheit und Substanzlosigkeit aller Stimulationsversuche bewusst und du beginnst zu erkennen, dass du noch nie eine Erfahrung über dich gemacht hast und gleichzeitig mit dem in Kontakt warst, was du wahrhaft bist. Entweder bist du im reinen Sein gegenwärtig und entbehrst jeder Erfahrung deiner Selbst, oder du machst eine Erfahrung über dich, indem du einen deiner fein- oder grobstofflichen Körper stimulierst und verschleierst damit das Sein deines ewigen Wesens. Alle Programme der Matrix-Realität sind suchthaft aufgebaut und so konzipiert, dass sie dich so einsaugen und verschlucken, bis du selbst glaubst, zu dem Programm geworden zu sein, das du in dir erfahren hast. Die Erfahrungsprogramme der Matrix haben einen virusartigen Charakter, der sich in alle Lebensformen einschleicht, um sie an die Programmierung anzugleichen. Ist ein Lebewesen erst einmal an dieses Programmierungsfeld angeschlossen, wird es zum Teil des Systems und denkt, fühlt und agiert nur noch in diesem Sinne. Wir haben es bei Menschen, die von diesem Erfahrungsprogramm gesteuert werden, nicht mehr mit Menschen, sondern mit Agenten zu tun, die ohne es zu wissen für das System arbeiten, das sich in ihnen festgesetzt hat. Natürlich kann es sein, dass der Mensch unter seinen Programmierungen gute Absichten trägt, doch es nutzt nichts, wenn diese Absichten so zum Ausdruck gebracht werden, dass sie durch destruktive Verhaltensprogramme gesteuert werden. Alle Erfahrungsprogramme der Matrix, insbesondere die sogenannten negativen, wie beispielsweise Angst, Schmerz und Leid sind unheimlich starke Stimulanzien des Nervensystems, über die die Bewusstseinstoten noch etwas Lebendigkeit erfahren. Dem Programm ist es gleichgültig, über welche Art der Stimulation es sich selbst am Leben hält, fest steht aber, dass jedes Programm immer wieder Erfahrungsfutter braucht, um sich selbst am Leben zu halten. Bei vielen Menschen ist Schmerz so sehr zum Teil der Selbstidentifikation geworden, dass sie sich aus Angst vor Identitätsverlust immer wieder die gleichen Schmerzen zufügen. All das hat einst so harmlos damit begonnen, dass ein Bewusstsein angefangen hat zu glauben, dass es sich selbst mit den Erfahrungen verändert, die es in sich macht. Nur auf diese Weise konnten sich äußere Lebensprogramme in die Selbsterfahrung des Bewusstseins einschleichen und was daraus geworden ist, sehen wir nun auf der kollektiven Weltenbühne, auf der uns das Virusprogramm gespiegelt wird, dem wir schon längst den Zugang zu unserem inneren Selbsterfahrungsraum gestattet haben. Das Leben braucht keine Programme, keine vorgefertigten Muster oder Schwingungsschablonen und immer, wenn es sich doch in diesen erfährt, beschränkt es sich selbst damit. Viel wichtiger als das Einlesen und Einspringen in die morphogenetischen Felder dieser Erde ist das Ausklinken aus ihnen, weil ein Fisch auch nicht wissen kann was Wasser ist, wenn er sich ausschließlich in ihm erfährt. Das morphogenetische Erdfeld ist eine trübe Suppe, gespeist aus den Gedanken und Gefühlen aller Menschen und solange dein Feld nicht hell, rein und klar das Kollektivfeld durchleuchtet und auflöst, wird dein Bewusstsein immer wieder von den Schwingungsfeldern getrübt, durch die du dich bewegst und die du in dein System aufnimmst. Eigentlich kann dich keine Erfahrung in dieser oder einer anderen Welt in irgendeiner Weise beeinflussen, außer du lässt diese Beeinflussung zu, weil jede Erfahrung aus deinem Bewusstsein heraus geboren wird. Deine Projektion kann so wenig auf dich zurückwirken wie eine Leinwand darüber bestimmen kann, welcher Film auf ihr gespielt wird. Jede Erfahrung deiner Selbst ist die Rückwirkung deiner Projektion, die Spiegelung deines Bewusstseins, doch noch nie hat es eine Leinwand geschafft etwas an dem Film zu verändern, der im Projektor läuft. Es scheint so, als ob das Leben in der Welt, der Film auf der Leinwand abläuft, doch in Wahrheit geschieht all das nur innerhalb des Bewusstseins. Etwas über sich zu erfahren durch die Stimulation eines seiner grob- oder feinstofflichen Körper, die allesamt aus dem Bewusstsein geboren wurden und sich nach wie vor innerhalb dessen befinden, heißt sich selbst über die Rückwirkung seiner Schöpfung zu definieren. Es ist eine Wahrnehmungsverdrehung um 180°, wenn ein Schöpfer glaubt, dass er durch seine eigene Schöpfung erschaffen wurde oder sich durch sie verändert. Doch immer, wenn du glaubst, du würdest dich durch eine Erfahrung verändern glaubst du, dass das, was du erschaffen hast auf dich zurückwirken könne und erfährst dich dementsprechend nicht in deinem ursprünglichen Schöpferstatus. Immer, wenn etwas auf dich einwirkt, musst du diese Einwirkung in dir zugelassen haben, weil du dem Glauben verfallen bist, dass es in der Macht des Spiegels liegt über dein Aussehen zu bestimmen. Keine Erfahrung in dieser oder einer anderen Welt zeigt dir dein wahres Gesicht, auch wenn du dich innerhalb tausender Gesichter selbst ausprobierst. Es mögen Spiegelbilder und Erfahrungsszenarien in deinem Leben auftauchen, an denen du hängen bleibst, weil du meinst, endlich bis auf das wahre Wesen deiner Selbst vorgedrungen zu sein, doch auch diese werden vergehen, um einen form-, raum- und zeitlosen Zustand in dir zu hinterlassen. Natürlich kannst du dich an bestimmte Erfahrungen binden, doch alles im Reich der Erfahrung entsteht und vergeht und löst sich früher oder später wieder in das Feld ewiger Bedingungslosigkeit auf. Das Ende der Täuschung ist nah und wenn du sehen könntest, wie sehr du von den vielschichtigen Erfahrungen dieser Welt und deren Programme getäuscht worden bist, dann würdest du herzlich darüber lachen können. Die Suche nach der Wahrheit endet in einem Lachen, in dem du erkennst, dass du in allem nur dich selbst gesucht hast und in dieser Suche selbst verloren gegangen bist.

## Lichtsprache und Seelensprache

Die Sprache, die wir sprechen, hat einen direkten Einfluss auf unser Bewusstsein, da die Grenzen unserer Sprache meist die Grenzen unseres bewussten Erfahrungsraumes abstecken. Es fällt uns Menschen sehr schwer, unsprachlich zu denken und deshalb passen sich unsere Gedanken häufig an den Sprachschatz an, über den wir verfügen. Erweitern wir unseren Sprachschatz und erlernen eine andere Sprache, dann erweitern sich dadurch die gedanklichen Kombinationsmöglichkeiten und letztlich unser Bewusstsein.
Eine der größten Manipulationen, die an dem menschlichen Bewusstsein je vorgenommen wurde, liegt in der Sprache, mit der wir uns austauschen. Wir glauben, dass die Sprache ein natürliches Entwicklungswerkzeug unserer menschlichen Evolution darstellt, die wir voller Stolz immer weiter ausbilden und differenzieren, doch der Ursprung unserer Sprache ist ein ganz anderer.
Es gab eine Zeit auf Erden, da haben wir uns noch alle verstanden, weil wir nicht in verschiedenen Sprachen gesprochen haben. In der biblischen Geschichte des Turmbaus zu Babel wird ein ganz wesentlicher Punkt unserer menschlichen Entwicklung dargestellt. Babylon ist die Geburtsstätte des bis heute anhaltenden, satanischen Systems, das damit begann, dass wir beim Turmbau zu Babel den Fluch abbekamen, dass wir alle in verschiedenen Sprachen sprechen und uns so nicht mehr austauschen, verstehen oder verbinden können. Dieser Fluch besteht bis heute, denn er hat sich über

alle Sprachen dieser Welt gelegt, die einen massiven bewusstseinsverringernden Effekt innehaben. In Babylon hat der Mensch, biblisch gesprochen, versucht, über den Turmbau zu Babel mit Gott zu konkurrieren, ihn mit seinem Turm zu übertreffen, doch dieser Hochmut führte dazu, dass er sprachliche Idiome in sich aufnahm, die zu einer massiven Trennung unter den Menschen führte. Wir glauben, dass die Sprache das Werkzeug ist, über das wir uns gegenseitig verstehen und verbinden können, doch wer in den morphischen Feldern nach den Ursprüngen unserer Sprachkultur sucht, der wird feststellen, dass alle Sprachen, die mehr oder weniger gleichzeitig im Planfeld dieser Erde aufgetaucht sind, eigens dafür ins Erdfeld installiert worden sind, damit wir uns gegenseitig nicht mehr verstehen. Jede gesprochene Sprache, und dies schließt auch die ursprünglichen Sprachen wie Sanskrit, Latein oder Althebräisch mit ein, wurde künstlich ins Erdplanfeld gesetzt, um die Menschen voneinander zu trennen und das Bewusstsein in den jeweiligen Sprachidiomen zu programmieren.
Alles in der Schöpfung wurde durch ursprüngliche Schwingungs- oder Schöpfungssprachen aufgebaut, denn es gibt kein machtvolleres Schöpfungswerkzeug. Sprache erzeugt die Wirklichkeit für den, der sie spricht, nur sind die Elemente unserer Sprache so aufgebaut, dass sie uns den Zugang zum Schöpferbewusstsein nicht mehr eröffnen. Es ist nicht nur so, dass bestimmte Worte, die wir für ein natürliches Selbstverständnis bräuchten aus dem sprachlichen Wissensschatz gestrichen wurden und das Sprachbild immer wieder so modifiziert wird, um das Bewusstsein klein

zu halten, sondern die Sprache hat ganz grundsätzlich so, wie wir sie hier auf der Erde verwenden, einen trennenden Charakter. Babylon steht immer noch und solange wir die verschiedenen Sprachen dieser Erde sprechen wird Babylon bestehen bleiben!

Wollen wir gemeinsam als Menschheit Babylon zu Fall bringen, dann müssen wir den Fluch der Sprachverwirrung überwinden und wieder zu einer ursprünglichen Schöpfungssprache finden. Manche Sprachen dieser Erde sind in ihrem Rhythmus und ihrer Sprachmelodie noch etwas näher an der ursprünglichen Schöpfungssprache und andere Sprachen sind in ihrem Rhythmus bewusst asynchron zu diesen ursprünglichen Schwingungssprachen. Das Lateinische sowie das Hebräische erzeugt beim Sprechen ein künstliches Schwingungsfeld, das sich asynchron zu der natürlichen Schöpfungssprache bewegt. Selbst wenn die Intention und das Herz eine ganz reine Absicht tragen und der Mensch sich dann dieser Sprache als Schöpfungswerkzeug bedient, erschafft er meist Gegenteiliges von dem, was schwingungsmäßig in den Worten steckt, weil die Sprache an sich asynchron programmiert ist.

Jede Sprache erzeugt ein Schwingungsfeld, das für den Menschen, der die Felder sehen kann, klar sichtbar ist und jedes Schwingungsfeld hat einen Einfluss auf unser Bewusstsein, weil unser Bewusstsein letztlich auch nichts anderes als ein lebendiges Schwingungsfeld ist. Wir können uns selbst nicht in der Sprache begreifen, die dafür ins Erdplanfeld gesetzt worden ist, um uns von uns selbst zu distanzieren.

Wenn ich denke und spreche, dann versuche ich bestmöglich, mich an ursprünglichen Schwingungsfeldern

zu orientieren und auch wenn ich mitbekomme, dass die Schwingung deutlich herabsinkt, sobald ich sie in ein deutsches Sprachidiom presse wird man vielleicht mitbekommen, dass etwas an meiner Art mit Sprache umzugehen anders ist, als bei anderen Menschen. Das deutsche Idiom eignet sich noch verhältnismäßig gut, um ursprüngliche Schöpfungserkenntnisse weiterzuleiten, doch es wird auch bei mir zu einer Zeit kommen, in der ich mich nicht mehr der tiefschwingenden Verstandessprache bedienen werde.
Subjekt, Prädikat und Objekt linear in einem Satz aufzubauen ist eine Bewusstseinsprogrammierung und auch wenn das Englische einer anderen Programmierung folgt, so ist dort die bewusste Beschränkung auf den physisch sichtbaren Bereich noch stärker. Nicht umsonst wird das Englische als die Sprache der Empirie und der empirischen Wissenschaft verwendet, weil die Programmierung eine sehr starke Bewusstseinsbeschränkung auf den sinnlich-physischen Bereich legt. Im Englischen ist es schwieriger, andere nicht physische Schwingungsbereiche auszudrücken, weil die Sprachschwingung des Englischen dies nur begrenzt zulässt. Dass Englisch immer mehr zur Weltsprache heranwächst bedeutet nicht etwa, dass wir die babylonische Sprachverwirrung überwinden, sondern dass wir alle in das gleiche sprachliche Idiom gepresst werden, das unser Bewusstsein und unsere Gedanken noch stärker an den physisch-materiellen Sinnesbereich bindet. Andere Schöpfungsebenen sprechen stets die Sprache, in der ihre Realität aufgebaut ist.
Unsere DNA ist die ursprüngliche Schöpfungssprache, die wir eigentlich alle miteinander teilen. Doch weil

uns seit der Zeit Babylons eine andere Sprache eingeimpft wurde haben wir verlernt, uns auf natürliche Weise in dieser Schöpfungssprache auszudrücken. Unsere materiell-physische Realität wurde durch eine Schöpfungssprache aufgebaut, in der wir uns bis zu Zeiten Babylons noch verständigten. Dass es sich bei dieser Schwingungssprache nicht um eine klassische Schriftsprache handelt wie wir sie heute kennen, sollte in diesem Zusammenhang hervorgehoben werden. Vor dem Turmbau zu Babel sprachen die Menschen lautmalerisch in den ursprünglichen Schwingungsidiomen, aus denen sich die physische Welt, durch die wir uns bis heute bewegen, aufgebaut wurde. Alle verstanden sich untereinander und hatten ein tiefes Verbindungsgefühl mit allem, was lebt, weil sie sich der Sprache des Lebens selbst bedienten. Die Natur spricht nach wie vor in schöpferischen Schwingungsidiomen miteinander, nur hat sich der Mensch mit seiner Sprache völlig von der Natur abgekehrt. Es ist kosmisch gesehen eine große Ausnahme, dass wir eine andere Sprache sprechen als die natürliche Umgebung, durch die wir uns bewegen. Unser linearer Verstand, der systematisch von der babylonischen Sprache umprogrammiert worden ist, begreift die Schöpfungssprache der Natur nicht einmal im Ansatz.
Jedes Wort hat einen Klang und jeder Klang erzeugt ein Schwingungsbild und so, wie wir Worte aneinanderreihen, entsteht ein Schwingungsfeld, das entweder synchron oder asynchron zu natürlichen Schwingungstönen verläuft. Wenn wir anfangen, wieder in ursprünglichen Schöpfungssprachen zu sprechen, dann erzeugen wir Schwingungsfelder, die so hochschwingend

sind, dass wir aus ihnen physische Materie manifestieren können. Wie gesagt, haben wir die Fähigkeit der direkten physischen Manifestation unserer Gedanken darüber verloren, dass wir verlernt haben, in den ursprünglichen Schwingungssprachen zu denken und zu sprechen.
Der erste Schritt, um uns aus den bindenden Sprachprogrammierungen zu befreien, ist sich in unsprachlichen Gedanken zu üben und alles wieder in Bildern und Schwingungsfeldern zu begreifen. Wir beherrschen auf intuitive Weise nach wie vor natürliche Schwingungssprachen, nur wird unser Verstand nichts mit ihnen anfangen können. All deine inneren Körperprozesse können nur darüber stattfinden, dass alles in deinem Körper miteinander in natürlicher Schwingungssprache kommuniziert. Hören wir unserem Körper wieder ganz genau zu, dann werden uns stückweise die Elemente einer ursprünglichen Schwingungssprache bewusst, über die wir uns einst alle miteinander ausgetauscht haben. Ganz viele unserer ursprünglichen Fähigkeiten sind mit dem Hereinbrechen der babylonischen Sprache verschwunden. Die Telepathie beispielsweise funktioniert natürlich nicht über die sprachlichen Schwingungsidiome, denn sie können nicht das Feld aufbauen, innerhalb dessen Telepathie möglich wird. Alle babylonischen Sprachen wurden dafür gemacht, dass wir uns eben nicht mehr telepathisch untereinander verstehen. Wir sehen unsere Schriftsprache und den sich daraus ergebenden Buchdruck als eine der wichtigsten Erzeugnisse in der Menschheitsgeschichte, doch eigentlich zementiert dies die Trennung unter den Menschen

nur weiter. Schöpfungssprachen sind Schwingungssprachen, die sich hauptsächlich auf telepathischem Wege sprechen lassen, aber ursprüngliche Schöpfungssprachen lassen sich auch in akustisch wahrnehmbare Elemente übersetzen. Die Seelensprache oder auch Lichtsprache setzt sich aus Urtönen zusammen und öffnet ein starkes Schwingungsfeld.
Wenn alle Menschen dieser Erde nur für einen Tag von den babylonischen Sprachwerkzeugen lassen würden und sich wieder in Seelensprache miteinander austauschen, dann würde das babylonische System von heute auf morgen fallen. Die Sprache, die wir sprechen hat einen massiven Einfluss auf unser Bewusstsein und sprechen wir wieder in Seelensprache, dann erweitert sie unser Bewusstsein automatisch bis zur Seelenebene. Wenn du dich als Schöpfer erfahren willst, dann lass von den sprachlichen Werkzeugen, die dir zu Zeiten Babylons eingepflanzt worden sind ab und sprich zu dir selbst immer mehr in Lichtsprache. Jeder, der halbwegs offen und mit sich verbunden ist, kann sich durch eine Lichtsprache Initiation wieder schnell an seine ursprüngliche Seelensprache erinnern. Alle Sprachen, die wir erst lernen müssen, um sie zu beherrschen, sind nicht natürlich, denn alle natürlichen Schöpfungssprachen kommen von selbst aus uns herausgeflossen ohne sie gelernt zu haben.
Die Ebene der Kommunikation in Seelensprache ist eine ganz andere, an die wir uns als Menschheit erst wieder gewöhnen müssen, da unser Verstand bei dieser Sprache nicht mehr mitkommt. Die Lichtsprache lässt die babylonische Programmierung hinter sich und jeder, der damit beginnt, in dieser Sprache zu sprechen,

wird mitbekommen, wie es ihn sofort in ein anderes Bewusstsein hebt. So wie man die babylonischen Sprachen nicht sprechen und gleichzeitig mit seiner Seelenebene verbunden sein kann, so kann man die Seelensprache nicht sprechen, wenn man nicht im entsprechenden Seelenkontakt ist. Die Lichtsprache wird nicht darüber erlernt, dass man Worten Bedeutung zuordnet, sondern indem man sich in ein höheres Bewusstsein versetzt. Jeder, der in seinem Schöpferbewusstsein ist, kann ganz automatisch und natürlich eine Schöpfungssprache sprechen, die über Klangbilder enorm starke Schwingungsfelder aufbaut.

Vor den Zeiten Babylons haben wir die menschliche Stimme hauptsächlich für den Gesang von Lichtsprache eingesetzt, wohingegen die inhaltliche Kommunikation auf telepathischem Wege ablief. Unsere Stimme ist ein heiliges Schöpfungswerkzeug, das dafür gedacht ist mit Schöpfungssprachen Schwingungsfelder aufzubauen, die sich so komprimieren lassen, dass physische Materie dabei entsteht. Wir haben uns zu Zeiten Babylons unsere schöpferischen Fähigkeiten nehmen lassen indem wir anfingen, in den Sprachen zu sprechen, in denen der Fluch liegt, dass wir uns untereinander nicht mehr verstehen. Schöpfungssprachen haben einen stark verbindenden Charakter, da in ihnen ohne Lüge und Fassade die wesentliche Seelenessenz zum Ausdruck kommt. Die babylonischen Sprachen hingegen bilden in ihrem Schwingungsaufbau eher eine Art Wand, eine künstliche Fassade, hinter der sich der Sprechende versteckt. Sie sind so programmiert, dass sie zur Lüge und Falschheit verleiten, weil der Sprecher glaubt, durch sie etwas verbergen zu können.

Wenn die Grenze unserer Sprache tatsächlich die Grenze unserer bewussten Welt bildet, dann ist es klar, dass wir mit jedem Wort aus einer babylonischen Sprache das babylonische System aufbauen.
Wer sich bereits zu weiten Teilen aus der Bewusstseinsprogrammierung Babylons ausgeklinkt hat, bei dem wird die Aktivierung der Lichtsprache wahrscheinlich direkt beim Erstkontakt mit dieser Sprache stattfinden. So, wie jeder eine eigene Seelensignatur besitzt, spricht auch jeder einen eigenen Lichtsprachenakzent und dennoch sind die wesentlichen Elemente der Lichtsprache und das, was dadurch vermittelt wird intuitiv begreiflich. Ein Mensch kann Stunden über Stunden in einer babylonischen Sprache über sich sprechen und ihr werdet immer noch nichts über diesen Menschen wissen. Wenn ihr hingegen einmal den ersten Ton der Seelensprache eines Menschen in euch aufnimmt, dann begreift ihr dessen gesamtes Seelenwesen sofort. Unsere Seelenebene spricht nicht mit uns in einer babylonischen Sprache, da die Schwingungsfelder, die sie damit in ihrer Schöpfungsebene aufbauen würde viel zu verheerende Folgen hätten. Als Seele ist es nicht leicht, den Menschen zu erreichen, der sich selbst in einer ganz anderen Sprache begreift, als die, in der man auf schöpferisch-natürliche Weise kommuniziert. Nichts führt den Menschen so weit weg von sich und seinem innersten Wesenskern, als das Erlernen einer babylonischen Sprache und dennoch sehen wir die Sprache als die Grundlage unserer Kultur an. Noch erfahren wir uns in der Sprachverwirrung, in der wir die babylonische Sprache brauchen, um Babylon zu Fall zu bringen. Ohne die Worte, die ich hier bestmöglich aus einer

Schöpfungssprache übersetze, könnte ich nicht die Erinnerung in eurem Geist wachrufen, dass sich euer Wesen eigentlich in einer ganz anderen Schwingungssprache erfährt. Es kann sein, dass, wenn ihr beginnt, in Seelensprache zu sprechen, ihr euch dabei absurd oder komisch vorkommt oder dass ihr gar das Gefühl habt, wahnsinnig zu werden, weil ihr so sehr an die lineare Welt gewöhnt seid, die durch die babylonische Sprache aufgebaut wurde. Es wird euch beim Sprechen der Seelensprache sofort aus eurem Alltagsbewusstsein herausheben und es kann sein, dass euer Körper Bewegungen macht, die er nie zuvor gemacht hat oder dass ihr Gedankenbilder empfangt, die ganz neu für euch sind. Wer sich ein Leben lang in Babylon erfahren hat, dem kann es enorme Angst bereiten, eine Sprache zu sprechen, die ein ursprüngliches Schwingungsfeld öffnet. Wie gesagt, ist die energetische Wirkung der Töne so gegensätzlich wie sie nur sein kann. Es gibt Schwingungsfelder, die je nach Wellenlänge aufbauende oder abbauende Wirkungen haben und so, wie eine Seelensprache aufbauende Schwingungen erzeugt, haben babylonischen Sprachen rein schwingungsmäßig eine zersetzende Wirkung. Das Bewusstsein, das eine dieser Sprachen spricht, beginnt sich innerlich zu spalten und fährt unweigerlich in seiner eigenen Schwingung herunter. Wer sich nur über den Verstand begreift, der ist dem Fluch Babylons vollständig aufgesessen und für ihn gibt es nichts anderes als die sinnlich-physische Welt, die sich durch sein Sprachsystem begrenzt. Alles um uns herum kommuniziert nach wie vor in Lichtsprache miteinander, nur haben wir verlernt, diese zu hören und zu sprechen. Es wird eine Zeit auf Erden kommen, wo die Menschheit wieder in der Schöpfungssprache spricht, aus der heraus die Welt erschaffen wurde. Wir werden wieder lernen, was es heißt, in der DNA-Sprache zu sprechen und Materie durch die Felder unserer Sprachschwingung zu erschaffen. In den Gedanken, die von der babylonischen Sprachprogrammierung gesteuert sind, kann man sich dies nicht vorstellen, doch sobald ihr euch in eurem Schöpferbewusstsein erfahrt und die dazu schwingungsmäßige Sprache sprecht, sind solche Gedanken grundnatürlich. Sehr viel könnte ich noch zu dem Einfluss verschiedener Sprachen auf unser Bewusstsein sagen, da es in meiner Seelensignatur verankert ist, diese Zusammenhänge aufzudecken, um über sie einen Weg aus Babylon aufzuzeigen. Für mich persönlich ist die Seelensprache eines der machtvollsten Schöpfungswerkzeuge, die uns zur Bewusstseinserweiterung an die Hand gegeben wurden und gerne möchte ich euch mit eurer Seelensprache wieder verbinden. Die Aktivierung eurer Seelensprache findet durch ganz bestimmte, auf euch und eure Seele abgestimmte, lautmalerische Schwingungsmuster statt und es kann sein, dass ihr beim ersten Hören dieser Schwingungslaute direkt eine Aktivierung eurer Lichtsprache erfahrt. Durch die schöpferischen Sprachcodes der Seelensprache kann es sein, dass ihr einen Direktzugang zu eurer Seelenebene erhaltet und dass sich von dieser Ebene eine lautmalerische Sprache in eurem Geist formt. Wenn ihr die babylonischen Sprachmuster aus dem Weg räumt und rein auf die Schwingung der Worte achtet, dann kann dies eine tiefe Öffnung zu eurer Seelenebene und eurer Lichtsprache bewirken.

## Der Lichtkörper

Ihr steckt als Menschheit inmitten der Aktivierung eures Lichtkörpers. Der Lichtkörper ist kein anderer als euer Körper in seiner ursprünglichen Genetik. Jedoch habt ihr euch in der Schwingung eures Körpers soweit vom Lichtkörper entfernt, dass dieser außerhalb eurer Erfahrungsreichweite liegt. Momentan lagert der Lichtkörper in eurer physischen Sonne, weil dies der Ort ist, wo er seine Lichtgenetik wieder auflädt.
Es gab eine Zeit auf eurem Planeten, da war es ganz natürlich, euch in eurem Lichtkörper zu erleben, der alle Informationen für den Zellaufbau des physischen Körpers liefert. Der Lichtkörper beinhaltet die Urinformationen über den Aufbau und die Struktur der physischen Genetik als integraler Bestandteil der heiligen Ordnung. Zu der Zeit, als sich euer Lichtkörper noch in eurem physischen Körper integriert vorfand, wart ihr der Sprache mächtig, die euer physisches System aufgebaut hat und konntet über die Sprache zellwirksame Information implementieren. Jede Sprache ist eine Codierung und damit eine Programmierung für einen ganz bestimmten Aufbau einer lebendigen Struktur. Zu der Zeit des alten Ägyptens, wo viele der Menschen sich noch in ihrem Lichtkörper erfuhren, wurde die DNA-aktive Lichtsprache dafür missbraucht, die ursprünglich lichtgenetischen Codes des menschlichen Organismus zu zerstückeln, um sie zu deaktivieren. Ihr habt mit eurer zellaktiven Sprache in den Aufbau eures Lichtkörpers eingegriffen und habt damit die Lebensgrundlage eures physischen Organismus zu großen Teilen

zerstört. Gleichzeitig mit diesem Eingriff in eure ursprüngliche Genetik fand die Auslagerung eures Lichtkörpers in die Sonne und die Einführung einer zellinaktiven Sprache statt. Bis heute sprecht ihr eine zellinaktive Sprache, deren Schwingung zusätzlich dazu beiträgt, dass sich eure ursprüngliche Genetik nicht wiederherstellt. Jeder einzelne Code aus den 64 hexagonalen, lichtgenetischen Strukturen wurde zu Zeiten des alten Ägyptens systematisch umprogrammiert, sodass ihr euch letztlich in der Körperform erfahrt, die ihr heute erlebt.
Der atomare und dadurch auch zelluläre Aufbau eures Inkarnationsgefährtes bestimmt hauptsächlich darüber, welche Erfahrung ihr in ihm machen könnt und welche nicht. Die Rotation des Quantenspins im Lichtkörper wurde innerhalb jedes Genknotens systematisch verdreht, sodass es nicht anders ging, als dass man zur Sicherung und Wahrung eures ursprünglichen Genmaterials einen Teil eures multidimensionalen Körpersystems abkoppelte und diesen in einen kosmischen Speicher brachte, wo sich dieser Körper wieder von eurer Umprogrammierung erholen konnte.
Ihr habt in eure eigene Lebensgrundlage eingegriffen und saht in der Lichtsprache ein Machtinstrument, um die Genetik eurer Mitmenschen auf niedrigschwingende Frequenzen herunterzutransformieren. Die zellaktive Sprache wurde innerhalb der Adelslinien weitergegeben, wobei auch diese über die Jahrtausende hinweg damit begonnen haben, die von ihnen selbst entwickelte Sprache zur Dämpfung des genetischen Potenzials zu sprechen. Nur weil ihr als Menschen äußerlich alle einen physischen Körper besitzt, heißt dies

noch lange nicht, dass ihr alle die gleiche Genetik habt. Die adligen Blutlinien hatten nie zum Ziel ihr Blut, sondern vielmehr ihre ursprünglichen DNA-Codes, auf denen ihr physischer Organismus läuft, zu schützen. In der DNA liegt der Bauplan des Lebens, doch niemandem nützt es, einen Bauplan zu haben, den er nicht lesen und dadurch nicht umsetzen kann.

Eure Bestimmung liegt in den Informationen eurer Zellen und diese Informationen in eurem Leben umzusetzen, ist eure Bestimmung. Ihr erfahrt euch in einer Sprache und in einem Bewusstsein, das völlig abgekoppelt von den Informationen eurer natürlichen Lichtgenetik ist und dennoch liegt genau darin der für euch verborgene Sinn eurer Existenz. Die DNA ist eine Sprachcodierung, die systematisch etwas über euer Leben erzählt und euch einen Bauplan für euer Leben an die Hand gibt.

Dass ihr in einer DNA inaktiven Sprache sprecht und darin euren Lebensweg und eure Bestimmung finden wollt, gleicht dem Versuch, ein Gebäude nach einem Gebäudeplan zu errichten, der in einer euch unverständlichen Sprache verfasst ist. Niemand kann ein Gebäude halbwegs errichten oder ein Leben nach seiner Bestimmung führen, wenn er den Gebäudeplan des Lebens nicht zu lesen vermag. Ihr habt euch als Spezies in die missliche Lage manövriert, dass ihr euch in einem physischen Körper inkarniert habt, dessen Sprache ihr nicht sprecht. Der Bauplan für euer Leben liegt in euch, in einer von eurer Seele sehr wohl begreiflichen Codierung, die ihr sogar als Seelensprache oder Lichtsprache zu sprechen vermögt.

Wenn ihr beginnt wieder eine zellaktive Sprache zu

sprechen, dann ist es euch möglich, damit einzelne Körperpunkte oder ganze Organe mit der Urinformation des genetischen Aufbaus zu besprechen. Eine Krankheit, ein aus der Harmonie der heiligen Ordnung gefallenes System mit der Urinformation zu besprechen, lädt die originale, heile Blaupause des Körpers herunter. Dadurch, dass euer Zellmaterial reichlich zerstückelt und überhaupt nicht mehr an der Grundordnung der Schöpfung ausgerichtet ist, braucht es zur Heilung die Information bzw. Energie der ursprünglichen Lichtgenetik, die ihr aus der Sonne empfangen könnt, weil sie als Informationsspeicher für den ursprünglichen Schöpfungsaufbau dient. Das Christusbewusstsein oder das Sonnenbewusstsein hat auch nichts anderes gemacht, als die Genetik des physischen Körpers so lange mit den Informationen der Lichtsprache zu besprechen bis die DNA und die Zellstruktur sich wieder in die heilige Ordnung eingefügt haben.

Die Entschlackung des im wahrsten Sinne des Wortes genmanipulierten Zellmaterials eures Körpers ist ein zentrales Thema, um euren Körper wieder anhand der Urinformation aufzubauen. Die Information zur Aktivierung eures Lichtkörpers kommt aus dem Licht der Sonne, in einer hexagonalen Wabenstruktur und für den Abtransport der alten zellzersetzenden Information braucht es viel Wasser, das gleichermaßen programmiert bzw. besprochen wurde. Alterung ist ein Effekt, der einsetzt, wenn ein Bewusstsein seinen Bewusstseinsträger nicht mehr mit den Informationen versorgen kann, aus dem sich der Bewusstseinsträger aufbaut. Ihr habt verlernt, über eine zellaktive Sprache die DNA

eures Körpers zu aktualisieren und euren Körper in seiner ursprünglichen Genetik damit zu reaktivieren. Ein lange verloren geglaubtes Update eures physischen Körpers nähert sich euch durch die Sonnenwinde an. Keine Information in der Schöpfung geht verloren, denn sobald ihr eine Informationseinheit zu zersetzen oder zu zerstören versucht, gliedert sie sich schlichtweg aus eurem Erfahrungsbereich in ein anderes Schwingungsfeld und lagert dort so lange, bis ihr bereit seid, die manipulativen Eingriffe sein zu lassen.
Es ist nicht etwa so, dass der Eingriff in eure DNA in vergangener Zeit einmal stattgefunden hat und ihr euch seitdem auf der Erde in einem niedrigschwingenden Erfahrungsträger erlebt, sondern ihr seid über eure Sprache und eure Gedanken ständig damit beschäftigt, eure ursprüngliche Genetik im passiven Zustand zu halten. Ohne dass ihr euch selbst die ganze Zeit mit Informationen bespielt, die eure Genetik in dem desolaten Zustand hält, in welchem sie ist, hätte sich euer Lichtkörper schon längst wieder an euren physischen Körper angegliedert, weil alles in der Schöpfung nach der Wiederherstellung der heiligen Ordnung drängt. Ihr müsst quasi die ganze Zeit aktiv etwas dafür tun, damit ihr den niedrigschwingenden Zustand eures Körpers aufrechterhalten könnt und in der einen oder anderen Form bekommt ihr mit wie anstrengend das ist. Ihr haltet euren unausgeglichenen Zustand aufrecht, was die beständige Reaktivierung eurer völlig verdrehten DNA-Informationen einfordert.
Es war zugegebenermaßen sehr clever gemacht, dass man euch eine Sprache eingepflanzt hat, die genau die-

sen Zweck verfolgt. Auch wenn wir zuvor von zellaktiver und zellinaktiver Sprache gesprochen haben ist eigentlich jede Sprache zellaktiv. Nur ist es die Frage, welche Zellen sich nach welcher Sprache richten. Die Sprache, die ihr sprecht ist so codiert, dass sie den verzerrten, niederfrequenten DNA-Aufbau aufrechterhält. Euer Denken und Sprechen holt euch immer wieder die Informationscodes in den physischen Körper, die diesen in seiner Schwingung massiv heruntersetzen. Sich dann im guten Glauben gute Dinge vorzusagen, ändert nichts daran, dass man nach wie vor in einer Sprache spricht, die extra dafür codiert worden ist, die Lichtgenetik einzudämmen. Gute Gedanken und gute Worte können euch bis zu ganz bestimmten Schwingungsschwellen führen, aber nie darüber hinaus, weil auch sie in Informationscodes geschrieben sind, die die alte, niederschwingende DNA aufrechterhalten.
Der Schlüssel für die Schwingungserhöhung über die Schwelle eures momentanen Zellaufbaus hinaus liegt darin, in den Schwingungscodes zu denken und zu sprechen, mit der die heilige Ordnung einst euren Lichtkörper aufgebaut hat. Information und Energie ist dasselbe und ihr könnt jede Information aus der Quelle aller Informationen empfangen.
Momentan empfangt ihr nur die Informationen, die in der physischen Codierung stecken, bzw. die, die auf der materiellen Schwingungsfrequenz laufen, aber diese Reduktion eurer Empfindungsreichweite wird sich sehr bald ändern. Wenn ihr lernt, die ursprünglichen Informationen der 64 Genpaare wieder in eure Zellstruktur einfließen zu lassen, dann wird die Metamorphose in einen anderen Schwingungskörper gelingen. An den

Stellen, wo ihr eure DNA mit der Urinformation besprecht, wird sich eure Genetik in euch wiederherstellen, die eurem Bewusstsein eine ganz andere Erfahrung ermöglicht.
Einige wesentliche Bewusstseinsprogramme laufen nicht auf der veralteten Hardware eures Körpers und der Unterschied zwischen eurer jetzigen DNA und der Lichtgenetik ist etwa der, wie zwischen einem Standardcomputer aus den neunziger Jahren und einem modernen Quantenrechner. Solange ihr inkarniert seid, könnt ihr euer Bewusstsein nur an den Stellen erweitern, wo es die DNA eures Körpers zulässt und auf keiner anderen Ebene als auf der Zellebene hängt euer Bewusstwerdungsprozess. Das, was ihr bewusst erfahrt, wird von den Informationen aus euren Gencodes bestimmt und ihr könnt als Menschen nichts außerhalb des physischen Körpers erleben, wenn es eure DNA nicht zulässt. Ihr habt euer Bewusstsein auf einen ganz bestimmten Bewusstseinsträger, eine ganz bestimmte Hardware, gespielt und sie gibt euch das Erfahrungsspektrum eures Bewusstseins vor. Auf der Bewusstseinsebene ist der Prozess eures Erwachens hin zur göttlichen Ordnung nicht blockiert, sondern wie gesagt, auf der Zellebene eures Körpers. In den höherdimensionalen Feldern kann nichts in Unordnung gebracht werden, denn jedes Ungleichgewicht würde sich sofort ausgleichen. Auf der physischen Zellebene hingegen können sich Informationscodes festsetzen, die sich nicht ohne Weiteres automatisch ausgleichen bzw. verläuft der Ausgleichsprozess auf der physischen Ebene sehr träge. Ihr habt euch zu einer Codierung herabge-

lassen in der Hoffnung, etwas im Physischen festzuschreiben und habt gerade dadurch eure eigene Vergänglichkeit geschaffen. Alle Informationen zur Reaktivierung eurer Zellen sind euch gegeben, auch wenn ihr euch bereits seit vielen tausenden Jahren in einem Bewusstseinsträger erfahrt, der die Urinformation der göttlichen Ordnung zu verbannen versucht.

Ihr befindet euch als Menschheit auf dem Scheideweg, der sich hauptsächlich darüber bestimmt, welche Genetik ihr eurem Körper in dieser und den nächsten 3 bis 4 Inkarnationen zukommen lasst. Auf der einen Seite wartet auf euch die schon lange vorbereitete Umprogrammierung eurer DNA in künstlich-digitale Codes und auf der anderen Seite stehen euch die Urschöpfungscodes eures Lichtkörpers zur Verfügung. Jeder, der jetzt auf diesem Planeten inkarniert ist, steht vor dieser Entscheidung und die jetzige Inkarnation ist eine ganz wesentliche Schlüsselinkarnation für die meisten Menschen auf ihrem weiteren Seelenweg, weil sie sich in dieser Inkarnation für den einen oder den anderen Weg entscheiden müssen. Die Reichweite dieser Entscheidung ist ohne Zweifel weiter als ihr es euch heute vorstellen könnt. In ihr schwingt mit, welche Art von Bewusstseinsträger ihr in Zukunft wählt und auf welchen Programmen dieser laufen soll.

Nahezu jeder, der diesen Text liest oder hört, hat sich bereits für den Lichtkörper-Prozess und gegen den Prozess der vollständigen Digitalisierung der menschlichen DNA entschieden und es ist nach dieser Entscheidung nur eine Frage der Zeit, bis euch die Informationen erreichen, die eure ursprüngliche Lichtgenetik aktivieren und euer Bewusstsein wieder gänzlich für die Schöpfungsordnung aufschließt.

# Die Sonne ist in dir

Das Universum war noch nie außerhalb deines Bewusstseins und nur eine Schicht deines Bewusstseins hat sich zu dem niedergelassen, was du als das Weltall betrachtest. Wenn du bei sternenklarer Nacht in den Himmel schaust, schaust du nicht nach außen, sondern tiefer in dein Bewusstsein hinein. Ein außerhalb von euch liegendes Universum kann es nicht geben, da euer Geist doch ursächlich dieses Universum veranlasst hat, für euch in Erscheinung zu treten.
Das Weltall ist eine Reflexion eures inneren Bewusstseinszustandes und wandelt sich euer Bewusstsein, wandelt sich damit automatisch die Erfahrung des euch umgebenden Universums.
Mit Raketen ins All zu reisen ist eine irrsinnige Idee, auf die nur eine Spezies kommen kann, die das Wesen des Weltalls noch nicht begriffen hat. Auf physischer Ebene tiefer in euch reisen zu wollen, gleicht dem Wunsch baden zu gehen, ohne nass werden zu wollen. Ihr sucht auf einer Ebene, auf der ihr nie das finden könnt, wonach ihr sucht und in eurer Suche verwechselt ihr die ganze Zeit die Ebenen eures Bewusstseins, dessen Wahrnehmung von dem physischen Dasein verzerrt wird.
Es gibt keine Raumfahrt wie sie euch dargestellt wird, weil das Universum schlichtweg nicht in der Form existiert, wie es euch vorgespielt wird. Die Gelder, die in die Raumfahrt fließen, sind ein groß angelegtes Kino, um eurem Bewusstsein ein ganz bestimmtes Weltbild zu vermitteln, an das ihr glauben sollt. Nicht

umsonst seid ihr immer wieder auf die Verbindungspunkte zwischen der NASA und großen Filmproduzenten gestoßen. Eines der größten deskriptiven Hollywoodblockbuster wird euch als die Erfahrung eures Weltalls vorgespielt. Der Mond beispielsweise ist nicht das, was er vorgibt zu sein und von ihm aus wird die Aussendung vieler Strahlungen veranlasst, die euer Bewusstsein in einer künstlichen Beschränkung halten und dennoch können durch das Mondprinzip auch wesentliche Erinnerungen an euren ursprünglichen Bewusstseinszustand veranlasst werden.
Wer sich mit dem Wesen von Sonne und Mond verbindet, der wird mitbekommen, dass es eigentlich *der* Sonne und *die* Mond heißen müsste, weil das solare Prinzip dem Männlichen und das lunare Prinzip dem Weiblichen entspricht. Wie das Universum jenseits der verdrehten Sprache und des beschränkten Bewusstseins wahrhaftig ist, kann nur dann erfahren werden, wenn ihr euren Geist entfesselt und auf die Schwingung erhebt, in der dieser klar wahrzunehmen in der Lage ist. Euer Weltbild und eure Ideen über das Weltall wurden euch eingespielt und dieses Schauspiel erlebt ihr immer dann, wenn ihr mit den physischen Sinnen eure Realität zu erkunden versucht. Ein Teil eures Bewusstseins hat sich als das physische Universum manifestiert, aber um diese Manifestation und die darin stattfindenden Lebensprozesse zu begreifen, müsst ihr von dem Teil eures Bewusstseins schauen, der sich nicht bis in die physische Ebene heruntertransformiert hat.
Der Großteil deines Bewusstseins ist nichtphysischer Natur und nur ein Splitter deines Geistes ist in das physische Universum aufgesplittert. Das von euch und für

euch geschriebene Drehbuch eines materiellen Erfahrungsraumes findet innerhalb eines unausgedehnten Punktes in einem höheren Bewusstsein statt. Euer Universum ist in der Art, wie ihr es erfahrt noch in einem vorgeburtlichen Zustand, weil ihr euer volles Bewusstsein in ihm noch nicht geboren habt. Das Universum ist wie ein Ei, das ihr durch euer Bewusstsein von innen heraus ausbrütet und erwacht euer Bewusstsein, dann bricht es durch die Schale des euch vorgespielten physischen Weltbildes.
Ihr habt das Weltall einst aus eurem Geist geboren und das, was ihr einst aus euch geboren habt, hat seinen Geburtsort seit Stunde Eins nie verlassen. Eure Astrologie, die die Planeten und Sternenkonstellationen als äußere Repräsentanten innerer Zustände deuten, kommen der Lebensmatrix, in der ihr euch aufhaltet, schon etwas näher. Der einzige Weg, das Wesen eurer Realität zu durchschauen ist, wenn ihr in euch hineinblickt, denn je mehr ihr eure Forschung nach außen ins Weltall verlagert, desto blinder werdet ihr. „The only way out is the way in" und nur der Schritt nach innen wird euch aus dem Gefängnis eures beschränkten Weltbildes befreien.
Euer Weltall befindet sich noch im Uterus eines höheren Bewusstseins und wenn ihr zu diesem Bewusstsein hin erwacht, gebiert sich das gesamte Weltall durch euch. Seid ihr in dieser Weise durch die Schale eurer Existenz gebrochen und habt die Geburt des Universums in eurem Geist nachvollzogen, dann nehmt ihr das Leben wieder in der Weise wahr, wie es ursprünglich erdacht wurde.
Was nehmt ihr in euch wahr, wenn wir euch sagen, dass

euer Planet, der Mond, die Sonne und all die Sterne eures Universums Teil eures Bewusstseins sind? Die physische Sonne erscheint nur deshalb für euch, um euch an einen ganz bestimmten Bewusstseinszustand zu erinnern. Sie strahlt ganz wortwörtlich die Informationen aus, die die Geburt des Weltalls veranlassen. Die Sonne ist der Same, der in euer Bewusstsein fließt und in ihm zu keimen und aufzugehen beginnt, um schlussendlich das gesamte dreidimensionale Weltall aus der Eierschale brechen zu lassen.
Sicherlich kann man den Aufstieg in eine andere Dimension auch mit anderen Bildern symbolisieren aber wir weisen darauf hin, dass die reine Erfahrung dessen ganz anders sein wird als alle Bilder, die diese Erfahrung zu skizzieren versucht.
Die Sonne ist ein Portal und ein Geburtskanal in eine andere Dimension eures Geistes und wer sein Bewusstsein in die Sonne versetzt, der ist in der Lage, sich damit wortwörtlich in jedes andere Sonnensystem zu teleportieren. Alle Sonnen bilden ein gemeinsames Netzwerk, über das man mit seinem Bewusstsein von Sonne zu Sonne reisen kann.
Wenn ihr euren physischen Körper verlasst und frei von Anhaftung ins Licht geht, dann geht ihr in die Sonne, denn sie ist letztlich das einzige Ein- und Austrittstor aus eurer dreidimensionalen Dichte. Aus diesem Grund wurde die Sonne seit jeher als Gottheit betrachtet, die das Tor zu anderen Welten offenhält. Die Sonne ist ein Wesen, das sich aus einer höheren Dimensionsebene in eurem physischen Dasein inkarniert hat und dennoch ist es euer Bewusstsein, das diese Inkarnation für euch veranlasste.

Das Christusbewusstsein ist das Sonnenbewusstsein und man könnte den Christus auch als den König der Sonne bezeichnen, der den Weg deines Herzens in das Herz der Sonne aufzeigt. Die Sonne ist, nicht mehr und nicht weniger, als die in deinem Bewusstsein veranlasste Erinnerung an eine ganz bestimmte Energiequalität, die im Zentrum deines Wesens liegt. Dein Bewusstsein hat die Sonne erschaffen, um sicherzustellen, dass sich dein Bewusstsein zu gegebener Zeit wieder in die vergangene Größenordnung erhebt und deshalb kommt die Aktivierung deines Bewusstseins aus dem physischen Feuerball, den du einst in deinem Geist hast entstehen lassen. Wie gesagt: Euer Weltall ist ein illusionäres Gebilde, um euch eine ganz bestimmte Bewusstseinserfahrung zu ermöglichen.
Der Mond reflektiert die Sonne und die Sonne reflektiert das Licht deiner wahren Bewusstseinsgröße, dem Christus in dir. Die gleiche Energie, die von deinem Herzen ausgeht, strahlt auch die Sonne aus und sie trägt den Schlüssel für die Aktivierung deiner Herzensenergie. Die Sonne wird gespeist von der Liebe deines Herzens und sie schenkt dir im Ausgleich die Wärme für die Belebung der physischen Ebene. Wärme ist eigentlich nichts anderes als komprimierte Information und könntest du die Information aus der Wärme der Sonne mit deinem Herzen aufnehmen, dann wüsstest du, wie du dein Bewusstsein zum Christus erhebst und das physische Weltall zur Geburt bringst.
Alle Informationen sind dir bereits gegeben und sie strahlen ganz wortwörtlich jeden Tag zu dir ein, allerdings ist deine Herzenswahrnehmung noch nicht mit der Übersetzung dieser Information vertraut. Ohne die

Liebe in euren Herzen könnte eure Sonne nicht mehr scheinen. Glaubt ihr an die Macht der Liebe? Schaut euch eure Sonne an und vergegenwärtigt euch, dass die Liebe eures Herzens diese Sonne einst hat entstehen lassen und dass die Sonne seither nichts anderes tut als diese Liebe wieder auszustrahlen. Die Energie eurer Sonne kommt nicht aus der Sonne, sondern aus einer höheren Dimension eures Bewusstseins und wenn ihr euch wieder in eure wahre Bewusstseinsgröße erhebt, werdet ihr nachvollziehen können, wie die Sonne einst in eurem Geist entstanden ist. Ihr speist die Sonne mit der Energie, die sie dann in den physischen Frequenzbereich transformiert, um euer dreidimensionales Sein zu ermöglichen.

Die Sonne ist ein gigantischer Schwingungstransformator, der höherdimensionale Energie in euren Frequenzbereich übersetzt und führt alles, was eine gewisse Schwingung in eurer Dimension erreicht, wieder heim. Niemand verlässt die Matrix außer durch das Sonnentor, über das ein ständiger Schwingungsumwandlungsprozess vonstattengeht. Der Christus kommt aus der Sonne und er zeigt auf, wie du deine Herzenseenergie wieder so aktivierst, dass in deinem Herzen ein Tor aufgeht, durch das du dich ins Zentrum der Sonne begeben kannst. Als ihr euren Weg in die dritte Dichte geplant habt, wusstet ihr, dass es einer ganz bestimmten Energiequalität bedarf, um überhaupt wieder einen Rückweg zu finden und deshalb habt ihr eine riesige Sonne im Zentrum eurer Dimension installiert, die genau die Energie ausstrahlt, die euch wieder heimholen kann, wenn ihr bereit seid, in eurem Geiste diesen

Schritt zu tun. Die Sonne dient euch treu als Erinnerungs- und Navigationshilfe, um das Eine nicht zu vergessen, durch das die Rückkehr in die Verbundenheit zu allem, was ist, möglich wird. Die Sonne ist euer Rückfahrticket aus eurer dreidimensionalen Realität, das ihr aber nur dann nutzen könnt, wenn ihr den Weg eures Herzens geht. Es gab seit jeher Avatare, die zu euch auf die Erde geschickt worden sind, um euch dies in der einen oder anderen Form mitzuteilen und einige dieser Avatare kamen aus ganz anderen Sonnensystemen. So wie du auf Erden leben kannst, kannst du auch in der Sonne leben, allerdings in einer sehr viel höher schwingenden Form als der physische Körper. Viele Avatare, die das Licht auf die Erde gebracht haben, lebten zuvor in der Sonne und sie sind im wortwörtlichen Sinne ein inkarniertes Licht. Die Sonne wurde aus Liebe geschaffen und sie strahlt diese nun aus. Alles, was aufgrund der Sonne wächst, wächst eigentlich aus Liebe und wer dies in der Natur wieder zu erblicken lernt, sieht mit den Augen des Christus auf diese Welt. Das höchste Bewusstsein eurer Dimension verkörpert sich in eurer Sonne und sie führt euch in diese Bewusstseinsgröße zurück. Die Sonne verkörpert den Übergang in einen höherdimensionalen Zustand, nach dem ihr in eurer Welt so sehr sucht.

Legt euch doch lieber einmal ganz entspannt in die Sonne, anstatt die ganze Zeit nach diesem Bewusstseinszustand zu streben, der euch tagtäglich ins Gesicht scheint. Entspannt euch, lasst euch von der Sonne die Informationen geben, die ihr in eurem gegenwärtigen Bewusstseinszustand aufnehmen könnt und immer wenn ihr auf diese Weise in der Sonne liegt, dann erinnert euch daran, dass sie nicht außerhalb von euch ist, sondern dass sie lediglich die Liebe, die aus eurem Herzen scheint, wieder zu euch zurücksendet. Die Sonne ist in deinem Herzen und wenn dein Herz wie sie zu strahlen lernt, dann brichst du durch die Schale deines materiellen Weltbildes und gebierst in dir das neue Bewusstsein. Schafft es auch nur ein Bewusstsein für einen Moment, diese Schale zu durchbrechen, dann fällt durch diese Bruchstelle das Licht einer höheren Dimension. Dein Bewusstsein bringt Licht in deine Welt, so wie die Sonne Licht in euer Weltall sendet, denn dein Bewusstsein und die Sonne wirken beide im Namen des gleichen kosmischen Prinzips. Nimm das Universum, das eine Lied deines Geistes, wieder in dich hinein und gebäre es durch dein Bewusstsein in eine neue Schwingungsebene. Wenn du keinen blassen Schimmer davon hast, wie um alles in der Welt dies vonstatten gehen soll, dann schau dir die Sonne an und lerne von ihr, was es heißt, die Liebe deines Herzens auf alles gleichermaßen scheinen zu lassen. Dein Herz kennt den Weg, auch wenn dein Kopf manchmal nicht hinterherkommt. Solange du vertrauensvoll dem Weg deines Herzens folgst und dich mit deinem Lebensrhythmus an der Sonne orientierst, wirst du zielsicher wieder in das Bewusstsein eingehen, das einst das gesamte physische Universum in sich zum Entstehen gebracht hat.

Danke, dass du dem Weg deines Herzens folgst.
In Liebe und Verbundenheit,
Die solaren Wesen.

## Auswirkung der RNA Impfung

Ich habe mich lange persönlich gesträubt, öffentlich zur Impfthematik Stellung zu nehmen, doch mein Leben hat mich an einen Punkt geführt, an dem ich es für meine Pflicht halte, aus energetischer Sicht etwas zu dieser Thematik zu sagen. Auf weltlicher Ebene habe ich mich so gut wie überhaupt nicht mit diesem Thema auseinandergesetzt, sehr wohl aber sehe ich die Imprints in den Feldern, die das Impfen im physischen wie im energetischen Körper hinterlassen. Um meine Sicht auf die Thematik darzulegen, werde ich immer wieder ausholen müssen, um einen größeren Verständnisrahmen zu schaffen, innerhalb dessen die Wirkung der Impfung gesehen werden kann. Ganz grundsätzlich können wir sagen, dass die Maßnahmen nicht für die sogenannte "Pandemie" gemacht wurden, sondern dass die Pandemie für die Durchsetzung ganze bestimmter Maßnahmen erstellt wurde.

Es ging also nie um die Pandemie, sondern darum, den Zuspruch von sehr vielen Menschen für die Durchsetzung ganz bestimmter Maßnahmen zu erhalten, in denen das Impfen eine zentrale Rolle spielt. Keine Maßnahmen könnten überhaupt von der sogenannten Regierungsebene durchgedrückt werden, wenn der Mensch nicht auf die eine oder andere Weise nach diesen verlangt. Die gesamte Inszenierung wurde ausschließlich dafür in Szene gesetzt, um sich die Legitimation der Menschen einzuholen, bestimmte Agenda-Punkte schneller durchdrücken zu können. Nach wie vor liegt es in unserer Hand, die Maßnahmen in Kauf zu nehmen, die vor dem Hintergrund der Inszenierung gerechtfertigt erscheinen oder das ganze falsche Schauspiel zu enttarnen. An der Spritze, die uns als die letzte Rettung und Befreiung aus diesem Theater verkauft wird, scheiden sich schon jetzt die Geister und kein anderes Thema spaltet Freundschaften oder Familien so stark in die Lager der Impfgegner und Impfbefürworter.

Auf Faktenebene diesen Konflikt auszutragen, ist ein sehr kräfteraubendes Unterfangen, da es für alles Belege und Widerlegungen gibt. Die Medienpropaganda setzt auf Verstandesebene an, weshalb die Pandemiegläubigen zum Teil viel öfter in sogenannten gebildeten Schichten und viel weniger zum Beispiel in handwerklichen Berufsbildern vorzufinden sind.

Die Informationsschlacht, um das Impfthema auf Verstandesebene auszutragen, kann nicht gewinnbringend sein, weil man sich dort bereits auf eine Ebene des Theaters eingelassen hat, auf der man die Inszenierung nicht erkennt.

Entweder spüren die Menschen, dass etwas faul an dem ist, was uns medial vorgespielt wird, oder nicht. Wenn sich Menschen aus dem Freundeskreis oder der Familie impfen lassen wollen, dann kommt es auf die persönliche Gesprächsebene und die Herzverbindung an, da die Verstandesebene extra dafür gemacht wurde, um uns zu trennen.

Sprecht mit den Menschen über ihre persönlichen Ängste in Bezug auf die Pandemie und schaut, wie ihr Vertrauen und Zuversicht schenken könnt. Schaut, wie ihr die Menschen aus dem Kopf in ihren Körper bringt, denn der Spuk tobt nur im Kopf. Bei Menschen, die alles gut und richtig machen wollen und ein starkes Über-Ich besitzen, greift der mediale „brain-wash“ fast genauso gut wie bei Menschen, die in Angst sind. Die Propaganda ist auch bei denjenigen besonders wirkungsvoll, die die frühkindliche Trotzphase nie ausgelebt haben und bei denen die Meinung der Eltern unhinterfragt übernommen wurde. Um das Schauspiel in seiner hypnotischen Wirkung zu entkräften, müssen die bisher ungegangenen Schwellen in der gesunden Ich-Ausbildung eines Menschen nachgeholt werden. Doch kommen wir noch einmal darauf zurück, was die Impfung im physischen, wie im energetischen Bereich bewirkt und was im eigentlichen Sinne vorbereitet wird. Die Impfung hinterlässt einen Imprint, eine Markierung in der Schwingungssignatur des Energiekörpers, die man über mehrere Inkarnationen hinweg verfolgen kann.

Sie setzt ein Brandzeichen für einen ganz bestimmten geistseelischen Entwicklungsweg und genauer gesagt handelt es sich nicht um eine Impfung, sondern eine systematische Gentherapie, um eine biologisch-digitale-Schnittstelle im Menschen zu erschaffen.

Wir sind als Menschen an einem Scheideweg der Entwicklung angekommen und die Entwicklungsrichtung wird unter anderem durch die Impfmarkierung festgelegt.

Es ging nie um Geld, das die Pharmaindustrie dabei verdient, auch geht es nur am Rande um das Ziel der Bevölkerungsreduktion, sondern es geht letztendlich darum, Seelen über mehrere Inkarnationen hinweg für einen digitalen Entwicklungsweg zu gewinnen.

Die Impfung zersetzt das energetische Innenleben und schreibt die RNA-Codierungen so um, dass man sie nach einiger Zeit auf digitale Siliziumstrukturen aufspielen kann. Das gefühlsbetonte Innenleben stirbt ab und dieser innere Zersetzungsprozess ist wesentlich weitreichender und verheerender, als es das Sterben des physischen Körpers ist.
Die Strippenzieher, die die Impfmaßnahmen pflichtmäßig ins Spiel bringen wollen, haben eine überinkarnatorische Perspektive und ihnen ist wichtig, dass sie mit der Markierung im Energiekörper alle ihre Schäfchen beisammenhalten, sodass auch nach dem Austritt aus dem Körper gewährleistet werden kann, dass der Seelenaspekt sich weiter in Richtung der Digitalisierung bewegt. DNA und RNA sind codierte Schöpfungssprachen, und die Impfung ist ein wesentlicher Schritt, diese Schöpfungssprachen in eine digitale Kunstsprache zu verwandeln.
Die DNA ist die Sprache des Lebens, die die vollständige Blaupause für eine bestimmte Lebensform in sich trägt und die einzelnen Lebensprozesse steuert. Über die RNA-Sprache lassen sich genetische Informationen im Organismus übersetzen. Die RNA-Sprache besitzt einen Direktzugang zur Regulierung der DNA-Codierung und sorgt für die Übersetzung von Enzymen und Proteinen.
Der Impfstoff ist künstlich in einer RNA-Codierung programmiert und ahmt dadurch die Sprache nach, mit der unser Organismus spricht. Das eigentliche Ziel der Impfung ist eine schleichend einsetzende DNA-Modifikation über den Weg, die Informationsketten des RNA-Austausches minimal zu verändern.

Mit der Impfung werden uns passive RNA-Codes gespritzt, die sich in das Kommunikationssystem des Körpers einklinken und die über Strahlungstechnologie (Hochfrequenztechnologie) gezielt von außen aktiviert werden können.
Die passiven RNA-Codes sind im inaktivierten Zustand für den Organismus unbedenklich, da dieser die künstlich eingepflanzten Codes meist nicht automatisch in seine Informationsketten aufnimmt. Sobald aber durch Aktivierung die digitalen Programme in den Kopierprozess der RNA integriert werden, überschreiben die künstlichen Codes die natürlichen Übersetzungsaufgaben der RNA und der Organismus stellt stückweise seine gesamte innere Sprache um. Uns wird mit der Impfung indirekt eine alternative DNA und irgendwann ein alternativer, ewig lebender und auf Silizium basierender Bewusstseinsträger angeboten.
Wer sich heute für die Impfung entscheidet, der wird es schwer haben, zu einem späteren Zeitpunkt den geistseelischen Entwicklungsweg in Richtung der Digitalisierung der eigenen DNA noch einmal umzulenken. Die Entwicklungsrichtung, die mit einer Impfung eingeschlagen wird, ist weitaus verheerender als der physische Tod, da der Tod einen Teil des natürlichen Lebenszyklus darstellt, die Impfung jedoch darauf vorbereitet, diesen natürlichen Zyklus von Leben und Tod zu verlassen.
Jeder, der sich impfen lässt, trägt in seiner Schwingungssignatur eine Markierung, die zu jeder Zeit, auch im nicht inkarnierten Zustand als Druckmittel eingesetzt werden kann. [Nach meinen Informationen

wächst der Imprint im Energiekörper nach etwa 3-5 Inkarnationen auf natürlich Weise wieder heraus, wenn der Mensch einen natürlichen Lebensweg einschlägt].
Diese Markierung bekommen wir erst dann wieder aus unserem System, wenn wir anfangen, bewusst unsere RNA und DNA-Sprache zu lesen und zu sprechen. Normalerweise sprechen Lebewesen immer in der Sprache, in der auch ihr Körper spricht. Dadurch aber, dass ihr euch mit eurer künstlichen, linearen Verstandessprache von der DNA-Sprache eures Körpers entfernt habt, könnt ihr in seine Prozesse nur noch indirekt eingreifen. Eure Schriftsprache, mit der ihr euch unterhaltet, hat die künstlichen Codierungen in der RNA Spritze vorbereitet, denn nur dadurch, dass ihr in einer Sprache sprecht, die nicht die Sprache eures Körpers ist, könnt ihr diese Informationscodes eingeimpft bekommen, ohne dass ihr davon mitbekommt.
Diejenigen, die die RNA-Informationscodes in der Impfung erstellt haben, folgen einer ganz unnatürlichen Philosophie und betrachten sich selbst als die nächste Entwicklungsstufe zum Menschen. Zum Teil glauben sie, dass sie euch tatsächlich damit etwas Gutes tun, weil sie die Impfung als die Vorbereitung auf das ewige Leben in einer digitalen Form betrachten.
Es gibt natürlich Mittel und Wege, auch nach der Impfung, geistseelisch noch einen anderen Entwicklungsweg einzuschlagen als in die Digitalisierung, allerdings müssen dafür die künstlichen Codierungen schnellstmöglich erkannt und ausgeleitet werden, bevor sie sich in die körpereigene RNA-Kommunikation einklinken.
Ab dem Punkt, an dem die passiven RNA-Codes in der Impfung aktiviert werden, beginnt ein Prozess, der alle

natürlichen Informationsübermittlungswege der RNA-DNA-Übersetzung sukzessiv umschreibt.
Die in der Impfung vorhandenen RNA-Codes sind wie ein Virus, der sich in die natürlichen Sprachcodes des Körpers einklinkt und diese umzuschreiben beginnt. Wie es die Ironie des Schicksals so will, spritzen sich die Menschen ein viel verheerenderes Virus, das auf lange Sicht die ganze RNA-DNA-Kommunikation übernimmt, um sich vor dem Pandemietheater zu schützen.
Wer gelernt hat, innerlich in der gleichen Sprache zu sprechen, in der sein eigener Körper codiert ist, der kann das künstliche Virusprogramm der Impfung als Fremdkörper ausmachen und die digitalen Informationsketten in seinem RNA-System auflösen. Es ist möglich, mit dem Bewusstsein indirekt in die RNA-Codes einzudringen und sie umzuschreiben.
Auf natürlichem Weg machen wir dies indirekt die ganze Zeit schon, da alle Elemente unseres Innenlebens auf die Übersetzungsformen der Proteinsynthese und der Zellkommunikation Einfluss nehmen. Stirbt jedoch das bewusste Innenleben ab, dann entfernt sich das Bewusstsein auch in seiner Sprache immer mehr von seinem Bewusstseinsträger und dessen innerer Kommunikation. Mit dem Absterben des Innenlebens ist ein Lebewesen noch mehr darauf angewiesen, von anderen ein Lebensumfeld zu beziehen und dadurch ergibt sich im wahrsten Sinne des Wortes ein Teufelskreis.
Ihr habt durch einen Körper, der in einer für euch unverständlichen Weise euch eure Lebensgrundlage schafft, bereits viel von eurer eigentlichen Verantwortlichkeit für euer Leben externalisiert. Dieser Prozess

gipfelt darin, dass euer Innenleben immer mehr heruntergefahren wird und dass die Form, in der ihr wohnt mit ihrer Umwelt in einer Weise interagiert, in der ihr letztlich nichts mehr zu sagen habt.
Holt euch eure Verantwortung und eure Stimme zurück und nehmt die Kommunikation zu eurem Körper wieder auf. Und je bewusster ihr das macht, desto mehr lernt ihr die Schöpfungssprache eurer DNA zu lesen und zu sprechen.
Natürlich schmerzt es zu sehen, wenn andere nahe Angehörige oder Freunde sich vor euren Augen für einen anderen Entwicklungsweg entscheiden, gerade wenn ihr deren weitreichende Konsequenzen voll präsent habt. Aber auch Wesen, die sich über mehrere Inkarnationen hinweg immer mehr veräußerlichen und ihre natürliche Schöpfungssprache in eine künstlich-technische umwandeln, werden irgendwann wieder in die Schöpfungsordnung zurückkehren.
Ein Wesen, das in einer digitalen Siliziumstruktur hängt, weil es vor drei oder vier Inkarnationen damit begonnen hat, sich künstliche RNA-Codes spritzen zu lassen, wird früher oder später in seiner Bewusstseinsentwicklung zurückgesetzt und bekommt vom Leben eine weitere Chance, sich innerhalb von natürlichen Zyklen zu entfalten.
Die Impfung ist eine Einbahnstraße, aus der man nach der Aktivierung des digitalen RNA-Virus nicht mehr so schnell herauskommt. Wir haben es als Menschheit schon sehr weit kommen lassen, dass solche harten Geschütze im Kampf gegen unsere Bewusstwerdung aufgefahren werden. Doch eigentlich heißt dies nur, dass

wir den Punkt des Scheideweges in der Menschheitsgeschichte erreicht haben. Wir befinden uns in unserer Bewusstseinsentwicklung auf der Zielgeraden und wer sich jetzt auf den letzten Metern für eine Impfung entscheidet und dadurch geistseelisch in eine ganz andere Richtung geht, dem ist nur schwerlich zu helfen. Wer sich jetzt markieren lässt, wird mit dieser Markierung in seiner Signatur die nächsten Leben zu tun haben, was aber nicht bedeutet, dass es nach der Impfung trotzdem noch möglich ist, seinen natürlichen Bewusstseinsweg zu gehen.

Auch wenn RNA-Impfstoffe einen Weg in die Willenlosigkeit und den Tod des Innenlebens vorbereitet, heißt das nicht, dass jeder, der sich Impfen lässt, diesen Weg gehen muss. Aber ab einer bestimmten Stufe der Zersetzung des Innenlebens wird es schwer, dass ein Mensch den Willen aufbringt, einen anderen Weg zu gehen. Es wird mit der Angst vor dem Tod des physischen Körpers gedroht, um Programme zu implementieren, die den Tod des Innenlebens vorbereiten. Dass der Körper stirbt, ist natürlich, dass das Innenleben stirbt, hingegen nicht. Wer aber einen ewigen Körper haben will, muss sein natürliches Innenleben sterben lassen. Innerhalb der verdrehten Philosophie von seelenlosen Silizium-Lebensformen macht unsere natürliche Art zu leben wenig Sinn.

Sie glauben wirklich, uns in unserer Entwicklung zu helfen, indem sie uns ihre künstliche DNA einpflanzen. Die RNA-Impfung soll den menschlichen Organismus darauf vorbereiten, Teile einer DNA-Struktur von einer hochintelligenten, digitalen Spezies in sich aufzunehmen. Sie glauben, dass sie uns durch die Assimilierung unserer DNA an ihre Programmierungscodes tatsächlich unterstützen. Höchstwahrscheinlich wird der Großteil der Menschheit, der sich heute impfen lässt, diesem Weg der Assimilierung in ein hochintelligentes, technisches Feld folgen.

Auf der Erde hingegen weht ein anderer Entwicklungswind. Diejenigen Menschen, die sich für die Digitalisierung ihrer DNA entscheiden, werden sich früher oder später auf einem anderen Planfeld ansiedeln müssen, weil die Erde eine andere Lebenserfahrung vorbereitet hat.

Das Leben auf Erden wird wieder zu seinen Ursprüngen zurückkehren und einen schöpferischen Entfaltungsweg anbieten. Wer sich also weiterhin auf dieser Erde inkarnieren möchte oder einen natürlichen Schöpfungsweg der Bewusstseinsentwicklung gehen möchte, dem sei empfohlen, sich nicht mit künstlichen Programmen impfen zu lassen, die einen ganz anderen Entwicklungsweg vorzeichnen.

# Informationsmedizin

Jede Krankheit entsteht aus einem Mangel an Informationen und mit der richtigen Informationseingabe lässt sich prinzipiell jede Krankheit heilen.
Ein fachkundiger Arzt leitet seine Sitzung mit der Frage ein: „Was fehlt Ihnen?" und spielt damit auf die im Körper fehlenden Informationen an. Es ist stets das menschliche Bewusstsein, das darüber bestimmt, welche Informationen es seinem Bewusstseinsträger, seinem Körper, zukommen lässt und welche nicht. Verschließt sich das Bewusstsein, entstehen immer größer werdende, unbewusste Ebenen bzw. Körperpunkte, die nicht mehr ausreichend mit Informationen versorgt werden. Der Körper lebt von der Informationsspeisung seines Bewusstseins und es liegt in der Verantwortlichkeit des Bewusstseins, seinem Körper die Informationen bzw. Energien zukommen zu lassen, die er braucht. Ein Großteil der Informationsspeisung des Körpers findet auf vorbewussten Schichten unserer Selbst statt und die Informationen, die beispielsweise den Herzschlag regulieren, liegen meist außerhalb des Alltagsbewusstseins.
Information, so wie die Begrifflichkeit hier verwendet wird, ist gleichzusetzen mit Energie, wobei man zwischen Energie und Manifestation und zwischen Information und Informationsträger unterscheiden sollte. Ein Organ ist ein Informationsträger, der nur dann richtig funktioniert, wenn die auf ihn eingestimmten Informationen bereitgestellt werden. Wie gesagt, findet der Großteil der Informationseingabe über den Fluss des

Energiekörpers unwillkürlich jenseits der bewussten Lenkung statt. Wir haben es verlernt, unserem Körper wieder bewusst die Informationen zukommen zu lassen, die er im Einzelnen braucht, auch weil wir überhaupt nicht mehr in der Lage sind, höherdimensionale Informationen für unser Körpersystem zu übersetzen. Was den Körper am Leben hält ist nicht die Nahrung, sondern die Information in der Nahrung. Physische Nahrung ist der Informationsträger, den der Körper in sich aufnimmt, um im Verdauungsprozess die Information aus der Nahrung für sich zu übersetzen. Ein Großteil der heutigen Nahrung wird künstlich herangezüchtet, sodass sich darin kaum noch verwertbare Informationen für den Körper vorfinden und deshalb sind die meisten Körper informationsunterernährt, obwohl sie viel physische Nahrung zu sich nehmen.
Zwei äußerlich identische Orangen können einen ganz unterschiedlichen Informationsgehalt haben, je nachdem wie sie gewachsen sind. Anstelle davon zu sprechen, dass jede Krankheit ein Fehlen von Informationen ist, könnte man auch sagen, dass jede Krankheit letztlich auf einen Energiemangel zurückzuführen ist. Das Bewusstsein reguliert über seine Anschauung und Ausrichtung die inhaltliche Energievergabe seines Körpers, weshalb jeder speziell manifestierte Energiemangel darauf hinweist, an welcher Stelle das Bewusstsein den Informationsfluss unterdrückt. Was den Körper am Leben hält, sind die hochschwingenden, komprimierten Informationen aus den höheren Schwingungsebenen und ein Bewusstsein, welches sich vor dieser Ebene verschließt, wird früher oder später in einem

Bewusstseinsträger mit Energiemangel landen. Der Körper wird gespeist von höherdimensionalem Licht und die in diesem Licht transportierten Informationen werden auf zellulärer Ebene umgesetzt, damit die Körperprozesse störungsfrei vonstatten gehen. Prinzipiell können wir jede Information von der Quelle aller Informationen beziehen und jeder, der seine Informationen nur noch von höchster Quelle bezieht, wird heil und gesund werden.

Der Großteil von dem, was es im Physischen gibt, ist dadurch entstanden, dass es eine massive Informationsreduktion erfahren hat. Oder anders ausgedrückt: Du musstest dich von einem Großteil deiner geistseelischen Energien abtrennen, um dich überhaupt inkarnieren zu können. Die meisten Bewusstseinsträger, d. h. die meisten physisch sichtbaren Formen hier auf dieser Erde leiden unter Informationsverlust, weil sie sich als abgetrennt von der Quelle aller Informationen erfahren. Auf der Erde findet zurzeit ein globales Energieraubszenario statt, in welchem ein Bewusstsein, das im Energiemangel ist, einem anderen Bewusstsein, das gleichermaßen im Energiemangel ist, Energie zu rauben versucht. Die Medizin, die diesen sich selbst verstärkenden Kreislauf unterbrechen kann, ist die bewusste Hereinnahme von höherdimensionalen Informationen. Heil werden, vollständig ganz zu gesunden, geht weit darüber hinaus, den Körper nur auf einem akzeptablen Funktionsniveau zu halten.

Jede Krankheit fängt im gespaltenen Bewusstsein an, das sich von einem Teil der Energie von allem, was ist, abgetrennt erfährt. Wer sich heilt, wird energetisch zu

einem fraktalen Abbild der Gesamtschöpfung, in welchem alle schöpferischen Urenergien zusammengeführt werden. Solange sich ein Bewusstsein noch nicht als eins mit allem, was ist, erfährt, braucht es Heilung und die Medizin, die es dazu vonnöten ist, ist die Information, um sich wieder mit der Quelle aller Informationen zu verbinden.
Es gibt kosmische Knotenpunkte, die eine derart hohe Informationsdichte besitzen, dass das menschliche Bewusstsein sie nicht zu erfassen vermag und deshalb vermutet, dass es dort überhaupt keine Informationen gäbe. Dort, wo der Mensch glaubt, dass es keine Informationen gibt, sind sie derart hochschwingend komprimiert, dass er diese mit seinem Verstand bloß nicht wahrnehmen kann. Dort hingegen, wo die Augen des physischen Körpers Informationen wahrnehmen können, herrscht in der Regel ein großer Informationsmangel.
Wie bereits gesagt, ist dieser physisch-sichtbare Bereich aus der Abstraktion von hohen kosmischen Energien entstanden. Wenn wir begreifen, dass es nicht die Informationsträger, sprich die physischen Stoffe, sondern die Informationen sind, die heilen, dann begreifen wir auch, wie homöopathische Mittel, die die Informationen aus einem Trägerstoff gelöst und kondensiert haben, funktionieren können. Das aktuelle schulmedizinische Weltbild, dass es verschiedene Krankheiten und damit zigtausend verschiedene Medikamente gibt, verkompliziert einen eigentlich sehr einfach zu durchschauenden Sachverhalt. Natürlich braucht jedes kranke Körpersystem zur Wiederherstellung seiner Gesundheit eine andere Information und in der Regel weiß

der Körper des Betreffenden am besten, was ihm fehlt. Immer, wenn wir einem Körper eine bestimmte Information entweder über einen feinstofflichen Download oder einen physischen Informationsträger geben, kann es sein, dass diese Information in irgendeiner Weise nicht zu dem passt, was eigentlich fehlt. Wenn wir uns hingegen direkt an die kosmische Quelle aller Informationen wenden, dann wird von dort mit absoluter Gewissheit die Information einfließen, die in diesem Moment für die Heilung gebraucht wird.

In jeder Krankheit liegt eine Information und erst, wenn der Betroffene diese begreift, findet er innerlich den Zugang zu den Informationen, die zur Auflösung der Krankheit führen. Solange ein Betroffener die Informationen aus einer Krankheit nicht zu lesen versteht, hat die Krankheit ihre Funktion noch nicht ganz erfüllt. Alle Krankheitssymptome bringen ein aus der Balance geratenes System wieder mehr ins Gleichgewicht und ohne den Ausgleich der physischen Symptome wäre das Bewusstsein noch stärker in Disbalance. Um das Gleichgewicht aller schöpferischen Informationsprinzipien im Körper wiederherzustellen, ist es essenziell, die Krankheitssymptome als einen körperlichen Versuch zu begreifen, der den Informationsmangel zu kompensieren und auszugleichen versucht. Jede Krankheit kann informationell ausgelesen werden und mit den sich daraus hervortuenden Informationen kann man wiederum die Krankheit mit den heilenden Informationen besprechen.

In welcher Form die Informationseingabe hingegen erfolgt ist eher nebensächlich. Das Entfernen eines Symptoms kann bei nicht Auflösen der ursächlichen

Informationsblockade dazu führen, dass das Ungleichgewicht im Gesamtsystem steigt.
Wir bekämpfen und unterdrücken die physischen Symptome und verschließen uns damit dem Weg, unser getrenntes Bewusstsein in Heilung zu bringen. Jedes physische Symptom weist uns den Weg zur Heilung und ohne diesen Wegweiser fehlen uns die Informationen, wohin wir zu gehen haben, um wahrhaft Heilung zu erfahren. Jeder physische Körper besitzt auf einer anderen Schwingungsebene eine infoenergetische Blaupause, in der alle Informationen für den gesunden Körperaufbau vorhanden sind. Auch wenn die physische Ebene aus dem Gleichgewicht gerät und erkrankt, so verändert sich die ursprüngliche Blaupause dadurch nicht. Wenn ein Mensch durch seinen Lebensstil eine Differenz zwischen seinem physischen Körper und seiner energetischen Blaupause aufbaut, erkrankt der Körper und was dem Körper dann fehlt, sind die Informationen aus seiner energetischen Blaupause, von der der physische Körper abgewichen ist. Geringe Abweichungen finden quasi in jedem Moment statt und werden in der Regel sofort über einen Informationsstrom zwischen den Körpern ausgeglichen. Alle Schwingungsschichten deines multidimensionalen Körpers besitzen eine hervorragende Selbstregulation, die in einer isolierten Betrachtung einer einzelnen Schwingungsebene nicht gesehen werden kann.
Wenn sich eine Ebene deines Selbstes aber partout diesem ständig sich neu aufeinander abstimmenden Informationsfluss entzieht, weil sie beispielsweise alles unter ihre Kontrolle bringen will, dann verhindert dies die ausgleichende Informationseingabe. Prinzipiell ist es

möglich, die gesunde Blaupause deines Körpers herunterzuladen, damit der Körper wieder Zugang zu den Informationen eines gesunden Zellaufbaus erlangt. Allerdings kann es sein, dass die geistige Konditionierung immer wieder Filter in den Informationsfluss setzt, die den freien Fluss blockieren. Natürlich ist es möglich, dass dir jemand deinen Informationskanal zu deiner heilen, physischen Blaupause wieder freilegt, doch solange du diesen Kanal nicht aus dir heraus offenhalten kannst, wird es nicht zu nachhaltigen Heilungserfolgen kommen. Ein wahrhaft heiler Zustand muss immer von dem betroffenen System selber aufrechterhalten werden, weshalb Heilung letztlich nur aus dem Inneren heraus als ein natürlicher Ausgleichsprozess kommen sollte. Wenn sich alle deine Schwingungskörper, die auf jeder schöpferischen Dimensionsebene gelagert sind, miteinander synchronisieren, dann erfährst du dich als vollständig heil, weil der Fluss aller Informationen von der höchsten Quelle bis in die Materie hergestellt ist. Heilung ist damit auch immer ein Übersetzungsprozess von höherdimensionalen Informationen in einen Schwingungszustand, der vom physischen Körper aufgenommen und verarbeitet werden kann. Dein Verstand begreift ein ganz anderes Schwingungsspektrum als dein Herz und um Herz und Verstand zu heilen, braucht es eine klare Übersetzungsarbeit von der einen in die andere Schwingung. Wenn wir Informationen direkt von der Quelle aller Informationen empfangen und diese in ihrer Schwingung so zu übersetzen verstehen, dass man sie auf der physischen Ebene ausdrücken kann, dann ist dies im wahrsten Sinne des Wortes eine Heilsbotschaft. Ihr könnt jede

Information, die ihr wahrnehmt, bis zur Quelle aller Informationen zurückverfolgen und erst, wenn ihr diesen Weg geistig gegangen seid, erkennt ihr die Essenz von dem, was euch wahrhaftig umgibt. Alle Informationen, die du von der Quelle nicht bekommst, sind für dich aktuell auch nicht relevant, weil dir die Quelle in jedem Moment alles das zur Verfügung stellt, was du wissen musst. Allerdings kann es sein, dass dieses Wissen kein verstandesmäßiges ist, sondern mehr ein Gefühl einer absoluten Grundgewissheit über etwas. Die Quelle stellt nicht nur alle Informationen zur Verfügung, die du brauchst, sondern sie stellt sie auch genau auf der Schwingungsebene zur Verfügung, die gerade jetzt für dich am dienlichsten ist. Es ist schwierig für mich zu erklären, wie ich höherdimensionale Informationen übersetze oder Downloads aus den feinstofflichen Feldebenen anfordere und jeder wird seinen eigenen Weg finden müssen, für sich diese Übersetzungsleistung zu vollbringen. Ich kann euch zum Abschluss nur mitteilen, dass ihr alle Informationen und alle Energien, die ihr zur Heilung benötigt, am schnellsten und einfachsten direkt von der Quelle aller Informationen hernehmen könnt und dass jeder Weg, bereits stofflich gebundene Informationen in sich aufzunehmen, einen Umweg darstellt. Wir treten als Menschheit gerade in das Informationszeitalter ein und es ist an der Zeit, dass die Medizin erkennt, was wahrhaft heilt.

## Die Angst vor dem Leben und dem Tod

Die Angst vor dem Leben ist mindestens genausoweit verbreitet, wie die Angst vor dem Tod, weil es sich letztlich um ein und dieselbe Angst in zweierlei Ausprägungsformen handelt. Wer Angst vor dem Tod hat, hat letztlich auch immer Angst vor dem Leben und umgekehrt. Die Angst vor dem Tod ist eigentlich nichts weiter, als die Angst vor Veränderung, da der Tod nichts weiter als eine weitreichende Veränderung darstellt.

Der Tod geschieht nicht etwa am Ende eines Lebens, sondern in jedem Moment der Veränderung des Lebens, da in jeder Veränderung etwas stirbt und neu geboren wird. Haben wir nun Angst vor dem Tod, dann friert diese Angst jede Veränderung ein, was das Leben letztlich in Stagnation bringt. Wären wir hingegen frei von jeglichen Ängsten vor dem Tod, dann würde es den Tod, so wie wir ihn kennen, schlichtweg nicht geben, da alles nur im reinen, puren Fluss des Lebens begriffen wäre.

Die Angst vor dem Tod erschafft den Tod, ja mehr noch, die Angst ist der Tod selbst und ohne die Angst vor dem Tod würde es den Tod nicht geben, sondern wir würden alles als einen Fluss der Veränderung und der Transformation des Lebens betrachten.

In unserem dualen Realitätsprogramm, in dem wir immer nur eine Seite des Lebens gezeigt bekommen, scheint es so zu sein, dass eine Geburt ein Gewinn, den man feiert und ein Todesfall ein Verlust, um den man trauert, darstellt. Doch eine Geburt im Diesseits baut immer auf einen Tod im Jenseits auf und umgekehrt. Das, was wir auf dieser Seite des Lebens als Geburt bezeichnen, ist auf der anderen Seite des Lebens ein Tod und das, was wir hier den Tod nennen, ist die Wiedergeburt in feinstoffliche Bereiche des Lebens. Geburt und Tod sind wie das Ein- und Ausatmen des Lebens und weder ist das eine gut, noch das andere schlecht, wenn wir uns allen Seiten des Lebens wieder gewahr werden.

Doch solange wir noch eine Abwehr gegenüber einer bestimmten Seite des Lebens haben, beschneiden wir uns im Fluss unserer Lebensenergie. Die Angst vor dem Tod tritt nicht nur dann auf, wenn ein Mensch sich dem Ableben seines physischen Körpers nähert, sondern jede Einwirkung und jede Information aus den feinstofflichen Bereichen triggert auf subtile Weise die Angst vor dem Tod, denn immer, wenn wir uns mit den Wirkungen von anderen Ebenen des Lebens beschäftigen, wird uns die Vergänglichkeit dieser Ebene schlagartig bewusst. Die Angst vor dem Tod des physischen Körpers, der ein evolutionär implementiertes Überlebensprogramm darstellt, schirmt wie mit einer energetischen Mauer alle Informationen aus den nichtphysischen Bereichen ab. Aus diesem Grund wird das Thema Tod öffentlich so sehr tabuisiert und mit dunklen Angstbildern belegt.

Jeder, der schon einmal gestorben ist - nebenbei gesagt ist jeder schon einmal gestorben - und sei es nur, um sich auf dieser Seite des Lebens zu inkarnieren, weiß, was für eine wundervolle Erfahrung der Tod sein kann. Der Tod als die Geburt in die feinstofflichen Ebenen kann eine zutiefst friedvolle und heilsame Erfahrung sein. Allerdings geschieht jedem im hiesigen Leben, sowie danach nur nach seinem Glauben. Wer sich an das Sein in den nichtphysischen Bereichen erinnert, kann leicht einmal in nostalgische Sehnsucht nach der unbeschwerten Leichtigkeit in diesen Bereichen verfallen und eine gewisse Lebensmüdigkeit oder gar Todessehnsucht aufbauen. Allerdings ist der Wunsch, nicht mehr leben zu wollen, nichts anderes, als eine abgewandelte Form, Angst vor dem Tod zu haben. Die Angst vor dem Tod ist die Angst vor dem Leben selbst, auch wenn Menschen, die lebensmüde sind von sich behaupten würden, dass sie keinerlei Ängste vor dem Tod mehr hätten.

Sich den Tod herbeizuwünschen ist eigentlich der Wunsch nach Veränderung, wobei Lebensmüdigkeit meist darin besteht, gerade gegenüber einem Aspekt des Lebens im Widerstand zu sein. Wer ganz frei von Abwehr gegenüber dem Leben ist, der würde sich den Tod nicht herbeiwünschen. Was das Leben von Zeit zu Zeit unerträglich macht, ist die Abwehr gegenüber dem Leben und nicht das Leben selbst, wobei es jedem gegeben ist, seine Abwehr gegenüber dem Leben fallen zu lassen. Meist glauben diejenigen, die eine Abwehr gegenüber dem Leben haben, dass sie frei von Ängsten vor dem Tod sind, ohne zu erkennen, dass es sich um zwei Seiten der gleichen Medaille handelt. Diejenigen, die umgekehrt Angst vor dem Tod haben, würden nicht auf die Idee kommen, dass sie in Wahrheit Angst vor dem Leben haben und dass ihre Angst vor dem Tod nur eine Abwehr gegenüber dem Leben darstellt. Fest steht, dass niemand, der noch Angst vor dem Tod hat, sein

Leben wirklich lieben kann und niemand der sein Leben wirklich liebt, würde sich selbst den Tod herbeiwünschen.
Jede Erfahrung wird zu dem, was wir aus ihr machen und sogar unangenehme Empfindungen können schön sein, solange sie frei von Widerstand zum Fließen kommen dürfen. Jeder, der schon einmal aus tiefster Seele geweint hat, weiß wie heilsam der freie Fluss von unangenehmen Empfindungen sein kann. Solange alle Empfindungen frei fließen dürfen, sind sie schön, doch sobald Widerstand gegenüber bestimmten Empfindungen aufgebaut wird, seien sie nun schmerzvoller oder lustvoller Natur, werden die Empfindungen unerträglich und leidvoll. Der Widerstand gegenüber angenehmen Empfindungen kann genauso leidvoll sein, wie der Widerstand gegenüber unangenehmen Empfindungen. Die gänzlich verzerrten Dualitätsmuster, angenehme Empfindungen zu suchen und unangenehme Empfindungen zu vermeiden ist ein Bewusstseinsprogramm, das letztlich großes Leid verursacht. Einige Menschen fallen, nachdem sie dieses Muster erkannt haben, in Hyperkompensation und suchen dann, bewusst oder unbewusst, unangenehme Erfahrungen und bauen dadurch einen Widerstand gegenüber angenehmen Erfahrungen auf. Die Suche nach Schmerz kann zum Teil genauso passioniert verfolgt werden, wie die Suche nach Lust oder Freude, wobei beide Varianten das gleiche Suchtmuster abbilden können. Die Angst vor dem Schmerz, die eine Abwehr gegenüber unangenehmer Empfindung hochzieht, schirmt dann gleichermaßen die Lebensfreude ab. Lassen wir hingegen alles, was das Leben uns zu schenken hat, frei fließen, ohne uns

einem Erfahrungsaspekt des Lebens zu verschließen, dann sind alle Empfindungen, die wir haben, schön. Schmerz und Lust ist ein und dieselbe Empfindung, die, je nachdem in welchem Kontext sie auftaucht oder wir sie bewerten, zu dem einen oder zu dem anderen wird. Frieden und wahrhaftiges Lebensglück finden sich in der Mitte des Schmerz-Lust-Spektrums. Wer lebensmüde ist, ist eigentlich müde von der Zerrissenheit seiner inneren Dualitätsgedanken und seiner Sucht- und Vermeidungsstrategien. Müdigkeit kommt von Energiemangel und Energiemangel kommt von innerer Abwehr oder Suchtstrukturen gegenüber bestimmten Aspekten des Lebens. Jede Suche baut irgendwann eine Sucht auf, sowie jede Vermeidung irgendwann einen Widerstand hochzieht und beides ist für den aus der Einheit allen Lebens stammenden Geist mit der Zeit sehr anstrengend. Das Leben war vor der Idee von Tod gegenteilslos und in sich vereinheitlicht und mit der Idee von Tod bzw. Veränderung sprang das einheitliche Sein in die Seinsform der Existenz. Die Geburt der Dualität von Leben und Tod war der Ursprung vom Sein in die Existenz oder vom Sein in das Bewusstsein. Alles, was sich bewusst ist, trägt in sich wieder den Wunsch nach Sein ohne Bewusstsein bzw. nach dem Sein, wie es vor dem Ursprung in die Existenz gewesen war. Auf unserer Ebene wird der Wunsch nach dem Sein, ja letztlich der Wunsch, mit dem göttlichen Allgeist zu verschmelzen mit dem Tod gleichgesetzt. Viele Menschen haben den meist unbewussten Glaubenssatz, dass sie sterben würden, wenn sie dem göttlichen Geist begegnen und deshalb suchen sie und suchen sie und die Angst vor dem Tod verhindert jede

Begegnung. Die Angst vor dem Tod aufzulösen bedeutet, das Leben wieder vollständig zu leben und damit automatisch in das Bewusstseinsfeld geführt zu werden, dass das Leben in all seinen Formen immer unendlich lebt. Lebensmüdigkeit oder gar Todessehnsucht ist eigentlich eine durch Abwehr stagnierte Suche nach dem Göttlichen und jeder, der eigentlich sterben möchte, möchte in Wahrheit nur Eins mit dem göttlichen Bewusstseinsfeld sein. Um eins mit dem Göttlichen zu werden und den Ursprung des getrennten Bewusstseins zum Allsein zurück zu vollziehen, braucht es das Sterben des physischen Körpers jedoch nicht. Für alle, die Lebensmüdigkeit in ihren Gliedern tragen, ist es erst mal derart wichtig, sich ihrer Abwehr gegenüber dem Leben oder bestimmten Aspekten des Lebens gewahr zu werden, um sich dann der vermeintlich nicht vorhandenen Angst vor dem Tod bzw. dem Leben zu stellen und zuletzt zu erkennen, dass unter all der Lebensmüdigkeit lediglich der Wunsch liegt, wieder eins mit dem göttlichen Bewusstsein zu werden. Dieser Wunsch kann sich sowohl mit als auch ohne physischen Körper erfüllen. Wer jedoch glaubt, dass die Angst vor dem Tod und damit die Zusammenhänge der Dualitätsprogrammierung einfach mit dem Ablegen des physischen Körpers verschwindet, der irrt sich. Wir können hier auf physischer Ebene genauso eins mit dem göttlichen Bewusstsein werden wie auf anderen Ebenen auch, allerdings müssen wir dafür die Suche nach einem höheren Bewusstsein einmal sein lassen, um von dem Zustand des Bewusstseins in das Allsein geführt werden zu können.

## Nahrung und Suchtmittel aus spiritueller Sicht

In einer spirituell erweiterten Sicht erkennen wir, dass alles belebt ist und dass jedem Stoff eine geistige Struktur, ein Wesen innewohnt und immer, wenn wir etwas konsumieren, geht unser Geist eine Verschmelzung mit dem Wesen ein, das diesen lebendigen Stoff bewohnt. Jeder Apfel und alle Nahrungsmittel haben ein Bewusstsein und dieses Bewusstsein trägt den energetischen Blueprint für das Wachstum des Apfels. Wachstum in jeder Art zündet erst dann, wenn ein geistiges Wesen mit einem bestimmten Blueprint in die erste Keimlingszelle der Apfelblüte inkarniert. Das bedeutet in allem, was wir sehen oder zu uns nehmen, ist bereits eine geistige Struktur inkarniert, um diese überhaupt hervorzubringen.
Allerdings haben alle künstlich- und technisch hergestellten oder herangezüchteten Produkte nur wenig eigenes Bewusstsein. Je natürlicher etwas gewachsen ist, desto höherschwingend ist das darin lebende Bewusstsein und desto mehr Energie kann uns dieser Stoff geben. Spirituell gesehen sind alle natürlich gewachsenen Lebensmittel teilindividualisiert, weil sie zum einen energetisch noch stark der Gruppenseele, der Uridee (beispielsweise eines Apfels) anhängen, andererseits im Wachstum selber bereits eine energetische Individuation vornehmen.
Wir können dementsprechend entweder mit der Uridee eines Stoffes oder mit dem Bewusstsein dieses bestimmten Stoffes in Kontakt gehen. Unsere Vorfahren

wussten noch, wie sie in den geistigen Kontakt mit den Wesen treten konnten, das ein Tier, eine Pflanze oder eine Frucht bewohnt, die sie zu verzehren wünschten, und bevor sie irgendetwas in sich aufnahmen, d. h. auch in eine geistige Verschmelzung mit dem lebendigen Stoff gingen, fragten sie ihren Körper und das jeweilige Bewusstsein, was diese Nahrung oder Substanz bewohnt, ob dies für alle Beteiligten heilsam und dienlich sei.

Auch unsere frühere Handwerkskunst wusste noch um das geistig-stoffliche Bindungsverhältnis und dass bei allem, was sie hervorbrachten, eine Bewusstseinsstruktur durch ihre Hände in das hergestellte Ding inkarniert.

Aber wir wollen uns hier in diesem Text verstärkt auf die Nahrung und die herkömmlichen Suchtmittel beschränken. Die große Nahrungsmittelindustrie weiß zum Teil auch um diese geistigen Gesetze, wobei sie dann eigene Wesen heranzüchtet, die kollektiv in ihrem Vertriebsprodukt inkarnieren. An dieser Stelle wollen wir exemplarisch auf ein schwarzes, global bekanntes Kaltgetränk eingehen. Diese Marke ist deshalb so bekannt geworden, weil sie die Ersten waren, die sich für ihr Kaltgetränk bewusst schwarzmagisch eine Wesenheit herangezüchtet haben und diese in jedes Getränk inkarnieren ließen. Dieser Dämon wurde so programmiert, dass er Sucht und Impulsivität förderte, wobei es viele Versuche gab, das geistige Wesen im Stoff immer wieder so umzuprogrammieren, dass sich dadurch die Industrieagenda besser umsetzen ließ.

Andere Industriezweige folgten diesem Beispiel und züchteten sich ein Bewusstsein heran, das sie in das

Produkt inkarnieren ließen, das sie verkauften. Heute haben nahezu alle großen Konzerne ihre eigenen Dämonen und es wird nach wie vor, sowohl magisch-rituell als auch technisch, an der astralenergetischen Einflussnahme gearbeitet.
Besonders auffällig ist dies auch in der Zigarettenindustrie. Ein im großen Stil auf der Erde aufgezogener Missbrauch von Vertragsbedingungen mit Wesen wird über Tabak in Umlauf gebracht. Die Art und Weise, wie die indigenen Völker ursprünglich Tabak verwendeten, war so, dass sie über den Tabak bewusst in eine Verbindung mit den im Tabak inkarnierten Wesen treten konnten. Der Tabak war eine Hilfestellung, doch niemals war dieser notwendig, da die telepathische Verbindung mit eben jenen Wesen im Tabak auch direkt, ohne Zuhilfenahme der Stofflichkeit, gegeben war. Es wurde stets vor dem Konsum ein telepathischer Kontakt zu dem Wesen in der Substanz hergestellt, um es zu fragen, ob es dienlich sei, die jeweilige Substanz zu konsumieren. Auch wurde vorab mit dem Wesen das zeremonielle Setting und die Dosis des Konsums abgesprochen, damit es seine Wirkung entsprechend entfalten konnte. Durch diese Art des Konsums entstand keine Abhängigkeit und damit auch keine Sucht, weil die Bewusstseinserfahrung, welche durch den Konsum intensiviert wurde, bereits vor dem Konsum zugänglich war.
Jede Tabakmarke hat den ursprünglichen Geist, das ursprüngliche Bewusstsein im Tabak, entweder ausgetrieben oder diesen so lange gefoltert, bis er eine Kooperation mit der jeweiligen Marke einging. Ursprünglich wohnte im Tabak ein mächtiges Naturwesen und

unsere Vorfahren wussten auch noch, wie sie mit ihm in Kontakt treten konnten. Doch heutzutage wohnt in jeder Tabaksorte lediglich ein hin zur Aggressivität und Destruktivität aufgestachelter Dämon, mit dem jeder Konsument in eine Art Vertrag rutscht.
Besonders dann, wenn ein Raucher eine Lieblingsmarke hat und nicht auf die Idee kommt, eine andere Marke zu rauchen, ist er bereits in einem Abhängigkeitsvertrag mit dem von der Tabakfirma programmierten Dämon geraten. Dieser Dämon stellt dann dem Raucher die Empfindung zur Verfügung, die die Marke verspricht, zum Beispiel das Gefühl von Stärke, Macht, Unabhängigkeit oder Freiheit etc., wobei sich der Raucher dann dem Dämon gegenüber verpflichtet, ihm einen Teil seiner eigenen Energie abzugeben.
Je größer eine Marke wird, desto mächtiger ist dementsprechend sein Dämon, weil er Energien von allen Vertragspersonen bezieht, doch letztlich ist der Vertrag aber sowohl für den Konsumenten als auch für den eingespannten astralen Dämon ein Knebelvertrag, denn eigentlich entspricht das Verhalten des Wesens in einer Tabakmarke nicht seinem natürlichen Sein.
Wie gesagt, findet der Missbrauch bereits dort statt, wo ein astral-herangezüchtetes Wesen in einer Kollektivinkarnation in einen Stoff gezwungen wird, wo eigentlich bereits ein Naturwesen lebt.
Uns wird erzählt, dass Sucht aufgrund der materiellen Inhaltsstoffe innerhalb eines Produkts zustande kommt, allerdings ist Sucht alleine der geistige und meist unbewusst geschlossene Vertrag mit einem in eine Materie inkarnierten, geistigen Wesen. Natürlich schlägt sich dieser Vertrag nach einer Zeit auch auf der physischen

Ebene nieder und man kann Sucht biologisch feststellen. Allerdings ist dies nur die Auswirkung eines intensivierten Vertrages mit einem Wesen bzw. einem Zustand, der häufig eingenommen wird. Dadurch, dass ein Suchtvertrag mit einer Substanz auf energetischer Ebene geschlossen wird, kann dieser auch nur auf dieser Ebene wieder aufgelöst werden.
Wer sich aus seiner Sucht befreien möchte, der muss versuchen, bewusst Kontakt zu dem Wesen herzustellen, das den Suchtstoff bewohnt. Dies gibt Einblicke in die Vertragsbedingungen und die Motive, unter denen der Vertrag einst geschlossen wurde. Wenn zum Beispiel ein Vertrag mit einem Tabakdämon aufgrund eines Freiheitsbedürfnisses geschlossen wurde, kann sich diejenige Person fragen, auf welchem Wege sie das Gefühl von Freiheit noch bekommt. Mit jedem Wesen, selbst mit den künstlichen Programmen, die für bestimmte Drogen geschrieben wurden, kann man sprechen und erst über diese bewusste Kommunikation kann ein Vertrag, wenn gewünscht, aufgelöst werden. Grundsätzlich sind alle Wesen in natürlichen Stoffen und Lebensmitteln dem Menschen eher wohlwollend gesinnt. Da ein Mensch in seiner natürlichen Einbindung jedoch nicht kontrollierbar ist, wurde eine Wissenschaft ins Leben gerufen, die äußerlich vorgibt, materiell-chemisch zu forschen, jedoch eigentlich hintergründig nur damit beschäftigt ist, künstliche Bewusstseinsprogramme zu schreiben und diese in materielle Stoffe zu programmieren.
Die Pharmazie und vor allem die Psychopharmakologie arbeitet seit der ersten Stunde an ebenentranszen-

dent und versucht entweder ein Bewusstseinsprogramm zu schreiben oder die bereits im Stoff vorhandenen Wesen umzuprogrammieren. Zu Beginn dieser Wissenschaftsdisziplin wurde hauptsächlich versucht, die Wesen in bereits natürlich vorhandenen Stoffen umzuprogrammieren, um damit eine bestimmte Wirkung bei der Einnahme zu erzielen.
Heutzutage werden fast nur noch rein künstliche Programme geschrieben und herangezüchtet und entsprechend in eine materielle Molekularstruktur umgewandelt. In einem gewissen Sinne steckt in jeder Pille eine bewusst programmierte, künstliche Intelligenz mit der das Bewusstsein des Menschen, der diese einnimmt in Verbindung tritt. Je mehr ein Mensch in Verträge mit künstlichen Wesensprogrammen rutscht, desto mehr verliert er dadurch seine eigene Menschlichkeit.
Viel könnte ich an dieser Stelle zum Thema der Herstellung künstlicher Bewusstseinsprogramme sagen, allerdings ist es letztlich nur wichtig, dass der Mensch, der zu den herkömmlich hergestellten pharmakologischen Mitteln greift, ein Bewusstsein für die Art der in ihnen wirkenden Programme hat, damit er dann selbst geistig-biologisch die Wirkweise dessen wieder übernehmen kann.
Leider sind viele Bewusstseinsprogramme in der Pharmakologie so geschrieben, dass sich das gesamte biologische System derart umstellt, dass alleine das künstliche Programm die gewünschte Wirkung erzielt. Wie gesagt, lässt sich eine Abhängigkeit nur über eine Kommunikation mit dem Wesen im Stoff, mit dem man in Abhängigkeit ist, auflösen, was die Auflösung von Suchtverträgen zu künstlichen Stoffen noch einmal

erschwert, weil sich die Kommunikation mit künstlichen Programmen deutlich schwieriger gestaltet als mit natürlichen Wesen. Wesen in synthetischen Stoffen agieren meist herzlos und stumpf ihre eigene Programmierung aus, wohingegen es bei natürlichen Stoffen um ein synergetisches Geben und Nehmen geht.
Allerdings gibt es auch sehr unterschiedliche Charaktere in natürlichen Stoffen. Alkohol zum Beispiel ist prinzipiell, wenn er nicht künstlich hergestellt wird, mit einem eigenen Spirit belebt, der öffnend und verstärkend für vielerlei Programme wirkt, weshalb viele Arzneimittel auf Alkoholbasis sind. Der Genuss-Alkohol, der Spirit einer Spirituose, ist ein meist künstlich geschriebenes Programm, das auf provokante Weise das Aurafeld so öffnet, dass auf den Alkoholgeist resonierende Wesenheiten Einlass finden. Gerade Alkohol öffnet Fremdbesetzungen Tür und Tor.
Grundsätzlich muss uns bewusst sein, dass nicht nur Alkohol, sondern auch alle Nahrungsmittel psychoaktiv wirken und dass eine ständige subliminale, d. h. unter der Wahrnehmungsschwelle ablaufende Kommunikation zwischen unserem Körperbewusstsein und dem Bewusstsein des Stoffes, den wir in uns aufnehmen, stattfindet. Würde kein Bewusstsein in einem Nahrungsmittel sein, dann wäre es bereits in einem zerfallenden Zersetzungsprozess und nicht mehr genießbar. Mit jedem Apfel und jedem Stück Brot nehmen wir die gesamte Bewusstseinsstruktur mit all den Informationen des Wesens auf, das sich dafür entschieden hat, in diesen Bewusstseinsträger, in diesem Fall dem Nahrungsmittel, zu inkarnieren.

Wie anders wäre doch unser Essens- und Konsumverhalten, wenn wir vollbewusst mit allem in Kommunikation treten würden, was wir zu uns nehmen und wie präzise wäre dann unsere Ernährung darauf abgestimmt, was unser Körper gerade braucht. Mit steigendem Körperbewusstsein steigt auch die Sensitivität gegenüber allem, was dem Körper zugeführt wird. Leider wurden unsere Nahrungsmittel derart mit synthetischen Programmen versetzt, dass das eigene Körperbewusstsein nahezu völlig abstumpft ist. Fast alles, was wir essen, ist durch künstliche, besonders schnell wachsende Programme entstanden. Vor ein paar Jahrhunderten sahen fast alle Obst- und Gemüsesorten noch ganz anders aus, wobei deren Ursprungsgenetik nahezu verloren gegangen ist. Weizen in seiner Ursprungsgenetik hatte beispielsweise eine stark heilende Wirkung auf den menschlichen Organismus, wobei es Weizen in seiner Ursprungsgenetik heutzutage kaum noch gibt. Im Urweizen war ein starkes Wesen inkarniert, das ein Band zwischen Erde und Sonne aufrechterhielt und jeder Mensch, der ihn aß, konnte diese Verbindung spüren.

Mit dem Beginn der Industrialisierung und der Massenproduktion wurde das Urwesen im Weizen aus seinem Lebensraum getrieben und ein anderes Kollektivwesen eingesetzt. Dadurch, dass energetisch-magisch ein anderes Bewusstseinswesen in den Weizen gebracht wurde, veränderte sich nach einigen Generation entsprechend die Weizengenetik.

Heutzutage spricht man ganz offen über genmanipulierte Nahrung und glaubt, dass dort eine materielle Modifikation des Nahrungsmittels stattgefunden hat, jedoch ist die Genmanipulation lediglich die physische Rückkopplung für ein künstlich geschriebenes Programm auf der energetischen Ebene. Allerdings muss man dazu sagen, dass auch die nicht genmanipulierte Nahrung kaum noch etwas von ihrer Urgenetik hat und direkt oder indirekt das Bewusstseinswesen in der Nahrung umgeschrieben wurde.

Nahezu alles, was noch in seiner Urgenetik ist, hat eine heilende Wirkung auf den menschlichen Organismus, wenn der Organismus selbst durch die eingenommenen Substanzen nicht bereits umprogrammiert wurde. Alles Geistige steht in Wechselwirkung zueinander und wenn ein Mensch beispielsweise viel künstlichen Zucker zu sich nimmt, dann tauscht sich der Körper ständig mit dem Wesensprogramm des Zuckers aus und die eigene Biologie stellt sich auf die künstliche Programmierung ein. Indirekt werden also durch genmanipulierte Nahrung die Gene der Menschen beeinflusst, die diese Nahrung zu sich nehmen. Und solange Konsum, welcher Art auch immer, unbewusst stattfindet, kann in diese Wechselwirkung nicht eingegriffen werden. Gehen wir jedoch in einen bewussten Kontakt mit dem programmierten Wesen des Zuckers, dann können wir die unerwünschte Wechselwirkung mit unserer Genetik unterbinden. Eine weitere Schwierigkeit heutzutage besteht darin, dass alle verarbeiteten Lebensmittel im Schnitt um die 20 verschiedenen Inhaltsstoffe aufweisen, was den bewussten Kontakt zu den Wesensprogrammen in den Substanzen nahezu unmöglich werden lässt. Wer sich vor unverarbeiteter Trennkost ernährt, dem wird es schon wesentlich leichter fallen, in bewusste Kommunikation mit dem Wesen in seiner Nahrung zu treten. In einer gewissen Weise programmieren wir, wenn wir selber kochen, die Mahlzeit, die wir vorbereiten mit den Gedanken und Gefühlen, die wir während der Zubereitung haben. Wir werden merken, dass das, was in Liebe gekocht ist, viel nährender ist als alles andere Essen, denn letztlich nährt uns der geistige Kontakt zu dem Wesen, das in einem Nahrungsmittel lebt, weshalb man manchmal bereits satt sein kann, wenn man nur daran riecht.

Bei der Frage nach der richtigen Ernährung ist das eigene Körperbewusstsein das A und O. Leider ist unser Körperbewusstsein von all der Nahrung, die wir bereits zu uns genommen haben, so umprogrammiert, dass wir lediglich künstlichen Suggestionen folgen. Doch je mehr wir uns aus den Suchtverträgen von Stoffen und Nahrungsmitteln lösen können, desto mehr können wir wieder lernen, unseren Körper in seiner Urgenetik, jenseits künstlicher Programme wahrzunehmen. Und nehmen wir uns selbst erst einmal wieder wahr, dann können wir auch gänzlich unverfälscht feststellen, was uns und unserem Körper gerade im Einzelnen guttut.

## Geld aus spiritueller Sicht

Geld ist eine künstliche Werteinheit, die abgekoppelt von natürlichen Werten kontrolliert und gesteuert werden kann. Auch wenn sich der Wert des Geldes durch die soziale Übereinkunft, Wert in ihm zu sehen trägt, werden die wesentlichen Wertsetzungen von denjenigen vorgenommen, die die größten Mengen dieser Werteinheiten besitzen. Geld ist eine Form der Energie, die künstlich erschaffen wurde, um einen flächendeckenden Mangel an natürlichen Energiequellen zu erzeugen. Wenn man sich die Quelle des Geldes einmal ansieht, wird man wohl kaum von einer neutralen Werteinheit sprechen können, was nicht heißt, dass man Geld nicht auch in einer, dem Menschen dienlichen Weise verwenden kann. Die künstlichen Werteinheiten, die ihr heutzutage euer Geld nennt, die keinen Bezug mehr zu realen Werten haben, sondern gegenteilig die Wertigkeit auf den Kopf stellen, wurden eigens dafür in Umlauf gebracht, um ein flächendeckendes Mangelgefühl in eurem Planfeld zu installieren.
Um einen geheilten Bezug zum Geld aufzubauen ist es wichtig, vorerst zu erkennen, woher ganz grundsätzlich das Geld dieser Welt stammt und wer es mit welcher Intention in Umlauf gebracht hat. Die Frage, die ihr euch in diesem Zusammenhang stellen könnt ist, ob man ein Mittel zum Zweck der Unterdrückung auch für die Befreiung einsetzen kann. Bis zu einem gewissen Grad lassen sich Mittel energetisch umprogrammieren, sodass sie einen anderen Zweck erfüllen, als den, für den sie ursprünglich programmiert worden sind. Doch

solange die bewusste Umprogrammierung der finanziellen Mittel auf einen anderen Zweck nicht stattfindet, wird Geld seiner programmierten Bestimmung folgen und den Mangel an natürlichen Energien verstärken. Wer Geld als neutrales Zahlungsmittel betrachtet, sieht keine Notwendigkeit darin, die schwarzmagischen Wertschöpfungen in seinem Umgang mit Geld aufzulösen und wird damit unbewusst zu einem Helfershelfer des satanischen Systems. Geld ist immer ein Mittel zum Zweck und den Herrschenden dieser Welt geht es nicht, wie angenommen um das Geld, sondern stets um das, was sie durch das Geld erreichen und diesen Zweck haben sie energetisch-magisch mit der Werteinheit des Geldes verknüpft, sodass jeder, der Geld einsetzt, ohne diese Verknüpfung aufgelöst zu haben, unbewusst an den Zielen der Herrschenden mitarbeitet. Bis zu einem gewissen Grad ist es möglich, die künstlichen Werteinheiten in ihrem Zweck umzuprogrammieren, doch ab einem gewissen Punkt müssen wir uns von allen Mitteln, die extra für die Unterdrückung geschaffen worden sind, verabschieden, um uns gänzlich befreien zu können.

Da diejenigen, die das künstliche Wertesystem geschaffen haben, die Macht von natürlichen Werten kennen, haben sie in hochintelligenter Weise Letztere in den Dienst von Ersteren gestellt, um alle natürlichen Werte systematisch abschöpfen zu können. Der Mensch gibt seine Arbeitskraft, seine Geisteskraft und seine Aufmerksamkeit, die allesamt einen tiefen natürlichen Wert besitzen und bekommt im Ausgleich dafür bestimmte Mengen der künstlichen Werteinheiten. Dass wir hier einen gänzlich schlechten Deal machen,

bekommen wir kaum mit, weil wir angefangen haben zu glauben, dass die künstlichen Werte wertvoller seien als die natürlichen. Die menschliche Aufmerksamkeit ist ein natürlicher Wert, basierend auf einer natürlichen Energie und alles, was die größten Mengen dieser natürlichen Energie auffangen kann, wird gleichzeitig auch das meiste Geld dabei machen. Nicht umsonst sind Netflix und andere große Unterhaltungsprogramme, die riesige Mengen an natürlicher Aufmerksamkeitsenergie bekommen, mit die umsatzstärksten Firmen in den USA.
Die neuartige Berufsbezeichnung des Influencers zeigt auf, wie sehr das Fangen von Aufmerksamkeit mit der Übersetzung in monetäre Werte geknüpft ist. Alles, was Aufmerksamkeit zieht, wird auch Geld anziehen, wobei die Aufmerksamkeitslenkung dann wieder sehr clever über die Lenkung des Geldflusses bestimmt werden kann, indem Geld beispielsweise in große Fernsehsender oder Zeitungen investiert wird. Diejenigen Familien, die über die "Federal Reserve" verfügen, müssen sich bis zu einem gewissen Grad an den Fluss natürlicher Energieströme halten, weshalb sie Unsummen in die Unterhaltungsindustrie pumpen, um die menschliche Aufmerksamkeit in ihrer Energie zu binden. Es gibt Wesen, die sich von der Energie der menschlichen Aufmerksamkeit ernähren und Menschen für ihren Zweck einsetzen, ihre Mahlzeit vorzubereiten. Damit sich Geld als Werteinheit überhaupt hält, muss es bestimmten schöpferischen Gesetzen folgen. Je wahrhaftiger ein Wert ist, desto stabiler ist er und desto mehr kann sich sein Wert von innen heraus selbst erhalten. Künstliche und damit auch immer instabile

Werte müssen die ganze Zeit in Bewegung sein, um ihren Wert aufrechtzuerhalten. Über den ständigen Fluss des Geldes hält sich sein Wert aufrecht und wenn der Geldfluss von heute auf morgen eingefroren werden würde, dann käme es zu einer inflationären Entwertung.
Wenn ich als Herrscher dieser Welt natürliche Ressourcen abpumpen wollte, dann wäre es eine meiner ersten Ideen, ein künstliches Wertesystem aufzubauen, über dessen Quelle ich verfüge und die einzige Frage für die Umsetzung würde lauten: Was muss ich tun, damit die Menschen an die Wertigkeiten meiner Werteinheiten glauben? Die Antwort besteht in der kollektiven Aufmerksamkeitslenkung, die einen sich selbst verstärkenden Kreislauf anregt, der, wie wir schon oft erfahren haben, irgendwann hyperinflationär in sich zusammenfallen muss.
Geld ist eine Blase, ein künstliches Konstrukt, dessen Wachstum immer weiter voranschreiten muss, um seinen Wert aufrecht erhalten zu können. Wenn ein Wert nur dadurch seinen Wert erhalten kann, dass er parasitär immer weiter wachsen muss, um grundsätzlich bestehen zu bleiben, dann handelt es sich um einen falschen, künstlichen Wert.
Stellt euch doch einmal vor, ihr wolltet eine Kryptowährung ins Leben rufen. Was würdet ihr tun, um anderen Menschen den Wert eurer Währung zu verkaufen? Wahrscheinlich würdet ihr andere, schon bestehende Werte als Referenz setzen und gleichzeitig die Einmaligkeit und Besonderheit eurer Währung hervorheben. Zudem müsstet ihr menschliche Werte wie Si-

cherheit, Vertrauen oder Zuversicht auf Gewinn schenken. Produkte verkaufen sich, weil sie an bestimmte menschliche Werte geknüpft sind. Auch müsstet ihr möglichst umfassend auf eure Kryptowährung aufmerksam machen.
Fragt euch selbst, wie es den Zentralbanken, Regierungen und den Massenmedien gelungen ist, dass ihr an den Wert des Geldes glaubt. Es gibt keinen Unterschied zwischen deiner, dir gerade ausgedachten Kryptowährung und dem Geld dieser Welt, bloß dass unser Finanzsystem den Wert seiner Geldeinheiten viel umfangreicher zu verkaufen vermag. Der Wert des Geldes muss selbst vermarktet werden, doch dies ist ein Aspekt, der innerhalb der Wirtschaft kaum Beachtung findet, weil man davon ausgeht, dass er gesetzt ist, auch wenn er immer wieder starken Schwankungen unterliegt.
Würden wir nicht die ganze Zeit mit Suggestionen bespielt werden, die uns den Wert des Geldes an sich nahelegen, dann würden wir schnell den Glauben an ein derart destruktives Wertesystem verlieren. Alles, was nicht an natürlich-schöpferischen Werten orientiert ist, bekommt irgendwann destruktive und dann selbstdestruktive Züge, um sich schlussendlich wieder selbst abzuschaffen. Alles, was zerstört, wird letztlich von sich selbst zerstört und was danach übrigbleibt sind die stabilen, aus sich selbst herausgetragenen Werte.
Wir machen in keiner Weise einen guten Deal, wenn wir natürliche Werte in künstliche umtauschen. Wenn du Geld für das bekommst, was du auch tun würdest, ohne Geld dafür zu bekommen, dann bist du dem falschen Spiel entkommen. Sobald du aber etwas tust, was

du nicht tun würdest, wenn du kein Geld dafür bekämest, dann hat dich das künstliche Geldwertspiel gefangen genommen. Geld kann kein wahrer Grund sein, denn Geld oder Zeitmangel als Ursache für eine bestimmte Handlung heranzuziehen, die du dir wahrhaft wünschst, ist eher eine Ausrede, als eine gute Begründung. Eine natürliche Wertsetzung geschieht immer durch eine subjektive Empfindung darüber, was Wert hat und was nicht. Eine künstliche Werteinheit, die für alle gleich gelten soll, lässt dieses natürliche Gefühl von Wert abstumpfen. Wert bestimmt sich über die individuelle Verbindung zu etwas und durch die Gleichschaltung, dass alles, was diese oder jene Form trägt, diesen oder jenen Wert besitzen soll, gehen die persönlichen Verbindungen zu den Dingen verloren.

Freundschaften sind wertvoll, aber sich über die sozialen Medien Freundschaften zu erkaufen, stellt wohl die pervertierteste Verdrehung von Wertigkeit dar. Doch je mehr Menschen glauben, dass du Aufmerksamkeit bekommst, desto mehr Menschen geben dir Aufmerksamkeit, weil sie den Wert von dem, was du von dir gibst, höher einschätzen.

Gleichermaßen fließt denjenigen, die Geld haben auch das meiste Geld zu. Der, der hat, dem wird gegeben und prüft doch einmal selbst nach, ob ihr euer Geld lieber einem Multimilliardär oder einem Habenichts anvertrauen oder ausleihen würdet. Wir legen Geld in den Banken an, weil wir nur denjenigen unser Geld anvertrauen, die über Unsummen desselben verfügen.

Schenkt ihr einem spirituellen Lehrer eure Aufmerksamkeit, der bereits über viel Energie verfügt oder schenkt ihr eure Aufmerksamkeit lieber denjenigen, die ganz offensichtlich an Energiemangel leiden? Weder ist das eine richtig, noch das andere falsch. Worauf wir hinaus wollen ist, dass ihr Wert dahingebt, wo ihr einen Wert vermutet. Nichts ist von Wert, bis ihr euch dazu entscheidet, diesen Wert für euch zu bestimmen und in der Bestimmung über einen physischen Wert liegt implizit dessen Zwecksetzung.

Fragt euch selbst, welcher Wert für euch persönlich hinter dem Geld steht. Erhofft ihr euch durch das Geld Sicherheit, Fülle, Glück, Freiheit oder Abenteuer? Grundsätzlich gibt es eine natürliche Werteordnung von niedrigschwingenden Dingen zu hochschwingenden. Alles, was hochschwingt, hat einen natürlichen Wert, wohingegen etwas, das niedrig schwingt, darum kämpfen muss, seinen Eigenwert beizubehalten. Jeder, der seinen Wert erkennt, braucht diesen nicht darzustellen und bei jedem, der seinen Wert selbstdarstellerisch anpreist, kannst du davon ausgehen, dass ein Mangel an innerem Wertigkeitsgefühl vorliegt. Minderwertigkeitsgefühle zu haben ist in der heutigen Zeit eher die Regel, anstatt die Ausnahme und dies liegt maßgeblich daran, dass wir uns selbst an unnatürlichen Wertmaßstäben messen. Wer seine Zeit, seine Aufmerksamkeit oder gar sich selbst in Geld misst, muss früher oder später Minderwertigkeitsgefühle bekommen und meist beginnt der Abgleich mit künstlichen Werten bereits an dem Punkt, an dem man seinen inneren, natürlichen Wert nicht mehr wahrnehmen kann. Wer den Wert seiner selbst nicht mehr spürt, greift hilfesuchend nach äußeren Wertestrukturen und wer diese erst einmal ergriffen hat, der entfernt sich noch weiter von seinen inneren Werten.

Wer äußere, gesellschaftliche Wertestrukturen übernimmt und sich nach ihnen richtet, der verdreht die schöpferische Tatsache, dass sich der Wert der Dinge eigentlich über den inneren Wert bestimmt. Es ist natürlich, wenn jemand aus dem Inneren heraus einem äußeren Ding seinen Wert verleiht, unnatürlich ist es hingegen, wenn wir äußere Dinge, wie beispielsweise Geld herannehmen, um innere Werte nach ihnen auszurichten. Wer nach wahren Werten sucht, der wird sie in sich finden und erst dann im Außen erkennen, was wahrhaft wertvoll ist und was uns nur als wertvoll verkauft wird.

Wenn ihr prüfen wollt, ob etwas einen Wert besitzt, dann erinnert euch doch an diesen Spruch: „Alles, was mich nährt, hat für mich einen Wert" und bedenkt, dass es physische, geistige und auch seelische Nahrung gibt. Sucht die natürlichen Werte hinter den künstlichen und setzt die künstlichen Werte für die Mehrung von natürlichen ein. Es soll primär darum gehen, die Werte zu erfüllen, die sich hinter dem Geld für euch verbergen, auch wenn sich einige wahre Werte zu dieser Zeit auf diesem Planeten fast nur über künstliche Werte herstellen lassen.

Alle natürlichen Werte tragen sich aus dem Inneren heraus selbst und erschaffen Fülle und Wohlgefühl, wohingegen künstliche Werte immer den Beigeschmack von *nie genug* tragen, eben weil wir spüren, dass es sich um keine wahren Werte handelt. Niemand wird irgendwann genug künstliche Werte haben und sich von ihnen gänzlich erfüllt fühlen, aber ab einem gewissen Punkt kann es sein, dass der Absprung von künstlichen hin zu natürlichen Werten leichter fällt.

Es kommt immer wieder vor, dass sich Menschen, von Alter oder Krankheit gezeichnet, inneren Werten zuwenden und Geld oder äußere Güter großzügig verschenken.

Wer im ständigen Mangelbewusstsein lebt, der wird es sehr schwer haben, natürliche Werte zu finden. Wer hingegen mehr künstliche Werte hat als er braucht, der wird sich ganz automatisch wieder den natürlichen Werten zuwenden. Immer wenn ihr Geld einsetzt und der eigentliche Wert, wofür ihr dieses verwendet euch nicht bewusst ist, folgt das Geldmittel seiner destruktiven Programmierung.

Verfolgt die Quelle des Geldes energetisch bis zum Ursprung zurück und schaut direkt in das, in die Pyramide eingesperrte, allsehende Auge und beginnt von dort dem Geld eine neue Bestimmung zu geben. Geld in seiner energetischen Bestimmung umzuprogrammieren verlangt direkt in die Abgründe dieses Systems zu schauen. Doch wer den satanischen Kern dieses Systems erkennt, der kann die energetische Spur, die sich auf jedem Geldschein und jeder Münze befindet, auflösen. Geld wird nicht nur physisch, sondern auch magisch geprägt und erst wer die Wirkung dieser Prägung in der Schwingungssignatur klar wahrnehmen und auflösen kann, wird eine heilsame Beziehung zu Geld aufbauen können. Jeder verdient das, was er sich selbst zugesteht, verdient zu haben. Und wer das Gefühl hat, schuldig zu sein und nichts verdient zu haben, der wird auch nichts verdienen können. Wer in sich den Urschuldkonflikt gelöst hat, wird erkennen, dass letztlich jeder alles verdient hat und dass es in der Schöpfung nichts gibt, was dir nicht zusteht.

Als Mensch mit einem Schöpferbewusstsein gestehst du dir alles zu, und erlaubst dir Fülle und Überfluss auf allen Ebenen. Jeder Mensch hat es verdient, in Fülle zu leben, weil sie jedem Lebewesen zusteht. Gestehst du anderen nichts zu, gestehst du dir selbst nichts zu und nichts macht so arm wie Neid. Alle wahren Werte mehren sich, wenn du sie teilst und je mehr wahre Werte du verschenkst, desto mehr Energie und Aufmerksamkeit fließt zu dir zurück. Ist die Bewegung natürlicher Energie erst einmal ins Fließen gekommen und hat eine bestimmte Intensität angenommen, geht es nicht anders, als dass der Fluss der finanziellen Ströme dem Fluss der natürlichen Wertströme folgt.

Jeder, der seiner Herzensmission folgt, wird exzellent in dem, was er tut und jeder, der in dieser Welt exzellente Fähigkeiten besitzt, darf sich diese auch exzellent vergüten lassen. Erkenne deinen unendlichen inneren Wert an und akzeptiere das, was dir zusteht.

Zu glauben, nichts verdient zu haben, basiert immer darauf, dass du nicht erkennst, wer du in Wahrheit bist und was du damit an Wertigkeit in dir trägst. Wer seinen wahren Wert erkennt, kann mit künstlichen Werten spielerisch umgehen und erst der lockere, spielerische Umgang wird Überfluss in jedem nur vorstellbaren Wert herstellen. Verkaufe dich nicht unter deinem Wert und schau noch einmal ganz genau hin, was wahrhaft wertvoll und was eine vergängliche Illusion ist, die in unserer Welt nur den Anstrich von etwas Wertvollem erhalten hat. Das, was du über die Schwelle des Todes mitnehmen kannst, ist von großem Wert. Alles, was hingegen zurückbleiben muss, kann für dich letztendlich keinen wahren Wert erfüllen. Investiere in dich

selbst und in Erfahrungen und tausche deine künstlichen Werte wieder in natürliche ein und es wird sich für dich herausstellen, dass du einen guten Deal dabei gemacht hast.
Das Leben ist voller Überfluss und in der Schöpfung wurde alles so eingerichtet, dass jeder alles haben kann, der sich als Teil der Schöpfung begreift.
Geld, so verdreht seine Wertigkeit auch sein mag, ist ein Teil der Schöpfung und steht, solange wir noch einen Wert in ihm sehen, jedem in dem Maße zu, wie er glaubt, es zu brauchen.
Schon sehr bald werden wir eine große Umwertung aller Werte erfahren, bei der alle künstlichen Werte massiv entwertet werden und nur das, was wahrhaft zählt, zurückbleibt. Der Wegfall des künstlichen Wertesystems wird die wahren Qualitäten wieder klar zum Vorschein bringen. Und spätestens, wenn sich das künstliche Wertesystem selbst zerstört hat, muss auch der Letzte erkennen, worin der wahre Wert des Lebens besteht.

## Einblick in eine lichtkollektive Zukunft

Schauen wir uns die vergangene, bis in die Gegenwart reichende menschliche Entwicklungsrichtung an, so lässt sich aus dieser eine mögliche Zukunft ableiten. Potenziell gibt es viele Zukunftszenarien, manche mehr, manche weniger wahrscheinlich, bzw. es gibt viele parallellaufende Zeitlinien und wer im Einzelnen welche Zeitlinie erfährt, hängt maßgeblich von seiner persönlichen Entscheidung ab.
Kollektiv betrachtet wird sich mehr oder weniger stark eine Zeitlinie entfalten, die eine vergangene Polarisation wieder in Ausgleich bringt. Bis heute befindet sich die Menschheit im Würgegriff eines dunklen Kollektivs und die gesamte zivilisatorische wie technische Entwicklung, die der Mensch die letzten 30.000 Jahre erfahren durfte, war von diesem Kollektiv gelenkt und gesteuert. Ein Teil der Menschheit ist diesem Würgegriff zumindest geist-seelisch bereits entkommen, doch für den noch größten Teil kann es sein, dass sich dieser Griff vor dem endgültigen Loslassen noch einmal fester zusammenzieht. Das Wichtigste an den zukünftig bejubelten und gefeierten Befreiungselementen wird sein, auch diese genau zu prüfen, ob hintergründig nicht doch eine noch größere Kontrollausweitung damit einherkommt. Uns wird in Zukunft vieles angeboten und durch die dann bestehende Regierungsform bereitgestellt werden, was äußerlich große Befreiung verspricht, doch eigentlich nicht dem natürlichen, menschlichen Entwicklungsweg entspricht.

Die Rede ist von der Zeitlinie, auf der das Dunkelkollektivsystem nahtlos in ein Lichtsystem umgewandelt wird, das hintergründig die gleiche Agenda der Verkollektivierung und Gleichschaltung des Menschen innehat. In einem Lichtkollektivsystem gibt es keine Kriege, keine Unruhen und kaum Streit oder unangenehme Emotionen wie Wut, Trauer, Hass, etc. Äußerlich könnte man meinen, die Menschen würden ein gutes Leben führen, weil es flächendeckenden Wohlstand, flächendeckendes Grundeinkommen und eine Gleichverteilung aller natürlichen Ressourcen gibt. Auch wird verstärkt eine kulturelle und schöngeistige Entwicklung gefördert, die durch Hochtechnologie in virtuellen Räumen ausgelebt wird. Glück und Frieden und ein durch und durch harmonisches Miteinander wird zur einzigen Realität werden und wenn doch einmal negative Empfindungen aufkommen, werden sie sofort vom System registriert und über eine "Glückspille" wieder korrigiert. Das, was heutzutage negative Empfindungen und Gefühle jeglicher Art sind, wird dann das sein, was wir heute als Krankheit bezeichnen und es wird ein sofortiger Therapiezwang eingeleitet, um die gesellschaftliche Ordnung zu wahren. Es wird eine gut detaillierte Geschichtsschreibung geben, die alle Gräueltaten der heutigen Zeit bildlich und hautnah dokumentiert, um einen triftigen Grund für die Kollektivmaßnahmen und den Zwang zum Glücklichsein vorzuweisen. Die Vergangenheit, das heutige Jetzt, wird weitaus grässlicher dargestellt, als es wahrhaft ist und alle Schriftstücke, die noch von einer anderen Historie berichten, werden systematisch vernichtet.
Aufgrund von für uns noch in der Zukunft liegenden

Ereignissen, werden dann alle technischen Datenträger sowieso unbrauchbar sein. In einer gewissen Weise gleicht das herrschende System dann einem globalen Super-Sozialismus, der schnell, hart und effektiv alle systemkritischen Stimmen auszuschalten weiß. Nicht etwa mit Mord, so wie heute, sondern mit psychoaktiver Benebelung einer Glückspille, nach der man allem Dargebotenen nur noch mit Ja und Amen begegnen kann.
Exekutiv wird es eine Art Glückspolizei geben, die die engmaschig geschnürte Gesellschaftsordnung aufrechterhält. Es wird wie in einem goldenen Käfig sein und schon heute wird ein bestimmter Typus von vor allem spirituell interessierten Menschen für ein lichtkollektives System angeworben, da in ihm vermehrt die Hinwendung zu einem geistig-spirituellen Leben versprochen wird.
Es wird eine Zentralreligion geben, die mit direkt sichtbaren und auch physisch beweisbaren Mitteln arbeitet und jeder wird nachsehen können, wieviel Anbetungs- und Verehrungsenergie er an einem Tag bereits geleistet hat und eine global angelegte Religionskultur wird darum herum florieren. Der Mensch wird in Kontakt zu höheren Dimensionen stehen. Allerdings werden all diese Kontakte systematisch in höhere Lichtkollektivebenen abgeleitet, sodass die höheren Ebenen sich direkt als Schöpfer dieser lichtkollektiven Gesellschaftsform offenbaren.
Wer heute visionär von riesigen goldenen Städten spricht, die in Zukunft die Erde besiedeln werden, der sieht die Zeitlinie des Lichtkollektivs ein, denn eine na-

türliche Entwicklung des Menschen wäre eine, wo dieser wieder gänzlich im Einklang mit der Natur lebt. Nicht der Mensch, sondern nur ein verkollektivierendes und in die Abhängigkeit führendes System braucht Städte überhaupt. Der Mensch hingegen entwickelt sich am besten in einer 80 bis 100 Menschen fassenden Gemeinde, in der jeder Einzelne viel natürlichen und individuellen Gestaltungsspielraum besitzt. Dies ist etwa vergleichbar mit der über Jahrtausende hinweg auf diesem Planeten stattgefundenen Stammeskultur. Einige wesentlich höher entwickelte Spezies leben äußerlich sehr einfach und ohne viel technischen oder auch spirituellen Schnickschnack. Wenn wir diese besuchen würden, dann würden wir allein von dem, wie sie äußerlich leben, glauben, sie seien im Vergleich zur uns unterentwickelt. Beispielsweise sind ihre Häuser rein aus Naturmaterialien gefertigt, wie wir sie noch vor 200 Jahren bei uns hatten. Es gibt sicherlich andere Spezies, die dafür angelegt sind, einen reinen, lichtkollektiven Entwicklungsweg einzuschlagen, weil dies ihre natürliche Lebensweise abbildet, aber der menschliche, irdische Entwicklungsweg ist ein anderer, auch wenn uns dieses System gegebenenfalls übergestülpt wird. Der Mensch ist ein geistig intuitives Individualwesen, wobei die Strippenzieher des aktuellen Systems einen intellektuell- und technischkollektiven Wesenstyp verkörpern.

Es kann gut sein, dass der Übergang in ein lichtkollektives System durch ein religiöses Großereignis eingeleitet wird, das jedem Menschen wieder Glauben und Hoffnung in dunkelster Stunde schenken soll, wobei sich dann das, was dort erscheint, perfide und hinterlistig auf den Thron der Welt setzt. Gerade viele, die heute einen ausgeprägten Religionsglauben oder eine Faszination für das sogenannte Übernatürliche besitzen, werden dann in blinder Euphorie dieser Inszenierung auf den Leim gehen.

Bevor aber diese Inszenierung stattfinden wird, soll die Menschheit noch weiter in der dunkel-kollektiven Polarisierung durch Katastrophen, Tod und Terror destabilisiert werden, damit sie dann im lichtkollektiven System die Errettung und Erlösung sieht. In der Erlösertradition eines Sonnenkultes hat es bereits mehrmals auf diesem Planeten ein vergleichbares Szenario gegeben, wobei dies meist eher in eine Selbstzerstörung, als in ein lichtkollektives System mündete.

Um es noch einmal ganz klar auszudrücken: Es ist nicht so, dass die dunkle und dann die lichtkollektive Entwicklungsepoche das Böse und dann das Gute ist, wie es uns versucht wird zu verkaufen, sondern alleine schon die Gut-Böse-Polarisierung wird von ein und derselben Kraft angefacht und gespielt. Diejenigen, welche die Menschen unter Kontrolle halten, könnten das nicht indem sie sich nur der schwarzen Figuren auf dem menschlichen Schachbrett bedienen, sondern sie müssen im gleichen Maße auch die weißen Figuren infiltrieren und lenken können.

Für viele Gutmenschen, Ökoaktivisten, Weltverbesserer, Klimaschützer, Menschenrechtskämpfer usw. kann dies ein Schock sein, wenn sie herausfinden, dass alle großen Organisationsformen, die ja in der Exekutive durchaus auch etwas Gutes tun ebenfalls an der Spitze von denen gelenkt werden, die auf der anderen Seite dieses Szenario mitveranstalten. Große Hilfsorganisationen sacken Millionen für den Wiederaufbau ein, in dessen Zerstörung ihre Geschäftsführer direkt oder indirekt investieren. Der gleiche Zusammenhang kommt gerade bei einigen großen Kinderhilfsnetzwerken heraus, die von Pädophilen oder Menschenhändlern geleitet werden. Wie gesagt: Es wird immer mit den schwarzen und mit den weißen Figuren gespielt und wir starren nur wie hypnotisiert das gesamte Schachszenario an. Leider sind auch die New Age Bewegung und viele spirituelle oder esoterische Lehren, meist unbewusst, mit in dieses große Spiel integriert.

Heute werden vom System bereits sogenannte Verschwörungstheoretiker dabei unterstützt, die dunklen Machenschaften in Politik und Kirche zu verbreiten. Man könnte sagen, dies sei ein Bauernopfer eines der dunklen Spielfiguren, weil deren Zeit für das lichtkollektive System eh abgelaufen ist. Es werden satanische Gräueltaten von Politikern wie Klerikern aufgedeckt, um Schuldige für das alte System zu präsentieren und im gleichen Zug ein luziferisches, d. h. lichtkollektives System zu etablieren.

Kandidaten wie Hillary, Gates und Clinton werden als Spielfiguren so eingesetzt, dass sich der kollektive Hass auf sie entladen kann. Dies sorgt jedoch nicht etwa für eine Auflösung des Systems, sondern spielt genau diesem in die Karten.

Unsere jetzige Regierungsform, die katholische Kirche oder auch die superreichen Wirtschaftsbosse werden in der kommenden lichtkollektiven Zeit nicht mehr gebraucht, bzw. für die Rollen, die sie heute spielen ist schon morgen kein Platz mehr. Und deshalb wird jetzt

schon die Aufklärerseite hierüber informiert, um sie gegen diese Figuren aufzustacheln.
Die inszenierte Klimakatastrophe ging dem herrschenden System zu langsam voran und außerdem konnten andere große Systemzweige, wie die Medizin, an der sogenannten Klimakatastrophe nichts verdienen. Dann kam Corona und dies wird direkt oder indirekt in einen wirtschaftlichen Kollaps führen, der ein großer Schritt in Richtung globalgesteuertes Digitalgeld und Quantenfinanzsystem ist. Hierdurch wird Wohlstand und Reichtum für alle versprochen, und wenn dann dabei alle begeistert mitmachen ist wieder ein großer Schritt in Richtung des Lichtkollektiven getan. Eine lichtkollektive Gesellschaft ist nichts Schlechtes und es wird uns dann dort bei weitem besser gehen als mit dem heutigen Kapital- und Konkurrenzsystem, aber die hintergründig damit eingefädelte Kontrollmaschinerie wird sich nur noch enger, gerade um unsere geistige Freiheit, schnüren.
Der Mensch in gelebter, heiliger Individualität ist Schöpfer und erkennt in sich und allen seinen Mitmenschen das Göttliche wieder. Er braucht keinen Vermittler zwischen sich und Gott. Er lebt autark und eigenständig und fühlt sich dennoch mit allem verbunden. Er erkennt sich und weiß, was seinem Lebensweg entspricht und spricht ein klares Nein gegenüber allem aus, was ihn von seinem Weg ab und auf Irrwege leiten möchte.
Die Erde pflegt den Lebensgrundsatz, aus der Vielfalt das Wachstumspotenzial zu entfalten und eine Verkollektivierung würde lediglich zum Stillstand führen. Je-

der hat natürlich die freie Wahl, den irdisch-menschlichen oder letztlich den außerirdisch geführten Entwicklungsweg des selbstüberhöhten Lichtes zu gehen. Letzterer ist auch immer ein Weg in die Hochtechnologie und die Digitalisierung der menschlichen Biologie. Der Geist wird dann digitalisiert und erreicht damit eine Form der Unsterblichkeit und kann beliebig in verschiedenen Körperformen bzw. Speichermedien ab- und downloadbar gemacht werden. Der irdische Weg hingegen wäre für uns der vedische Weg, indem wir unsere geistseelischen und intuitiven Fähigkeiten weiterentwickeln und über den wir letztlich in eine andere Form der kristallinen DNA überwechseln, wobei uns alle Reinkarnationszyklen offenbar sind, was im Entfernten dem ewigen Leben gleicht. Der vedische Weg passt sich den natürlichen Rhythmen des Lebens auf der Erde immer mehr an und synchronisiert sich mit ihnen, wohingegen sich der lichtkollektive Weg davon immer mehr abkoppelt. Gehen wir den lichtkollektiven Weg, dann werden wir als Spezies in die elitär gehaltene Gemeinschaft anderer lichtkollektiver Verbände aufgenommen. Gehen wir den vedischen Weg, dann steht uns eine breite Vielfalt an Speziesgemeinschaften und Verbindungen offen, wobei wir uns dann vorerst um irdische Belange kümmern.

Noch stehen uns beide Entwicklungsrichtungen offen und jeder kann individuell entscheiden, wobei der jetzt schon bestehende kollektive Druck nicht zu unterschätzen ist.

Ich hoffe, mit diesem Text ein etwaiges Gefühl für mögliche Entwicklungsrichtungen vermittelt zu haben. Und vergesst nicht: Jeder ist letztlich Schöpfer seiner

eigenen Realität und wenn ein Teil der Menschheit den einen Weg geht, dann wird sich für ihn die Welt so entwickeln, wie er es entschieden hat. Und wenn ein anderer Teil einen anderen Weg geht, dann gilt dies für ihn genauso.
Es gibt nicht diese eine Welt, sondern es gibt viele Welten auf dieser Erde und so wie es aussieht wird die Kluft zwischen den Welten immer größer, bis ein Teil der Menschheit sich plötzlich auf einem anderen Planeten wiederfindet, der ihrer eigenen Entwicklungsrichtung entspricht.

# Lichtkollektive Einflüsse

Oder wie außerirdische Systeme das irdische Planfeld durcheinanderbringen.
Die Erde pflegt seit jeher eine eigene naturverbundene Spiritualität. Jedoch ist die Erde als Kreuzfeldplanet auch offen für Spiritualitätsansätze, die nicht auf ihr herangewachsen sind, sondern von außerhalb kommen und gezielt auf der Erde installiert wurden. Grundsätzlich ist es im Rahmen der kosmischen Entwicklung üblich, dass höherentwickelte Spezies Entwicklungshelfer, sogenannte „Starseeds“ zu den jüngeren Zivilisationen schicken. Sehr hochentwickelte Spezies aber haben gelernt, dass die Entwicklung von innenheraus kommen muss und sich am nachhaltigsten über das hohe Prinzip der Nichteinmischung leiten lässt. Die höherschwingenden Spezies ergreifen Partei und beziehen Stellung, wobei die noch höheren eine energetische Neutralität einnehmen.
Zwischen den etwas weniger hochentwickelten Spezies herrscht immer noch eine Form der Konkurrenz, heranwachsende Spezies wie wir Menschen für ihr System zu gewinnen. Auf Kreuzfeldplaneten wie unserem, d. h. auf Planeten, auf denen viele verschiedene Spezies Inkarnationserlaubnis haben, herrscht nach wie vor eine Art Ringen um Seelen, um diese für das jeweilige außerirdische System zu gewinnen.
Die Spiritualität, die sich natürlicherweise auf der Erde entwickelt hat, steht im starken Kontrast zu den lichtkollektiven Religionssystemen, ja alle großen Religio-

nen und alle großen New Age Bewegungen wurden gezielt von außerhalb der Erde her installiert und sorgen dafür, dass die manifestationsstärksten Seelen sich vom Erdplanfeld abwenden. Grundsätzlich war die Intention, dem Menschen eine höhere Form der Spiritualität beizubringen, eine gute, allerdings verbirgt sich dahinter eine ungesunde Portion Überheblichkeit und Arroganz.
Um etwas konkreter zu werden, handelt es sich beispielsweise bei Teilen des Buddhismus, insbesondere des Lamaismus, in Teilen des Hinduismus und in der Hare Krishna Bewegung um außerirdische Installationen, die die Menschen mit einer Spiritualität eines anderen Existenzbereiches bzw. eines anderen Planeten verbindet.
Über das Praktizieren dieser Spiritualitätsansätze ist es leicht, sich in eine viel angenehmere und lichtvollere Ebene zu beamen. Allerdings darf man sich dann nicht wundern, wenn man sich auf diesem Planeten fremd vorkommt und man in der Materie nichts mehr umzusetzen vermag. Um es sehr vereinfacht, schematisch darzustellen und bei den drei Beispielen zu bleiben, gibt es einen Lamaismus, einen Hinduismus und einen Hare Krishna Existenzbereich und je nachdem wie stark die energetische Bindung ist, wird in diesem Bereich die seelische Entwicklung fortgesetzt, wobei nach dem Exkarnieren die nächste Inkarnation auf dieser Ebene geschieht. Die drei Hauptreligionen sind zwar auf der Erde entstanden, gehen aber auch auf außerirdische Einflüsse zurück. Sie sind aufeinander abgestimmte Kontrollmechanismen, die zur Entmachtung und Kleinhaltung der Menschheit beitragen. Sie sind

sozusagen gezielt am irdischen Planfeld orientiert angebaut, wobei viele der ursprünglichen Erdspiritualitätselemente kopiert wurden, um energetische Duplikate anzufertigen. Die Hauptreligionen arbeiten mit energetischen Doppelgängern, die über die ursprüngliche Befreiungsqualität einer Energie gelegt wurden, um die Energie der Suchenden aufzufangen und umzuleiten. Die vielen außerirdischen Einflüsse haben das irdische Planfeld enorm durcheinandergebracht, gerade weil die wenigsten mitbekommen, dass es sich hierbei um außerirdische Einflüsse handelt. Natürlich ist nichts falsch daran, wenn man sich über Mantren oder Riten energetisch mit einem anderen Planfeld, einer anderen Ebene, verbindet. Dies wurde seit jeher auf diesem Planeten so gemacht. Allerdings sollte man sich darüber bewusst sein, wem oder was man darüber Energie gibt. Die meisten, zum Teil schon seit tausenden von Jahren etablierten Glaubenssysteme wurden der irdischen Spiritualität übergestülpt, wodurch der ursprünglich menschliche Schöpfungsausdruck überdeckt wurde. Es ist kein Wunder, wenn ein Wahrheitssuchender aufgrund der Vielzahl unterschiedlicher Systeme in die Verwirrung und Zerstreuung geführt wird, da sich bereits viele dieser Ansätze miteinander vermischt haben. Es ist nicht anders zu beschreiben, als dass auf der Erde ein völliges Schwingungschaos unterschiedlicher Energien herrscht, doch letztlich tragen alle wahren Menschen die irdische Spiritualität noch immer in ihren Genen und in ihrem Geistfeld. Allerdings tritt diese nur dann wieder zum Vorschein, wenn man die Suche von außen nach innen verlagert. Es stimmt, dass sich 80, oder sogar 90 % aller Inhalte der Glaubenssysteme

überschneiden, doch die 10 % Abweichung reichen schon aus, um dich mit einem außerirdischen Planfeld zu verbinden.
Das Konzept der Erleuchtung, das in vielen Systemen propagiert wird, ist meist dann erreicht, wenn ein Mensch das irdische Planfeld verlässt und geistig in einer lichtkollektiven Ebene lebt, obwohl sein Körper nach wie vor hier ist. Eine Geist-Körper-Seele-Einheit könnte nicht zerrissener sein, als in diesem Zustand. Für die Umsetzungskraft und die Meisterung der Materie ist es essenziell, dass sich alles auf das irdische Planfeld ausrichtet und sich im Körper fokussiert, auch wenn dies die Konfrontation mit schweren Themen bedeutet.
Natürlich ist es leichter, das irdische Planfeld durch spirituelles Bypassing zu umgehen, allerdings bleiben dann die Entwicklung und die Aufgaben, für die man sich hier entschieden hat, links liegen.
Es ist Teil eines nicht förderlichen Planes, dass das natürliche, spirituelle Grundbedürfnis in Bahnen gelenkt wird, durch welche die Menschen die Materie verachten und meinen, hier nichts mehr bewirken zu müssen, da eh alles Illusionen sind. Letztlich ist Materie nicht weniger göttlich als das Schwingungsfeld anderer Ebenen und wer immer noch meint, dass es irgendwo in der Ferne, möglichst weit weg göttlicher oder besser ist als hier, der darf gerne noch einmal sein eigenes Gottesbild überprüfen. Es ist wirklich wichtig, dass wir unsere Energien bei uns lassen und sie nicht über Glaubenssysteme abgeben, wobei das auch heißt, in die volle Verantwortung zu treten und dies ist meist ein Schritt, der bei vielen Menschen Unbehagen erzeugt.

Ich möchte an dieser Stelle der natürlichen Erdenspiritualität keinen Namen geben, aber achtet doch das nächste Mal genau darauf, ob ihr in eurer spirituellen Praktik nach wie vor mit euren Wurzeln auf der Erde seid. Stell dir die Entwurzelung vor, wenn ein 13-jähriger afrikanischer Junge, der sein Leben lang in einer Wellblechhütte gelebt hat, plötzlich in eine Einraumwohnung nach New York City gebracht wird. Eine gewisse Parallele findet bei sehr vielen Menschen statt, die sich einem planetenfremden Glaubenssystem verschrieben haben. Die Lichtkräfte argumentieren dann, dass der Junge jetzt viel fortschrittlicher und moderner lebt, dennoch wird er es sehr schwer haben, sich durch die Entwurzelung in New York City irgendwie zurechtzufinden, geschweige denn ein eigenes Leben aufzubauen.
Viele lichtkollektive Systeme sind aber von sich und ihren Lebensansichten derart eingenommen, dass sie es für ihre kosmische Pflicht halten, andere Spezies ihre Art des Lebens beizubringen bzw. überzustülpen und gerade weil fast alle planetenfremde Installationen sich nicht als solche zu erkennen geben bzw. verdeckt versuchen, ihr Anrecht auf die Beeinflussung der menschlichen Entwicklungsrichtung geltend zu machen, ist die damit einschleichende Verleitung und Irreführung immens.
Viele kommen hierher, um zu helfen, aber wie bei einem unerfahrenen Therapeuten gerät der Helfende mit dem Geholfenen in eine Art Coabhängigkeitsdynamik. Dies hat zur Folge, dass viele New Age Bewegungen eigentlich zum Ziel haben, diesen Planeten schnellstmöglich wieder zu verlassen, obwohl das eigentliche

Ziel ihrer Erdenmission darin bestand, hier zu sein und Hilfe zu leisten. Wahre Hilfe ist immer Hilfe zur Selbsthilfe, auch in der Unterstützung unterschiedlicher Spezies untereinander. Hinzu kommt, dass viele Spezies die Erde und das kollektive Menschheitsfeld gar nicht fragen, ob ihre Unterstützung gewünscht ist, sondern sie aufgrund ihres Entwicklungsabgleiches per se davon ausgehen, dass ihre Einwirkung etwas für uns Positives beinhaltet, wobei sie mit ihren Installationen letztlich viele der hochschwingenden Menschen energetisch oder sogar körperlich mitnehmen und sie dadurch aus ihrem Seelenplan reißen. Jeder, der hier ist, hat in seinem Seelenplan eine an das Erdfeld gebundene Aufgabe, wobei auf dem Erdfeld durch die unterschiedlichsten Glaubenssysteme Wegbeamstationen zu anderen Planetenfeldern installiert wurden. Es ist etwa vergleichbar damit, dass man sich vor den Fernseher setzt, weil man zum Lernen eine Sendung über die Erde schauen mag, dann aber aufgrund der schmerzhaften Inhalte auf andere Kanäle umschaltet, obwohl die bevorstehende Examensprüfung nur durch die Inhalte der Erdensendung bestanden werden kann. Gerade die moderne Spiritualität bietet ein breites Repertoire an Ablenkungsprogrammen, die zwar vielleicht alle interessant sind, aber von dem Hier und Jetzt der akuten Erdensituation wegführen. Der Mensch an sich ist weder macht- noch hilflos, denn in ihm wohnt eine sehr eigene Form der individuellen Göttlichkeit, die für das Kollektivsystem in der Form nicht gesehen und beachtet werden kann. Doch durch Entfremdung, Entwurzelung und Verwirrung sind die meisten Menschen über-

all, nur nicht bei sich und dadurch emotional energetisch sehr schwankend. Natürlich ist es eine Möglichkeit, sich in ein Gleichgewicht zu bringen, indem man sich in eine energetische Blase eines höherschwingenden Systems kapselt und dennoch wird dadurch der wesentliche Schritt, nämlich in seine eigene Mitte zu kommen, übergangen.
Für diejenigen Menschen, die geistseelisch nicht von der Erde stammen, sondern von einem der lichtkollektiven Ebenen, kann das jeweilige Glaubenssystem eine unheimlich hilfreiche Installation sein. Es ist vergleichbar damit, dass jedes unserer Inkarnationsgefährte einen anderen Kraftstoff tanken muss. Wenn die vielen verschiedenen außerirdischen Glaubenssysteme auf dieser Ebene alle dazu da sein würden, um ihre eigenen, von ihrer Ebene inkarnierten Menschen aufzufangen und aufzuladen, dann wäre gegen die Etablierung dieser Systeme nichts zu sagen. Dadurch aber, dass kaum jemand seinen geistseelischen Ursprung derart bewusst hat, um sein eigenes Glaubenssystem oder seine Religion so zu sehen, bringen die Glaubenssysteme im Erdplanfeld viel in Ungleichgewicht. Fast allen Glaubenssystemen ist die Idee der Missionierung eigen, d. h., sie versuchen tendenziell alle Menschen, unabhängig ihrer geistseelischen Abstammung, für sich zu gewinnen. Wenn dann ein Mensch durch ein Glaubenssystem in eine energetische Verbindung, zum Beispiel durch eine Anbetung, rutscht und dieses System nicht exakt seiner geistseelischen Schwingungssignatur entspricht, führt es ihn über kurz oder lang in die Entfremdung. Viele der hochentwickelten Spezies haben auf anderen Planeten Missionarsaußenposten, in

welchen sie ihre Glaubenssysteme zu etablieren versuchen. Für die Menschen, die geistseelisch von dem Planeten stammen, von dem aus die Glaubenssysteme installiert und reguliert werden, sind diese Stationen tatsächlich lebensnotwendig. Aber für alle anderen ist es eine Ablenkung von dem eigenen Seelenweg. Ein Benzinmotor kommt auch nicht weit, wenn er Diesel tankt und so ähnlich müssen die energetischen Kraftstoffe, die durch die Glaubenssysteme in Umlauf gebracht werden, synchron zu unserer eigenen Schwingungssignatur sein.

Seitdem ich diese Zusammenhänge in aller Klarheit wahrnehme, sind fast alle spirituellen Traditionswege uninteressant für mich geworden, weil sich dadurch mein Weg klarer abzeichnet, obwohl ich früher durchaus in alle möglichen spirituellen Systeme hineingeschaut habe. Und die gleiche Klarheit wünsche ich jedem, der sich auf dem Weg der Selbsterkenntnis bewegt.

## Seelenaufspaltung

*Zur Züchtung von Kollektivsystemen.*

Disclaimer: Folgender Text enthält ein paar ethisch fragwürdige Informationen, die auf einer Ebene der Realität ihre Richtigkeit und Wichtigkeit besitzen jedoch auf der All-Eins-Ebene keine Rolle mehr spielen. Folgende Informationen sollten nicht dafür verwendet werden, eine hierarchische Spaltung zwischen den Menschen herbeizuführen, sondern sie dienen letztlich dazu, das Wesen dieser Realität noch tiefgreifender zu verstehen, um das eigene Schöpfertum noch klarer ausleben zu können.

Habt ihr euch schon einmal gefragt, wie der Mainstream, der Hauptgesellschaftsstrom überhaupt zustande kommt und wodurch er gebildet wird? Natürlich spielen Massenmedien dort eine große Rolle, aber der Grund, dass Suggestionen aus virtuellen Realitäten überhaupt funktionieren, liegt eine Ebene tiefer, in der Art der seelischen Beschaffenheit eines inkarnierten Wesens.

Ein vollwertiger Mensch, d. h. ein Mensch mit einem vollwertigen Seelenzugang ist seinem Wesen nach nur schwer durch äußere Suggestion oder Manipulation aus seiner Mitte zu bringen. Menschsein ist ein ehrenwerter Titel, den nicht nur die irdische Spezies trägt. Allerdings tragen nach einem gewissen Verständnis nicht alle inkarnierten Wesen, die äußerlich menschlich aussehen, diesen Titel.

Ein Teil der Menschheit, und ich spreche hier von bis zu 40 %, besitzen per se nur einen zehntausendstel

Bruchteil an innerem Seelenzugang, im Vergleich zur Seelenverbindung eines ursprünglichen Menschen. In den Thalus von Athos Büchern wird in diesem Zusammenhang von Biorobotern gesprochen, andere Autoren nennen sie Bioportale, Halbmenschen, Klone oder Matrixagenten. Diese Begrifflichkeiten sind Versuche, einen bestimmten, bereits in seinem Seelenzugang beschnittenen Typus Mensch zu charakterisieren. Im Folgenden werde ich den Begriff Bioportal verwenden, da er am trefflichsten das Wesen dieses Menschentypus beschreibt. Es gibt folglich die Menschen, die einen vollwertigen Seelenzugang besitzen, der nur aufgrund des Mainstreams verschüttet worden ist und es gibt die Bioportal-Menschen, die ausschließlich für die Kollektivierung der Menschheit herangezüchtet wurden und die in dieser Inkarnation gar nicht das geistseelische Potenzial für ein individuelles Schöpfertum mitbringen. Wer von euch die Harry Potter Buchreihe kennt, der wird auch sicher über das tiefschwarzmagische Phänomen der Horkrux wissen. In dem Roman versucht der Hauptbösewicht, durch die Aufspaltung seiner Seele in verschiedene Horkruxe, Unsterblichkeit zu erlangen. Es wird nur angedeutet, durch welche dunklen Rituale diese Seelenaufspaltung zustande kommt und wie es sich auf den innerpsychischen Zustand letztlich auswirkt. Dennoch beschreibt der Roman einen sehr wichtigen Schlüssel für die tiefere Erkenntnis der Mainstream-Muggel-Welt.

Alle Bioportal Menschen leben nicht im Lichte ihres eigenen Seelenzugangs, sondern durch die Energie eines Horkruxes, in einer bereits aufgespaltenen Seele.

Es ist eine der tiefsten Vergewaltigungen, einen Seelenstrom in 1000 Horkruxe zu binden und dann, die zur Kollektivierung neigenden Horkruxe, als menschliche Bioportale inkarnieren zu lassen. Auf etwa 1000 Bioportal Menschen wird dann die Seelenenergie eines vollwertig menschlichen Seelenzugangs verteilt. Sowohl die Licht- als auch die Dunkelkollektivsysteme gehen auf seelischer Ebene so vor, d. h. um unsere individuell schöpferische Menschheitsspezies zu unterwandern und zu übernehmen, müssen mindestens die Hälfte Bioportal Menschen sein, um einen Mainstream hin zur neuen Weltordnung des globalen Kollektivismus zu installieren.
Einige Autoren sprechen davon, dass es bereits jetzt schon über die Hälfte Bioportal Inkarnationen auf dieser Erde gibt, was dennoch keine Verunsicherung auslösen muss wenn wir bedenken, dass in nur einem Menschen die gleiche geistseelische Schöpferkraft wohnt, wie in 1000 Bioportalen. Natürlich ist es in dem Entwicklungsweg für Bioportal Menschen auch möglich, ihren Weg zurück ins einheitliche Gottesbewusstsein zu finden. Allerdings ist dieser Wunsch in einem solchen System nahezu überhaupt nicht präsent. Möglicherweise ist das Leben in einem Kollektivsystem für alle Bioportal Menschen genau das Richtige, da sich dann alle aufgeteilten Seelenanteile als geschlossenes Kollektivsystem auf einer Ebene inkarnieren können. In gewisser Weise ahmen hohe luziferische Geistwesen das schöpferische Geschehen nach, wenn sie eine vollwertige Seele herannehmen, sie in tausend Horkruxe spalten und dann einen künstlichen Erfahrungsraum

schaffen, in dem die Horkruxe inkarnieren können. Neben der unheimlichen Perversität dieses Unterfangens ist diese Vorgehensweise eine der perfidesten Methoden, um individuell schöpferische Existenzräume wie die Erde, zu unterwandern und zu assimilieren.
Mit anderen Worten ausgedrückt könnten wir sagen, dass es eine Primärschöpfung Gottes gibt, die dann viele Nachahmer fand, die versuchten, innerhalb, aber abgetrennt von der Primärschöpfung, über die Methode der Seelenaufspaltung eigene Wesen heranzuzüchten. Alle Bioportal Menschen entstammen nicht der Primärschöpfung, sondern wurden im Nachhinein von einer Wesenheit aus dem Hause Luzifers erschaffen und für ihre Inkarnation vorbereitet.
Entsprechend sind die Bioportale so programmiert, ihren Erschaffer für den einzig wahren Gott zu halten, was ja in gewisser Weise für ihren geistseelischen Horkrux als Lebensgrundlage auch stimmt. Die geistseelische Ausrichtung von Bioportal Menschen sieht es gar nicht vor, dass sie über die Wesenheit, die sie erschaffen hat, hinausgehen und sich der großen Primärschöpfung von allem, was ist, wieder anschließen.
Aber wie gesagt, alles ist möglich, denn auch wenn uns der Großteil der Bioportale geschickt wurde, um den Menschen und vor allem die menschliche Seele für ein Kollektivsystem zu gewinnen, kann es andersherum auch so sein, das einzelne Bioportale ihren begrenzten Schöpfer hinterfragen, sich aus dem Kollektiv ausklinken und direkt aus dem göttlichen Feld einen vollwertigen, eigenständigen Seelenzugang erbitten.
Wir können also das Blatt so wenden, dass alle Wesen, die sich bewusst oder unbewusst als ein Kind Luzifers

betrachten, wieder zurück in die Primärschöpfung Gottes finden. In der Seelenaufspaltung werden digitale Kopien der Seelensignatur erstellt, weshalb es nicht fernliegt, von künstlichen Klonseelen zu sprechen. Die digitalen Klonseelen werden dann zur Inkarnation vorbereitet, um einen Mainstream auf einem zu übernehmenden Planeten zu etablieren. Letztlich ist das Ziel dessen eine völlig unabhängige, abgetrennte, aber in sich funktionierende Lebensmatrix zu erschaffen. Doch je näher die Wesen ihrem Ziel kommen, desto mehr lösen sich diese Lebenssysteme wieder in das göttliche Geistfeld auf, da kein geschlossenes System auf ewig halten kann.
Ein weiteres Ziel der Seelenaufspaltung ist das ewige Leben, da die digitale Kopie des geistseelischen Blueprints immer wieder erneuert werden kann. Dass man über die Horkruxbildung ewiges Leben im Fleische erzwingen kann, ist folglich gar nicht so weit hergeholt. Allerdings stellt sich die Frage, weshalb man unbedingt eine Lebensweise führen möchte, die entgegen aller natürlichen Zyklen und Rhythmen geht. Der Rhythmus von Leben und Tod, den die Digitalen zu umgehen versuchen ist ein völlig natürlicher Prozess, auch wenn die menschliche Lebenszeitspanne momentan noch künstlich reduziert ist. Jedes entstandene System muss sich irgendwann wieder auflösen und gleichzeitig ist das, was wir wahrhaft sind, ewig.
Dieses Ewige künstlich in einer Sekundärschöpfung herzustellen, sorgt über die Zeit hinweg für massive Eindämmung des geistseelischen Potenzials. Es kann immer wieder sein, dass dir zur Ablenkung auf deinem Weg Bioportale geschickt werden, wenn du in deinem

Resonanzfeld entsprechend offen dafür bist und es kann auch durchaus sein, dass du Bioportale in ihrem Leben unterstützen kannst, jedoch kann die Unterstützung auf psychologischer, oder auf Persönlichkeitsebene keine Früchte tragen, da sie letztlich immer noch an ihren Horkrux künstlich angebunden sind und dieser ihnen den Rahmen des Erfahrbaren vorgibt.
In der Matrix Trilogie gibt es die natürlich geborenen Menschen und die Menschen, die in ihrem Nacken einen Montagepunkt haben, da sie letztlich über einen Avatar in der Matrix leben, ihr wahrer Körper aber in einer klebrigen Absaugkapsel liegt. In einer gewissen Weise ist der Horkrux diese Absaugstation, in welche r der größte Teil des geistseelischen Potenzials liegt. Die einzige Möglichkeit, einem Bioportal Menschen wirklich zu helfen, ist ihn von seiner energetischen Absaugstation zu entbinden und ihm gleichzeitig einen neuen, vollwertigen Seelenzugang zu legen. Allerdings ist dies ein sehr schwieriges Unterfangen, das nur in seltenen Fällen problemlos gelingt, weil es eine immense Bereitschaft für einen Lebenswandel verlangt, die bei einem Bioportal Menschen kaum gegeben ist.
Es ist nicht ratsam, nach diesem Text in seinem Umfeld akribisch danach zu suchen, wer unter die Kategorie Bioportal fallen könnte. Allerdings kann die Information dafür verwendet werden, sich klarer vom Menschen im Mainstream abzugrenzen und verständnisvoll auf sie zu reagieren, da man weiß, dass sie selbst seelisch nur auf die Inhalte des kollektiven Mainstreams getrimmt wurden.
Ich für meinen Teil werde mich darauf konzentrieren, besonders die Menschen wieder mit ihrem seelischen

Potenzial zu verbinden, die in dieser Inkarnation auch das volle Potenzial dazu mitbringen, denn tatsächlich sind die Grenzen der Einsichtsfähigkeit von dem, was auf diesem Planeten passiert, auf seelischer Ebene bereits verankert.
Doch ganz gleich, ob Mensch oder menschliches Bioportal, früher oder später werden wir alle heimkehren in das göttliche Geistfeld der Primärschöpfung und da Zeit auf einer höheren Ebene keine Rolle spielt, können wir getrost unseren Weg gehen und freigiebig allen Wesen die Entscheidungen zugestehen, die ihrer Seelenebene gemäß sind.

# Der Umgang mit der geistigen Welt

Die Impulse aus der euch gutgesonnenen geistigen Welt kommen nicht als Handlungsanweisungen daher und geben euch nicht vor, was ihr zu tun oder zu lassen habt und häufig, wenn ihr aus der geistigen Welt derlei Handlungsvorgaben bekommt, könnt ihr euch sicher sein, dass sie nicht von Wesenheiten kommen, die eure Befreiung im Sinn haben. Die Unterstützung der geistigen Welt findet in den allermeisten Fällen auf der Seins- und nicht auf der Handlungsebene statt, was bedeutet, dass sie dir den Seinszustand schenken, von dem aus du selbst deine eigenen Handlungsentscheidungen treffen kannst. Der freie Wille ist unantastbar und es obliegt euch, aus dem gegenwärtigen Bewusstseinszustand die Entscheidung für eure Handlungen zu treffen, gerade weil in ihnen der Wert eurer Entwicklungserfahrung liegt. Weil ihr es bereits so gewohnt seid, mit all euren Impulsen nach außen zu gehen, übertragt ihr diese innere Bewegung auch auf die Art, wie ihr mit der geistigen Welt in Kontakt tretet und zieht euch dadurch andere energetische Wesen mit in euer Feld. Sehr häufig kommt es vor, dass ihr euch bei der Hinwendung an das Göttliche oder an seine hohen Schöpferwesen immer noch nach außen richtet, obwohl ihr Gott und die Stimme für Gott eigentlich in euch tragt und sie erst dann auch im Außen richtig wahrnehmen könnt, wenn ihr sie im Inneren gefunden habt. Viele Menschen, die sich bei euch auf den sogenannten spirituellen Pfad begeben, glauben, die Stimme für Gott, den Heiligen Geist als eine Stimme in ihrem Kopf zu hören, doch in den allermeisten Fällen hat sich dort einfach eine astrale Wesenheit in die intimen Räume eurer geistigen Kommunikation eingeklinkt und erfreut sich an der Energie eurer Anhimmelung. Gott ist einzig und allein im tiefsten Punkt eures Seeleninnersten zu finden und begebt ihr euch dorthin, dann findet ihr ihn in allem wieder. Jede Vorstellung, die ihr euch vom Göttlichen macht, veräußerlicht diese, weshalb ihr immer wieder den Hinweis bekommen habt, dass ihr euch kein Bildnis machen sollt, weil jedes Bild ein inneres Objekt darstellt, was sich euch gegenüberstellt und es somit anders sein muss als *ihr*. Die hohen, im göttlichen Geistfeld wirkenden Schöpferwesen, wünschen sich nichts sehnlicher, als dass ihr euch selbst und sie in euch erkennt und deshalb treten sie euch nicht gegenüber, weil ihr sie sonst sofort als außerhalb von euch glaubt und ihr dadurch ihre wahre Wirkungsweise verkennt. Eure Wahrnehmung ist darauf programmiert, alles zu objektivieren und so harmlos dieses Programm bei den physischen Dingen eurer Welt ist, so weitreichend sind seine Folgen, wenn ihr gleiches Schema auf die in euch liegende göttliche Geistwelt übertragt. Deshalb ist es für euren Bewusstseinszustand meist heilsamer, dass die geistige Welt sich euch nicht direkt offenbart, weil ihr sie innerlich verobjektivierend, von euch wegdrücken würdet, obwohl ihr eigentlich deren Nähe sucht. Wer die Bewusstseinsreife mit sich bringt, alles, was er erfährt, nicht mehr als Bild zu objektivieren und es nach außen zu projizieren, der ist auch bereit dazu, die Wirkweise Gottes in sich zu erfahren. In der Art wie euer Bewusstsein gegenwärtig noch konditioniert ist, seid ihr in einer tieferen Gottesanbindung, wenn Er euch nicht unmittelbar erscheint, da ihr euch in Seinem unmittelbaren Licht, aus dem Reflex des Selbstschutzes, in euch verschließen würdet. So paradox das auch erst einmal in euren Ohren klingen mag, aber gerade durch seine Abwesenheit in eurer Formenwelt ist Er euch näher gekommen, als euch gegenwärtig bewusst ist. Die Welt ist in Wahrheit nicht die Abwesenheit von Gott, sondern seine Entfaltung, bloß kann diese euch umarmende Entfaltung seines Wesens nur durch seine Abwesenheit als Form gänzlich erfahren werden. Heiligenbilder erfüllen erst dann eine heilsame Wirkung, wenn ihr euer Bewusstsein geschult habt, dass alles, was ihr wahrnehmt, nicht außerhalb, sondern innerhalb liegt, denn ansonsten würde dadurch noch mehr Trennung erzeugt werden. Wer von euch den Christus in sich erkennt, wenn er ein Christusbild sieht, der hat das Bildnis durchschaut und zu sich zurückgeholt, allerdings braucht derjenige, der den Christus in sich erfährt auch keine äußeren Bildnisse mehr. Natürlich kann ein Bild eine Erinnerung darstellen, aber in der inneren Vereinigung löst sich jedes Hilfsmittel der Erinnerung in eine gegenwärtige Präsenz auf. Letztlich ist alles, was ihr noch außerhalb von euch wahrnehmt, die Erinnerung Gleiches in euch zu finden. Die Welt zeigt euch das, was ihr in euch noch nicht seht und lasst ihr euch durch die Welt an euch erinnern, löst sie sich auf, weil sie ihre Spiegelungsfunktion erfüllt hat. Gleiches gilt für die geistigen Welten auch. Auch sie stehen nur für etwas, was es in euch wieder zu entdecken gilt und solange ihr euch nicht erinnern lasst, werden sie durch euer Bewusstsein aufrechterhalten. Es ist euer Bewusstsein, das die Welt, die ihr wahrnehmt, aufrechterhält. Würdet ihr euch an euch selbst erinnern, so würde sich im Lichte der Erinnerung eure Welt auflösen. Ihr glaubt, dass es Wesen gibt, die unabhängig von eurem Bewusstsein existieren, aber euer Bewusstsein erschafft sich in jedem Moment das, was für dieses Bewusstsein existiert. Eine hohe geistige Wesenheit aus der Erzengelebene, wie zum Beispiel Michael, existiert so lange für euer Bewusstsein, wie ihr euch noch nicht an die Energiequalität des Michaels in euch erinnert. Doch ab dem Moment, von dem an ihr innerlich mit dieser Qualität verschmilzt, löst sich Michael für euer Bewusstsein auf. Wenn euch folglich geistige Wesen begegnen, unabhängig davon, welche Farbschattierungen sie tragen, dann wollen sie euch daran erinnern, die Signatur ihrer Energie in euch zu integrieren. Es werden euch keine Wesen aus den dunkleren Schattierungen mehr begegnen, sobald ihr ihre Energie gänzlich in euch integriert habt und sie dadurch nicht mehr nach außen projiziert. Alles, was ihr integriert, löst sich in seiner Form und seiner besonderen Energiefarbschattierung auf und gliedert sich ein in das reine Weiß der stillen, göttlichen Präsenz. Das Leben sendet euch auf so vielfältige Weise die Erinnerung daran, was ihr aus dem Leben verbannt habt und was ihr nicht bereit wart, in euch zu integrieren. Wenn euch der Christus in Persona erscheint, dann ganz bestimmt nicht um sich zu zeigen, sondern um euch an euch selbst zu erinnern. Mit den meisten Erinnerungen, die euch das Leben zuspielt, geht ihr so um, dass ihr sie zwar fasziniert wahrnehmt und entweder Anziehung oder Ablehnung spürt, sie aber dennoch konsequent als etwas außerhalb von euch selbst verortet. Sowohl das, was euch anzieht, als auch das, was ihr als abstoßend erlebt, möchte in euch erkannt werden, wohingegen das, was bereits in euch erkannt wurde, keine großartigen inneren Bewegungen verursacht. Das, von dem ihr euch abstoßt, weil ihr es abstoßend findet, zieht euch gleichermaßen an, wie das, was ihr anziehend findet, weil es letztlich ein und dasselbe Muster ist, dessen ihr euch bedient, um durch die innere Bewegung Platz für die Erinnerung in euch zu schaffen. Habt ihr euch an euch erinnern lassen, dann seid ihr in der stillen Präsenz in euch angekommen, die nicht mehr mit den Mustern von Ablehnung oder Begierde auf die Formen dieser Welt reagiert. Wer das Eine begehrt, muss das Andere ablehnen, allerdings werdet ihr euch nie selbst begegnen können, wenn ihr noch etwas in euch ablehnt. Die Begierde nach dem Guten ist das gleiche wie die Ablehnung des Bösen und beides verstrickt euch innerhalb eures getrennten Bewusstseinszustandes. Es gibt vieles in eurer Welt aber auch in den geistigen Welten, das euch gute Gefühle verspricht und den schlechten Gefühlen oder den dunklen Wesen den Kampf ansagt. Beide Ausprägungsformen verlocken dazu, den Graben der Dualität noch tiefer auszuheben. Geistige Wesen, die bekunden, dass sie andere geistige Wesen bekämpfen, haben die allumfassende Erinnerungsfunktion des Dualitätsspiels noch nicht erfasst und dennoch fallt ihr sehr oft auf die sogenannten Lichtwesen im feinstofflichen Bereich herein, die sich für die Bekämpfung des Unlichts einsetzen. Lichtwesen, die Dunkelwesen bekämpfen, sind für euch genauso wenig dienlich, wie Dunkelwesen, die Lichtwesen bekämpfen, weil euch beide Seiten keinen

Ausgang aus dem getrennten Bewusstseinszustand aufzeigen. Keine Position, die ihr im Leben einnehmen könnt, wird euch offenbaren, dass ihr in Wahrheit das unbegrenzte Leben selbst seid und solange ihr noch in einer Position verankert seid, egal für wie gut ihr sie haltet, kann sich euer multidimensionales Wesen nicht offenbaren. Das, was ihr schlecht findet, ist meist eine kleinere Hürde in der Überwindung der Dualität als das, was ihr gut findet, weil in der Regel die Anhaftung an das sogenannte Gute, die Ablehnung des sogenannten Schlechten überwiegt. Was ist also, wenn ihr euch ein Bild des „Nur-Guten, des „Summum bonum" gemacht habt und ihr dieses Bild mit Gott verwechselt? Dann wird euer Bild von dem, das eigentlich alles in sich vereinigt, von euch für die Aufrechterhaltung von Trennung eingesetzt. Ja, ihr könnt aus einem getrennten Bewusstsein selbst die allverbindende Kraft zur Trennung einsetzen, weil alles in eurem Bewusstsein zu dem wird, was ihr daraus macht. Überprüft doch noch einmal, was ihr aus den Schöpferwesen unabhängig ihrer Farbschattierungen gemacht habt und überlegt euch, ob es nicht vielleicht dienlicher wäre, sich als ein Teil Gottes zu erfahren, anstatt Gott zu einem Teil seiner Welt zu machen. Weder ist das eine falsch noch das andere richtig, doch die eigene Selbstwahrnehmung wird sich je nach Anschauung massiv verändern. Die meisten von euch gehen mit den Wesen der geistigen Welt so um, dass sie sie zu einem Teil ihrer Welt werden lassen und ihnen damit die Kraft der Erinnerung d. h. des In-sich-selbst-findens rauben. Erst wenn ihr den Schöpferwesen mit eurem Bewusstsein bis in ihre Ebenen folgen könnt, begreift ihr sie gänzlich und erkennt sie im gleichen Moment in euch. Darüber, dass hohe Schöpferwesen für euch nicht in Erscheinung treten, stellen sie sicher, dass sie heimlich in innerer Vereinigung mit euch sind. Ihr würdet in der Regel euch selbst nur noch mehr verlassen, wenn sich eine elementare Bewusstseinskraft eures Inneren in einer äußeren Form manifestieren würde, und so blieben die geistigen Welten für die Augen des getrennten Bewusstseins verborgen.

Die Bewusstseinsqualitäten von beispielsweise Erzengel Michael wohnen in euch und wenn sich Michael jetzt in seiner vollen Erscheinung zeigen würde, würdet ihr sofort damit beginnen, die in euch schlummernde Energie nach außen zu projizieren, was einen enormen Verlust eurer Energie bedeuten würde, weil ihr sie nicht mehr dort wahrnehmt, wo sie eigentlich ist. Viele geistige Wesen machen sich dieses Phänomen zu Nutze, indem sie sich euch in einer vorgespielten Form zeigen, um die Energie abzufischen, die ihr dann in diese Form projiziert. Die euch gut gesonnenen Wesen hingegen bleiben tief mit euch verschmolzen und nutzen die Muster eurer Projektion nicht für sich aus, indem sie sich euch zeigen. Die meisten der geistigen Wesen, die auf eurer Ebene bekannt sind, sind kollektive Installationen, um die in euch liegenden Energien abzufischen, denn nur die wirklich großen Wesen wissen, wie sie in eurem getrennten Bewusstsein erscheinen können und wie nicht, um euch tiefer an euch selbst zu erinnern. Diese Wesen haben sich noch nie in den Bereich von Name und Form herabgelassen, sind aber zutiefst mit eurem Innersten verbunden.

Versteht ihr, dass es euch das Innerste herausreißen

würde, wenn sich Gott in eine Form eurer Welt gießen würde und ihr ihn in dieser Formgestalt wahrnehmen würdet? Je konsequenter ihr der Erinnerung in euch nachgeht, die äußere Dinge oder Situationen in euch anregen, desto mehr kann sich das Wesen eurer Welt offenbaren. Die geistigen Welten wollen sich euch so gerne wieder zeigen, doch sie können es erst dann tun, wenn ihr mit den Augen des Bewusstseins schaut, das mit allem verschmilzt, was es wahrnimmt. Ihr braucht die Unterstützung von außerhalb liegenden geistigen Wesen nicht und jeder ihrer Impulse kann nur dann seine heilsame Wirkung entfalten, wenn ihr sie auf etwas in euch lenkt. Euer Seeleninnerstes zu veräußerlichen und ihm dann den Namen "Gott" zu geben, ist wohl die größte Form der Trennung, die es geben kann und die Entfremdung, die dabei entsteht, hat unvorstellbare Auswirkungen. Die kirchlichen Institutionen haben euer Innerstes gestohlen und es Gott genannt und euch damit von euch selbst getrennt. Ihr seid das Göttliche, was ihr sucht und gegenwärtig seid ihr sowohl ihr selbst, als auch nur ein kleiner, begrenzter Teil davon. Die Vereinigung mit Gott ist die Vereinigung mit euch selbst, auch wenn Gott mehr ist, als ihr gegenwärtig glaubt zu sein. Euer Geist, mit dem ihr jeden einzelnen Gedanken denkt, ist derart schöpferisch, weil er ein Teil von Gottes Geist ist und so kann es sogar sein, dass ihr die Kraft aufbringt, euch von euch selbst zu trennen. Alles, was ihr erfahrt, in dieser oder einer anderen Welt, sorgt letztlich nur dafür, dass sich die Trennung zu euch selbst auflöst und seid ihr wieder vollständig eins in euch geworden, dann seid ihr eins mit allem, was ist.

## Befreie Gott von deinen Projektionen

Das von den Kirchen propagierte Gottesbild sorgt nicht etwa dafür, dass der Mensch das Göttliche in sich erkennt, sondern vielmehr dafür, dass unbewusste Projektionen aktiviert werden. Ein Mensch, der das Göttliche auf ein vorgefertigtes Bildnis projiziert, wird immer die Tendenz haben, auf die Erlösung im Außen zu warten, ohne sich selbst Kraft des eigenen göttlichen Kerns von innen heraus zu befreien. Die religiösen Prophezeiungen über einen Erlöser, der erst noch kommen wird oder der bereits für deine Sünden gestorben ist, sorgt gleichermaßen dafür, dass die universelle Kraft des allumfassenden Bewusstseins stagniert und nicht vollumfänglich im Hier und Jetzt für die Befreiung eingesetzt werden kann.
Die kirchlichen Institutionen aus dem Abendland haben ein Gottesbild etabliert, das Vaterprojektionen aktiviert und so sehen Millionen von gläubigen Anhängern nicht etwa das universelle Bewusstsein, das sie ununterbrochen umgibt, sondern ihre eigenen unbewussten Vaterprojektionen.
Alles das, was dein irdischer Vater nicht für dich tun oder sein kann, wird dann kompensatorisch dem himmlischen Vater zugesprochen und so wird das Göttliche zu einer Ersatzvaterfigur und hält die infantilen Tendenzen aufrecht.
Wir sind als Menschheit unter anderem deshalb noch nicht ganz erwachsen geworden, weil wir immer noch auf subtilen Ebenen die Verantwortlichkeit auf einen

himmlischen Vater projizieren, der dann “schon alles für uns richten wird“.
Ein verdrehtes Selbstbild wird häufig durch ein verdrehtes Gottesbild aufrechterhalten, wobei in umgekehrter Weise wahrhaftige Selbsterkenntnis auch Gotteserkenntnis bedeutet.
Wenn du alle Projektionen und Bildnisse vom allumfassenden Bewusstsein nimmst, dann wird es dich zunehmend stärker in seine universelle Kraft einbeziehen und du wirst erfahren, was es heißt, mit dem Höchsten zu verschmelzen.
Die in dir erkannte Größe richtet sich nach der Größe des Gottes, dem du dienst und je größer und allumfassender du die göttliche Kraft erkennst, desto mehr siehst du dich in deiner natürlichen Größe.
Diese Welt bietet eine breite Palette an kleinen Göttern, Götzen und falschen Propheten, die zum Teil deine innere Größe zwar aufbauen, aber ab einem gewissen Punkt auch wieder einschränken.
Deine höchsten Ideale, deine Wunschvorstellungen und Sehnsüchte sind alles deine kleinen Götter, die dich zwar ein Stück weit erheben können, dich aber an bestimmten Stellen stets begrenzen.
Wisse, dass das Göttliche immer größer ist als so, wie du aktuell in der Lage bist, es zu erkennen und wisse, dass all deine Projektionen, die du auf die irdische oder überirdische Welt hast, einen Schleier der Begrenzung auf das göttliche Bewusstsein legt.
Sind noch die leisesten Tendenzen in dir zu finden, deine inneren Vorstellungen, Meinungen, Standpunkte oder Urteile auf Menschen oder Dinge in deiner Welt

zu projizieren, verschleierst du in deiner Wahrnehmung damit die wahrhaftige Größe des allumfassenden Bewusstseins.
Wenn du projizierst, kannst du nicht sehen, was wahrhaftig da ist und der Hauptversammlungsort all deiner Projektionen findet sich in dir und deinem Gottesbild ein. Eine Leugnung des allumfassenden Bewusstseins führt meist dazu, dass man sich entsprechend andere kleine Götter an das Himmelszelt seiner Eigenwelt zimmert, die entsprechend andere Projektionen aktivieren. Das verzweifelte Festhalten an einem bestimmten Bild des Göttlichen, in das dann alle Hoffnung auf eine bessere Zukunft gelegt wird, gleicht einem sich gut anfühlenden Schleichweg aus der eigenen Selbstverantwortlichkeit heraus. Klammere dich nicht an eine Form Gottes und nimm die ungeheilte Vaterprojektion zu dir zurück und erkenne, dass jenseits deiner Vorstellungen das Göttliche in allen Formen gegenwärtig ist.
Es gab seit jeher Menschen, die als Werkzeug des Göttlichen gedient haben und denen die Gnade zuteil wurde, das Unmittelbare zu vermitteln. Doch in den meisten Fällen wurden diese empfangenen Lehren verfälscht und in eine moralische Doktrin verwandelt. Das Göttliche kann mit nichts in dieser Welt verglichen oder ausgedrückt werden, weil es die Quelle von allem ist, was ist. Alles, was entstanden ist, alles was geboren wurde ist nicht die höchste Ebene des allumfassenden Bewusstseins, sondern diese universelle Kraft ist das ewig Ungeborene, das was nicht ist, aber alles werden kann. Das Göttliche ist das, was vor dem Ursprung war und nach der großen Heimkehr von allem, was ist, ewiglich sein wird.

Vor der Schöpfung gab es das schlafende Allbewusstsein. In der Schöpfung erwachte dieses zum Leben und nach der Vollendung der Schöpfung kehrt alles Leben wieder in den schlafenden Urzustand zurück. Deine Welt als Teil des gesamten Schöpfungsspiels ist somit das erwachte Allbewusstsein, das in sich danach strebt, wieder in seinen stillen Urzustand einzugehen.
Das Göttliche als etwas, was nicht ist, zu erkennen bzw. als so zu erkennen, wie es vor der Erschaffung der Schöpfung war, ist eine der höchsten Erkenntnisstufen, in der das universelle Bewusstsein gleichzeitig vollkommen abstrakt als auch in jedem Ding verkörpert, wahrgenommen werden kann. Das, was nicht ist, ist das, was alles ist und du bist im Wesen eins damit. Du bist in deinem Wesen alles, was ist und alles was sein kann und nur du hast die Fähigkeit, dich selbst in deiner Größe zu beschränken. Du bist bereits die Auflösung all deiner Begrenzungen und die Lösung all deiner Probleme, weil dein Wesen frei von allem ist, was du jemals erfahren hast.
Die größte Freiheit, die du erlangen kannst, ist nicht etwa die Entscheidungsfreiheit in deinen Erfahrungen oder Gedanken, sondern die Freiheit von dir selbst. Dich von dir selbst zu befreien vereint dich mit dem Göttlichen, weil es dich mit dir selbst vereint.
Je mehr du es schaffst, dir selbst auf die Schliche zu kommen und das auf einen Punkt verortete und durch Vorstellung begrenzte Ich-Bewusstsein in sich aufzulösen, desto mehr Platz entsteht, damit das Allbewusstsein Einzug halten kann.
Hältst du deinen inneren Bewusstseinsraum weit und

offen und reinigst ihn von dem emotionalen und mentalen Schlamm der Vergangenheit, dann wird sich ganz von selbst die universelle Kraft des göttlichen Bewusstseins in dir ausbreiten.
Manchmal reicht es, einen kleinen Vorgeschmack auf die unfassbare Größe deiner ursprünglichen Wesensnatur zu bekommen, um sich von allen kleinen Göttern, denen man bisher in seinem Leben nachgerannt ist, loszusagen, um sich wahrhaftig auf den Weg zu machen.
Auf dem Pfad in das Allbewusstsein wird alles von dir genommen, was du nicht bist und dir nicht entspricht und so wird der Pfad der Selbstverwirklichung zunehmend schmaler, bis du auf Messers Schneide tanzt und jeder geistige Fehltritt folgenreiche Konsequenzen nach sich zieht.
Ein begrenztes Bewusstsein hat viel Spielraum, um sich selbst auszuprobieren und emotionale oder mentale Fehltritte werden nachsichtig ausgeglichen, weil sie lediglich das Feld des begrenzten Bewusstseins betreffen. Gibst du aber dein Ego zu Gunsten des Allbewusstseins auf, dann erreicht dich ein viel umfassenderer Verantwortlichkeitsbereich und nur die kleinsten unreinen Tendenzen haben massive Auswirkungen, mit denen du dich direkt konfrontiert siehst.
In die eigene Größe hinein zu wachsen kann folglich von Wachstumsschmerzen begleitet sein, die dir unbeschönigt das individuelle, wie auch das kollektive Ausmaß deiner bisherigen Unbewusstheit vorhalten. Diejenigen, die ihre Unbewusstheit bereits erkennen, sind meist einen Schritt weiter als diejenigen, die dies nicht tun, denn die erste Phase des Bewusstwerdens beinhaltet stets die Auflösung der bisherigen Unbewusstheit

und der damit verbundenen Projektionen.
Wie sehr sich ein paar wenige Menschen die Unbewusstheit der Masse zunutze machen, hat auf diesem Planeten ein unbegreifliches Ausmaß angenommen und diese auf die Spitze getriebene Unterdrückungsdynamik wurzelt in der begrenzten Bewusstseinsgröße der meisten Menschen.
Du kannst die Erweiterung oder die Veränderung deines inneren Bewusstseinsraumes als Maßstab für die Wahrhaftigkeit einer Information heranehmen. Macht eine Information dich innerlich weit, dann ist sie in einem tieferen Sinne wahr. Macht sie dich eng und führt dich von dir weg, dann kann diese Information zwar auf einer Ebene richtig sein, aber sie ist in keinem Falle für dich dienlich.
Die Kräfte auf dieser Welt, die sich durch die Unterdrückung anderer selbst zu erheben versuchen, verkennen, dass sie eigentlich nur sich selbst bzw. Teile von sich selbst unterdrücken.
Dennoch haben diese Kräfte das Projektionsspiel dieser Welt bis zu einem gewissen Grad durchschaut und Bilder in das kollektive Menschheitsgedächtnis eingeprägt, um große Mengen an unreifen Projektionen in den Menschen freizusetzen. Das kollektive Feld füttert den Schattenaspekt bzw. die unerlöste Form der untersten drei Chakren-Ebenen und es werden viele Götzen aufgestellt, die diese Ebenen in den Menschen triggern. Für die höheren Ebenen werden gezielt Bilder und Vorstellungen in das Feld gesetzt, die energetisch eine verzerrte Form dieser Energien repräsentieren. Die Christus-Energie, die beispielsweise auf Herzebene ansetzt,

wurde mit Jesusbildern belegt, die an künstlich aufgebaute Energiefelder gekoppelt sind.
Man könnte davon sprechen, dass die Kirchen die Christuskraft, die einst von Jesus auf der Erde vervollkommnet wurde, kopiert haben und die verzerrten Kopien dann ins kollektive Erdfeld gestellt haben, um einerseits das unbegrenzte Potenzial von wahrhaftiger Liebe und Mitgefühl einzuschränken und andererseits die Energien, die bei der Anbetung entstehen, künstlich abzufangen.
In allen Kirchen und vielen neuchristlichen Strömungen werden Gottes- und Erlöserbilder gepredigt, die von den herrschenden Bildermachern dieser Welt gezielt in das Feld gestellt worden sind. Der Christus jedoch siedelt sich auf einer viel höheren Ebene an. Die meisten geistigen Adressierungen der Suchenden bleiben in den energetisch aufgeladenen Kopien im Astralfeld hängen, was zentral mit den eingangs geschilderten und unerlösten Projektionen zu tun hat. Du wirst immer zu dem Gott geführt, der deiner inneren Resonanz entspricht und wie groß und transformativ dieser aufgestellte Gott für dich ist, entscheidet sich alleinig in dir.
Wenn du das tust, was du kannst, wird das Göttliche durch dich das tun, was du nicht kannst, aber dafür braucht es deine 100-prozentige Bereitschaft. Nimm alle Projektionen von dem sogenannten Vater im Himmel und löse sie in dir auf und du wirst sehen, dass du selbst zu dem Erlöser wirst, auf den du bisher gewartet hast. Das universelle Bewusstsein wartet nur auf dich, bis du die leiseste Bereitschaft anklingen lässt. Ob dir

das Allbewusstsein mit seiner unbegrenzten Kraft bereitsteht und durch dich das Unmögliche möglich werden lässt, hängt nur von dir ab. Auf die Präsenz des Allbewusstseins ist zu jeder Zeit Verlass, die Frage ist nur, ob du es schaffst, deinen inneren Raum stets so rein und offen zu halten, dass du in einen für dich wahrnehmbaren Kontakt zur Essenz allen Lebens kommst.
Das Göttliche bekommt dich immer mit, bewegst du dich doch alleinig in ihm und vielleicht hilft es dir zu wissen, dass es auch in dir zugegen ist, wenn du es nicht wahrnehmen kannst. In der Formenwelt kannst du nur das wahrnehmen, was du aus deinem Bewusstsein heraus projizierst. Beim Göttlichen hingegen ist es genau umgekehrt, da du es erst dann erkennen kannst, wenn du dich nicht mehr projizierst, sondern dich zu dir zurückholst und reinweg in dir wahrnimmst. Ein von Projektionen vollständig befreiter Gott ist eigentlich überhaupt kein Gott mehr, sondern eine in dir und allem wirkende Urkraft. Gott ist ein Begriff für die Sammelstelle aller unerlösten Projektionen der Menschheit, zumindest wird von den Kirchen ein derartiges Gottesbild gepredigt und energetisch verkörpert. Insbesondere die unbewussten Projektionen der Menschen fließen in ihr Gottesbild mit ein und je mehr sich in ihrem Unterbewusstsein sammelt, desto stärker gieren sie nach einem projizierten Erlöser. Ist das Unterbewusstsein durchleuchtet, dann bedarf es keiner projizierten Gottesfigur mehr und du kannst das göttliche Allbewusstsein überall erkennen.
In deinem Unterbewusstsein verbergen sich nicht etwa alle deine dunklen Geheimnisse oder niederen Triebe, wie es uns Freud einstmals zu verkaufen versuchte,

sondern das Unterbewusstsein ist die Wohnstatt des Göttlichen in dir und der Ort deiner heiligen Wesensnatur. Allerdings wird es schwierig, sich mit dieser in dir liegenden Uressenz zu verbinden, wenn du sie in ein transzendentales Gottesbild projizierst. Es gibt letztendlich nur eine Trennung und das ist die Trennung zwischen dir und deinem Unterbewusstsein, oder mit anderen Worten zwischen dir und dem Göttlichen. Vereinst du dich mit den unterbewussten Ebenen deiner Selbst, dann vereinst du dich mit dem universellen Bewusstseinsfeld und die verzerrte Idee eines außerhalb von dir bestehenden Gottes oder Erlösers fällt von dir ab. Das universelle Bewusstsein ist keine Glaubensfrage, denn entweder hast du es bereits in dir erfahren oder es ist dir bisher verschlossen geblieben. Wer das Eine einmal erfahren hat, kann nicht mehr zweifeln und er wird eher seine eigene Existenz infrage stellen als das Sein des Allbewusstseins. Wenn du alles in der Welt für möglich hältst, dich selbst aber infrage stellst und nur das Eine als das Wirkliche erkennst, dann bist du auf dem Weg, die Gottesverwirklichung in deinem Bewusstsein zu vollziehen. Lasse dich aus deiner Getrenntheit heben und erhebe dich zu deiner wahren Größe, indem du das unbegrenzte Sein einer alles durchdringenden göttlichen Präsenz erkennst. Durchschaue alle falschen Bilder und kleinen Götter, denen du bisher nachgerannt bist und erkenne deine individuelle Bestimmung, deinen göttlichen Auftrag, für den du dich in diese Form auf dieser Erde gekleidet hast. Die Gaben des Göttlichen sind grenzenlos, wenn du dich ganz zum Gefäß werden lässt und das empfängst, was dir in deiner innersten Essenz bereits geschenkt wurde.

## Wie versklavt man eine Spezies?

Die folgende Aufzählung ist eine provokant formulierte Liste an Macht- und Manipulationsmitteln, die dazu da ist, aufzuklären. Alle Punkte der Liste sind aus der Perspektive der Unterdrücker geschrieben, weshalb es im Verantwortungsbereich jedes Lesers liegt, die Negativformulierung für sich so umzuwandeln, dass er durch sie wieder stärker in sein Schöpferbewusstsein hineinwächst. Wie also kann man die Menschheit versklaven…?

Lasse sie vergessen, wer sie sind und wo sie herkommen.

Schaffe künstliche Alternativen und Ablenkungen, die sie beschäftigt halten.

Halte sie in einem konstanten Mangelgefühl.

Passe jede Form von Individualität aneinander an, sodass die Masse steuerbar wird. Manipuliere ihren Eigenwillen soweit, bis sie ohne es zu wissen, das wollen, was du willst.

Lasse sie denken, sie seien frei.

Gib ihnen eine breite Auswahlpalette des gleichen Produkts.

Lasse sie denken, dass sie viel haben müssen, um Leben zu können.
Diskreditiere Menschen, die aus dem System ausbrechen.

Impfe ihnen das Gefühl von Schuld ein.

Verbreite den Glauben, dass man mit dem Alter degeneriert anstatt heranreift, und dass alte Menschen grundsätzlich einen geringen sozialgesellschaftlichen Wert haben.

Schaffe ein kaum zu erreichendes Körperbild als Schönheitsideal.

Verbreite den Glauben, dass alles, was von der Norm abweicht, krankhaft ist und ärztlicher oder psychologischer Behandlung bedarf.

Gründe eine Weltgesundheitsorganisation, um festlegen zu können, was krank ist und was nicht.

Vermittle den Menschen das Gefühl, in einem System zu leben, dem sie die Verantwortlichkeit für ihr eigenes Leben übertragen können.
Schaffe Ballungszentren in Form von Städten.

Lasse sie denken, der Mensch sei nicht mehr als eine intelligente Maschine und beliebig ersetzbar.

Lasse sie glauben, dass nichts außerhalb der sichtbaren materiellen Realität existiert.

Pflanze ihnen die Angst vor dem Tod und die Abwehr gegenüber dem natürlichen Leben ein.

Schaffe künstliche Werteinheiten (Geld), um ein konstantes Mangelgefühl und flächendeckende Abhängigkeit zu schaffen.

Lasse sie glauben, ihr Selbstwert wird über die künstlichen Werteinheiten und ihre Produktivität bestimmt.

Schaffe Versicherungen, um Unsicherheit zu verbreiten.

Lasse sie glauben, sie stammen vom Affen ab und seien nicht mehr als ein intelligentes Tier.

Schaffe Süchte und Lebensmittel, die abhängig machen.

Subventioniere Drogen und Gewalt und gib gleichzeitig vor, dass du dagegen ankämpfst.

Lasse sie so früh wie möglich ein Schulsystem der Gleichschaltung durchlaufen.

Schaffe künstliche Zeitrhythmen und kalendarische Zeiteinteilungen, die gegenläufig zu natürlichen Zyklen sind.

Schaffe Trennung und Distanz zwischen den Menschen.

Schaffe durch Medien ein irrationales Bild von Freundschaft und Partnerschaft. Entkopple Sexualität von Liebe.

Lasse getrennte Familien und Alleinerziehung zur Normalität werden.

Lasse sie glauben, der Mensch sei von Grund auf fehlerhaft und brauche eine umfassende Sozialisierung und Domestizierung.

Sorge dafür, dass Arbeit den höchsten Stellenwert im Leben eines Menschen einnimmt.

Unterbinde Kreativität.

Verbreite das Gefühl sozialer Vereinsamung und den Glauben, dass im Leben jeder gegen jeden kämpft.

Fördere schon in jungen Jahren das Wettkampfdenken.

Lasse durch betäubende Nahrung und Sinnesüberreizung die innere Gefühlswelt abstumpfen.

Lasse sie glauben, dass alles dem Zufall überlassen ist, und dass sie nichts an dem, was ist, verändern können.

Verkaufe Lösungen für Probleme, die du selbst erschaffen hast.

Lasse sie denken, dass du in ihrem Sinne denkst und handelst.

Verspreche ihnen stets eine bessere Zukunft.

Schüre Feindbilder und Rassentrennung aufgrund von Ideologien oder äußeren Erscheinungsbildern.

Kontrolliere und finanziere immer beide oppositionellen Parteien und stachele sie gegeneinander auf. Erschaffe Religionen.

Lasse sie glauben, dass der Einzelne machtlos ist.
Lasse sie mehr Zeit in künstlicher, als in der natürlichen Realität verbringen.

Schaffe ein Patriarchat und unterdrücke weibliche Qualitäten in Männern und Frauen.

Schaffe dogmatische Geschlechterrollen.

Globalisiere den Planeten und entwurzle Traditionen und Kulturzugehörigkeit.

Trenne die Verbindung zu den Ahnen und Vorfahren.

Stelle ihnen sukzessiv neue Technologien zur Verfügung, doch enthalte ihnen stets den neusten Entwicklungsstand vor, sodass du immer zwei Schritte voraus bist.

Lasse sie glauben, sie seien die einzig intelligente Spezies und die Krone der Schöpfung.

Verbreite den Glauben, dass wir uns von einem primitiven zu einem höher entwickelten Zustand bewegen.

Beseitige alle historischen Funde von hochentwickelten Kulturen.

Mache Technologie zum einzigen Entwicklungsmaßstab.

Lasse sie an nichts mehr glauben.

Lasse sie glauben, dass die Befreiung und Erlösung erst nach dem Tod oder mit der Erscheinung eines Messias geschieht.

Lasse sie glauben, dass sie sündhaft sind und dass Gott strafend über sie richtet.

Manipuliere die Realität vor allem durch den nicht sichtbaren Frequenzbereich.

Fördere das Schwarz-Weiß-Denken und die Aufteilung in Gut und Böse.

Lasse sie glauben, dass sie nichts können und ständig alles falsch machen.

Schaffe elitäre Zirkel und verteile Macht in einer pyramidalen Hierarchie.

Lasse jeden nur so viel wissen, dass er seine Aufgabe in der Machtpyramide erfüllt.

Fördere Gehorsam, Obrichkeitshörigkeit und Pflichtgefühl.

Sammle so viele persönliche Daten wie möglich.

Steure das Massenbewusstsein über alle Medienkanäle, um von dem, was wirklich vor sich geht, abzulenken.

Verdrehe die Realität um 180 Grad.

Wer das System bedroht, dem drohe mit Rufmord oder anderweitiger Mundtotmachung.

Erschaffe ein komplexes Justizsystem, was Gerechtigkeit suggeriert, aber das gezielt Lücken ausweist, die Geschäfte im Sinne der eigenen Agenda ermöglichen.

Schaffe wissenschaftliche Fachrichtungen, die so hochspezialisiert sind, dass ein transdisziplinärer Dialog und eine ganzheitliche Perspektive unmöglich werden.

Lasse sie glauben, dass sie etwas verlieren, wenn sie anderen etwas geben.

Erschwere die Erfüllung der menschlichen Grundbedürfnisse und lenke die Aufmerksamkeit allein auf die physische Bedürfnisbefriedigung.

Bringe die Menschen dazu, dass sie sich untereinander nicht mehr vertrauen.

Biete ihnen häppchenweise Teile der Wahrheit an, aber vermische diese gründlich mit irreführenden Informationen.

# Ritueller Missbrauch

Schon lange habe ich mir die Frage gestellt, weshalb die Menschheit aktuell so ist, wie sie ist und wie das Innenleben der meisten meiner Mitmenschen derart deformiert werden konnte. Auf der Suche nach der Antwort stieß ich immer wieder auf die Machenschaften von dunklen Subkulturen auf dieser Erde. Zu Anfang konnte und wollte ich nicht glauben, was mir dort gezeigt wurde, doch auch durch mein eigenes Arbeiten als Psychologe, das mir immer wieder tiefe Einblicke in die menschlichen Abgründe verschaffte, verdichteten sich die Hinweise auf die Einflussnahme von eindeutig schwarzmagisch wirkenden Subkulturen.
So wenig die Einflussnahme dieser eingeschworenen Vereine auf der Oberflächenebene sichtbar ist, so offensichtlich ist deren Wirkung auf die kollektive Psyche der Menschen, ja mehr noch, deren Wirkweise ist das Erste, das einem energetisch entgegenschlägt, wenn man die uns umgebenden astralen Feldebenen studiert. Die kalte Systematik und ihre globale Vernetztheit, mit der diese Einflussnahme betrieben wird, ist ungeheuerlich.
Viel wurde bereits darüber gesagt, wie man beispielsweise mit Strahlentechnologie das menschliche Bewusstsein manipulieren kann, doch meiner Empfindung nach ist die Beeinflussung über die Astralebene, durch die von der Subkultur eingeladenen Wesenheiten mindestens genauso umfangreich und wirkungsvoll. Unsere Welt sieht deshalb so aus, wie sie aussieht, weil unsere moderne Kultur von einer magisch wirkenden

Subkultur durchsetzt ist, die in voller Bewusstheit Wesenheiten aus den niederen Astralreichen herbeiruft, um rituell mit ihnen zu verschmelzen.
Hohe Macht, Reichtum und Einfluss wird diesen Menschen versprochen, wenn sie sich jenen Wesen hingeben und sie anbeten. Wir würden vielleicht meinen, dass wir in einer aufgeklärten, rationalen Kultur leben, die das Thema der sogenannten „Götteranbetung" schon lange hinter sich gelassen hat. Doch das, was damals unter dem Stichwort der Teufelsanbetung lief, zog sich ununterbrochen durch alle menschlichen Epochen bis in die heutige Moderne und wird heute, global von elitär gehaltenen Kreisen, weiterverfolgt.
Alles, was Rang und Namen hat und sich selbst zur High Society zählt, kommt früher oder später in Kontakt mit diesen Subkulturen und diese sind es, die momentan noch bestimmen können, was uns auf der Bühne der Oberflächenrealität vorgespielt wird.
Die Offenlegung großer Missbrauchsskandale, in die halb Hollywood involviert ist, kratzt an der Spitze des Eisberges dieser Subkulturen und das Heraufdämmern dessen, wer und was diesen Planeten derart lange kontrolliert hält, wird zu einer der größten Schockmomente der menschlichen Historie werden.
Als durchschnittlicher, gutgläubiger Bürger kann man sich das, was dort vor sich geht, nicht vorstellen und dennoch prägt dies in zentraler Weise das kollektive Unterbewusstsein des Menschen. Es sind nicht etwa die mafiösen Gruppierungen, die versuchen, das personifizierte Böse auf diese Erde einzuladen, sondern es sind die Gruppierungen, die sich aus hochgebildeten, nar-

zisstisch-psychopathischen Persönlichkeiten zusammensetzen und in unserer Gesellschaft gut situierte Stellungen als Anwälte, Lehrer oder Ärzte etc. einnehmen.
Viele von ihnen sind bereits in den familiären Kontext solcher Subkulturen hineingeboren und werden von früh auf mit den Ritualen ihres Kultes vertraut gemacht. Je früher sie selbst zum Opfer ihrer eigenen Rituale gemacht werden, desto sicherer ist es, dass sie später zu Tätern innerhalb gleicher Strukturen heranwachsen. Seine eigenen Kinder rituell, d. h. in diesem Kontext auch immer sexuell, zu missbrauchen, wird dort als ehrenvolles Opfer für einen ihrer Götterdämonen und als unabdingbares, pädagogisches Programmierungsmuster gesehen, um das Kind von seiner natürlichen Empfindung, zu einem kaltherzigen Psychopathen und gesellschaftlich erfolgreichen Erwachsenen heranzuzüchten.
Je nachdem, wie ein Kind in diesem Kontext gezeugt wurde und wann es in welche Blutlinie inkarnierte, besitzt es eine festgelegte Bestimmung und eine ganz bestimmte Aufgabe in den Strukturen, auf die es von Anfang an trainiert wird. Noch vor der Ich-Ausbildung wird die gesunde Kindesentwicklung durch Missbrauch immer wieder systematisch so gestört, dass die Regeln und Bräuche erfolgreich in die Tiefenebene der Psyche verankert werden können. Durch den Übergriff vor der Ich-Ausbildung lernt das Kind nie eigene Grenzen kennen und kann so noch leichter, entsprechend der Vorhersehung, programmiert werden.
Um mehrere Rollen, sowohl im familiären Club, als auch in der Gesellschaft übernehmen zu können, wird

von früh an mit Mitteln der Persönlichkeitsspaltung gearbeitet. Alles, was ein Kind an Missbrauch nicht verarbeiten kann, wird in der Psyche dissoziiert und in andere Persönlichkeitsebenen abgespalten.
Alle Menschen, die in einen aktiv wirkenden Club hineingeboren sind, haben zu einem gewissen Grad mehrere voneinander abgespaltene Persönlichkeiten, sodass sie z.B. tagsüber unerkannt eine Kinderhilfsorganisation aufbauen können, um nachts dann einen ganz anderen Charakter auszuleben.
Es gibt eine riesige Menge an astralen Wesenheiten, die wie versessen darauf sind, auf die materielle Ebene einzuwirken und den größten Zugang zu einem Menschen bekommen sie darüber, wenn sich dieser sexuell öffnet. In nahezu jedem sexuellen Missbrauch und insbesondere dem Kindesmissbrauch, spielen astrale Besetzungen eine zentrale Rolle. Wenn sich ein Wesen erst einmal eingeklinkt und sich im menschlichen System verankert hat, dann kann es seinen Einflussbereich durch jeden Sexualkontakt ausweiten. Bitte stellt euch die Einflussreichweite über die Menschheit einmal vor, wenn bei jedem Missbrauch eine Besetzung übertragen wird, die sich mit jedem weiteren Sexualkontakt des Missbrauchten fortsetzt.
Die Menschheit hat sich hauptsächlich über ihre Sexualität versklaven lassen und astrale Wesenheiten haben den Menschen heute noch an den Eiern und den Eierstöcken, da sie wissen, wie sie diese über die Besetzung ihrer Sexualorgane von Grund auf lenken können. Für sie ist Sex und gerade wenn er so ist, wie er pornografisch propagiert wird, wie ein Festschmaus, auf den sie sich gierig stürzen, um Energie abzusaugen. So viel uns

auch von sexuell ansteckenden Krankheiten erzählt wird, so unwissend wird der Mensch über das gelassen, was sich wahrhaftig in den Schlafzimmern und zwischen den Ebenen der verschiedenen Schwingungsrealitäten abspielt.

Viele therapeutische Einrichtungen und Psychologen besitzen nicht den blassesten Schimmer, womit sie es bei Patienten mit frühkindlich sexuellem oder gar rituellem Missbrauch eigentlich zu tun haben und dementsprechend werden traumatherapeutische Methoden zum Teil so eingesetzt, dass sich das Besetzungsmuster dadurch sogar noch weiter festigt.

Kindesmissbrauch ist, unabhängig von der Intensitätsstufe, immer Teil der schwarzmagischen Praktik, die eine Subkultur unsichtbar in die moderne Gesellschaft implementiert hat. Unsere Kultur ist bewusst durchsetzt von Programmen, die sich durch schwarzmagische Rituale in unser Unterbewusstsein einbrennen sollen. Jede rituelle Praktik lebt von der emotionalen Intensität, mit der sie ausgeführt wird und weil Horrorgefühle so einnehmend und mächtig wirken können, haben die dort ausgeführten Rituale eine derartige Wirkung.

Durch mein eigenes Arbeiten als Psychologe mit Klienten mit sexuellem, aber auch mit rituellem Missbrauch ist mir das, was auf diesem Planeten im großen Stil geschieht, noch einmal deutlich vor Augen geführt worden. Auch wenn mein Schwerpunkt das psychologische Arbeiten ist, so bin ich doch mit magischen und auch mit schwarzmagischen Praktiken, sowie deren Mittel und Methoden vertraut und sehe die astralphysi-

schen Wechselwirkungen, die durch magische Einflussnahme entstanden sind.
Mein Wunsch, zur Heilung des Planeten und der Menschheit beizutragen, hat mich geradewegs an die tiefliegendsten, dunkelsten Themen herangeführt und mir aufgezeigt, wo der gordische Knoten in der Verstrickung des menschlichen Geistes liegt.
Auch wenn ritueller, d. h. bewusst durchgeführter, zeremonieller Missbrauch im Vergleich zu sexuellem Missbrauch, bei dem meist eine unbewusste Besetzung vorherrscht eher selten ist, so haben doch die meisten Psychologen früher oder später mit solchen Fällen zu tun. Doch leider verschließen viele Hilfeleistende immer noch ihre Augen vor den gesellschaftlichen Konsequenzen, die das Traumamaterial ihrer Klienten deutlich zum Vorschein bringt.
Die Dunkelziffer bei rituellem Missbrauch ist vermutlich weitaus höher als bei allen anderen Arten von Gewalt, wobei die Aufdeckung und therapeutische Integration dieses Themas in der kommenden Zeit von hoher Relevanz sein wird. Heutzutage landet eine Mutter, die mitbekommt, dass ihr Mann ihre gemeinsamen Kinder rituell missbraucht oder missbrauchen lässt eher in einer Psychiatrie, als dass der Mann einem juristischen Prozess ausgesetzt wird, selbst wenn die Mutter eine evidente Beweislage hervorbringt. Der Macht- und Einflussbereich dieser eingeschworenen Vereine ist, gerade weil sie sich alle gegenseitig schützen und auch juristisch gut verteidigen können, nicht zu unterschätzen. Eigentlich sollten mutige Psychologen schon längst hellhörig geworden sein, wenn sie von mehreren unabhängigen Klienten ähnliche Ablaufvarianten in

Fällen von sexuellem Missbrauch, geschildert bekommen und tatsächlich sind die Fallberichte der dargestellten Ablaufszenarien von verschiedenen Opfern rituellen Missbrauchs alle sehr ähnlich. Doch das Traumamaterial scheint so unmenschlich und widerwärtig, dass Therapeuten es eher als Wahn einstufen, als dass sie sich vorstellen können, dass es tatsächlich in diesem Land und zu dieser Zeit eine Vielzahl an Subkulturen gibt, die verborgen von den Blicken der Öffentlichkeit ihre Todesanbetungen vollziehen. Ich will euch Details von dem, was dort geschieht, ersparen und dennoch möchte ich darauf hinweisen, dass die dort ausgeführten Rituale energetisch so ausgefeilt sind, dass sie einen erheblichen Einfluss auf das gesamte kollektive Menschheitsgedächtnis ausüben und dass dieser Einfluss gerade deshalb so intensiv wirkt, weil wir ihn nicht wahrhaben wollen. Verschließen wir weiter unsere Augen, dann glaubt der Club weiterhin, dass er mit uns machen kann, was er will und dass die niederen Kräfte, mit denen er zusammenarbeitet, tatsächlich allmächtig wären. Ich möchte hiermit sowohl an die Therapeuten wie die Hilfeleistenden appellieren, ihre Augen nicht mehr vor solchen Fällen zu verschließen, aber auch Betroffene ermutigen, mit dem, was sie erfahren haben, herauszukommen und sich einer Vertrauensperson mitzuteilen. Die Schwingung dieses Planeten hängt maßgeblich davon ab, wie aktiv diese Gruppierungen ihre Rituale weiterführen können oder eben nicht. Und gerade diejenigen, die in irgendeiner Weise damit in Kontakt waren, sind in der Verantwortlichkeit, Licht ins Dunkel dieser Thematik zu bringen.

## Mitgefühl und Reaktionsmuster

Eine der größten menschlichen Stärken ist das Mitgefühl und gleichzeitig gibt es kaum eine andere menschliche Eigenschaft, die derart manipuliert worden ist, sodass wahres Mitgefühl aus konventionell menschlicher Sicht manchmal empathielos wirkt.

Wahres Mitgefühl ist nicht Mitleid, doch das, was die meisten Menschen unter Mitgefühl verstehen ist, dass der Eine das Leid und die Schmerzen des Anderen genauso fühlt wie seine eigenen. Mitzuleiden und andere Menschen für die Bestätigung des eigenen Schmerzes und der eigenen Kleinheit heranzuziehen, wird uns dann meist als verständnisvoll oder gar empathisch verkauft.

Für mich bedeutet wahres Mitgefühl, den Anderen in seiner gegenwärtigen emotionalen Lage wahrzunehmen und eben nicht in seinen Film von Angst mit einzusteigen, sondern ihn nach wie vor in seiner Stärke und Kraft zu sehen. Es mag zwar manchmal hilfreich erscheinen, wenn der beste Freund oder die beste Freundin dir bestätigt, wie schlimm gerade alles ist, doch gleichzeitig hilft diese Form von Mitleid keinem weiter. Im Gegenteil, anstatt einem Leidenden gibt es dann zwei, die letztlich beide nicht mehr ganz in ihrer Mitte sind.

Wenn ich gerade in tiefem Leid oder tiefer Angst stecke, möchte ich doch auch nicht, dass jemand mit vermeintlichem Mitgefühl mir meine Anschauung bestätigt. Vielmehr wünsche ich, dass er meine Situation respektiert und mir dann eine alternative Anschauung anbietet, die mich unterstützt, aus der Angst herauszukommen. Natürlich suchen wir alle im Außen mehr oder weniger nach einer Bestätigung unserer eigenen Weltsicht, doch wenn wir nur Spiegel zulassen, die uns das zeigen, was wir eh schon fühlen, dann kann kein Wachstum geschehen.

Für mich ist wahres Mitgefühl, wenn mein Gegenüber zwar meinen gegenwärtigen Zustand wahrnimmt, aber sich trotzdem ausschließlich mit dem höchsten Aspekt meiner selbst verbindet, um mich wieder an diesen zu erinnern.

Umgekehrt mache ich es in meiner therapeutischen Arbeit auch, dass ich zwar die Weltsicht meines Gegenübers anerkenne, mich aber nicht emotional oder energetisch mit seinem Schmerzkörper, sondern ausschließlich mit seinem höheren Selbst verbinde und aus dieser Verbindung heraus mit ihm spreche. Ich habe mich dazu entschieden, immer die Stärke und die Kraft in den Menschen zu sehen, was nicht bedeutet, dass ich blind gegenüber den Problemen anderer Menschen bin. Im Gegenteil: Erst von dieser höheren Ebene aus ist es überhaupt sinnvoll und dienlich, Problemlösungsschritte einzuleiten.

Die meisten unserer Handlungen basieren auf eingespielten Reaktionsmustern und in blinden Reaktionsmustern zu denken, zu fühlen oder zu handeln, kommt den meisten Menschen menschlich vor, wohingegen ein non-reaktives Verhalten erst einmal als unnatürlich gesehen wird. Aber weil die meisten Menschen zwischenmenschlich so reagieren wie sie programmiert sind, ist die Menschheit dort, wo sie gerade steht.

Die Basis von bewussten Handlungen liegt in der unverzerrten Selbstwahrnehmung und immer, wenn die Selbstwahrnehmung aufgrund von Gefühls- oder Gedankenmustern verzerrt ist, wird die daraus hervorgehende Handlung gleichermaßen verzerrt sein. Immer, wenn wir aus Angst handeln, setzt sich unsere Angst in dem, was wir tun, fort und sorgt somit für die Verbreitung von Angst. Dementsprechend ist es wichtig, dass alles, was wir tun von einem geklärten inneren Platz aus in Aktion gebracht wird. Von einem ungeklärten Platz Unterstützung anzubieten, unterstützt meist unbewusst die Muster und Programme des Anderen, obwohl wir das Gefühl haben, dem Anderen zu helfen. Manchmal ist es angemessen, ein Kind zu trösten, wenn es hinfällt und weint. Wenn das Kind dann aber merkt, wie es die Eltern über das Weinen emotional beeinflussen kann, müssen die Eltern lernen, das Kind auch mal weinen zu lassen. Wenn sie immer hysterisch zur Hilfe eilen, sobald das Kind zu weinen beginnt, fördern sie seine manipulativen Muster.

Gleiches gilt natürlich auch bei Freunden oder Partnerschaften. Der Ausdruck von Liebe in Partnerschaften kann ganz leicht als Machtmittel oder als emotionale Manipulation eingesetzt werden. Solange der Partner diese Form von Liebe zulässt, stärkt er die Muster des anderen. Für einen Außenstehenden mag dann das Verhalten kalt oder unempathisch wirken, allerdings nur für die Menschen, die selbst noch ein Problem mit vergleichbaren Mustern haben und reaktiv und meist aus Angst so handeln würden, wie es das manipulative Verhalten verlangt. Uns muss bewusst sein, dass all die po-

sitiven, wünschenswerten Eigenschaften und Fähigkeiten eines Menschen durchaus so zum Einsatz kommen können, dass dadurch mehr Schaden angerichtet wird, als dass es uns zu bewussten, selbstverantwortlichen Schöpferwesen macht.
Wir wissen zwar, dass die Machtelite dieser Erde mit Trennung, Angst, Zerstörung und Chaos arbeitet, aber mindestens genauso arbeitet sie über die Manipulation von Liebe, Mitgefühl, emotionaler Anteilnahme und falschverstandener Hilfeleistung. Viel mehr Menschen und gerade die spirituell veranlagten, lassen sich viel eher aus einem unbalancierten Mitgefühl von ihrem Seelenweg abbringen als über eine zerstörerische Angstmache. In einem unbalancierten Mitgefühl übernehme ich ungefragt die Verantwortung für die Themen eines Anderen und versuche, Hilfe für andere zu leisten, die ich mir selbst meist nicht geben kann. Ein klassisches Beispiel eines unbalancierten Mitgefühls ist das Helfersyndrom, das die ganze Zeit die eigene Hilfsbedürftigkeit auf einer seiner Projektionsleinwände bearbeitet, ohne dies in sich selbst anzusehen. Der Hilfegebende, der danach so emotional mit dem Schmerz des Anderen mitleidet, fühlt sich dabei meist auch noch gut, da er meint, dem Anderen etwas von seiner Last genommen zu haben. In manchen spirituellen Kreisen gilt es schon fast als ehrenwerte Heldentat, das Leid eines Anderen auf sich zu nehmen, es mit-zu-teilen, um ihn vermeintlich darüber von seiner Last zu befreien, doch gleichzeitig rauben wir dem Anderen damit eine seiner Lerninstallationen.
Wenn jemand mit einer Krankheit zu mir kommt, frage

ich zuerst auf seiner Seelenebene an, ob eine Veränderung des aktuellen Zustands überhaupt für alle Beteiligten gerade das Dienlichste sei und manchmal bekomme ich die Antwort, dass genau jener Krankheitszustand gegenwärtig der hilfreichste, wenn auch nicht der angenehmste ist. Wenn ich dann aus falschem Mitgefühl doch in sein System eingreife, weil mein Gegenüber seinen Schmerz und seine Angst so sehr bekundet, dann habe ich nicht nur dem Anderen eine wichtige Lernerfahrung genommen, sondern habe mir selbst darüber hinaus etwas aufgeladen, weil ich mutwillig in die Schicksalsfäden eines Anderen eingegriffen habe. Wenn es für alle Beteiligten das Beste ist, dann kann Heilung geschehen aber nicht, wenn der Zustand von Krankheit gegenwärtig noch etwas aufrechterhält, was ohne die Krankheit mehr ins Ungleichgewicht fallen würde.

Alles, was ist bringt alles, was ist, ins Gleichgewicht und wenn auch nur ein Aspekt fehlen würde, dann würde der Kosmos aus den Fugen geraten. Das bedeutet, dass auch eine Krankheit oder ein Virus ein Ungleichgewicht sichtbar macht, um darüber wieder ein Gleichgewicht herzustellen.

Doch dem Menschen wurde einprogrammiert, dass er alles, was ihn zum Heil führt, bekämpfen müsste. Aber auch das darf sich jetzt wandeln, damit wir wieder erkennen, was uns wahrhaft guttut und mit welcher gut gemeinten Hilfsunterstützung wir andere lediglich in ihren Mustern festigen.

## Kinder sind die Zukunft

Jedes Kind, das sich hier auf dieser Erde inkarniert, weiß auf einer Ebene seiner selbst um die Lebensbedingungen, für die es sich entschieden hat, und sie alle kommen mit einer tiefen spirituellen Verwurzelung und einem nahezu unendlich großen Potenzial auf diese Welt. Die hohen geistigen und spirituellen Fähigkeiten, mit denen ein Menschenkind geboren wird, werden durch das, was wir hier Bildungssystem nennen, sukzessiv heruntergefahren, sodass der intuitive Zugang zum inneren Wissen verschüttet geht.

Die Schulen sind nicht etwa dazu da, das ureigene Potenzial des Menschen zur Entfaltung zu bringen, sondern sie fördern systematisch die Verblendung und die Entfremdung von den angeborenen Fähigkeiten. Es mag natürlich im Schulsystem auch sehr engagierte und an einer wahrhaftigen Potenzialentfaltung interessierte Lehrkräfte geben, aber dennoch ist das Schulsystem als solches darauf ausgelegt, ein funktionsorientiertes Bildungsschema F so in die Kinderköpfe zu gießen, dass eine kontrollierbare Masse an gleichgetrimmten Jasagern dabei herauskommt. Das System hat kein Interesse an unabhängigen und eigenständig denkenden Wesen, weil die Entfaltung eines individuellen Potenzials die Steuerung der Massen erschwert.

Lernpsychologisch ist schon lange bekannt, unter welchen Bedingungen ein Kind am besten in der Lage ist, die Welt erfahrungsbasiert in sich aufzunehmen und dennoch finden diese Grundsätze kaum Anwendung im heutigen Schulsystem. Ein Kind entdeckt und erforscht

die Welt voll Freude und Wissbegier und begreift über die Hände und mit dem eigenen Körper intuitiv alle wichtigen Verbindungen.
Jedes Lebewesen hat ein natürliches Bedürfnis, zu lernen und sich zu entfalten, wenn es dies nicht gerade in einem Schulsystem abtrainiert bekommt, weil es Dinge dort lernen muss, die offensichtlich in keinem sinnhaften Verhältnis zur Lebenswelt stehen. Wie kommt ein Bildungssystem darauf, sich anzumaßen, zu entscheiden, wer wann was lernen muss und wie das individuelle Lernverhalten zu bewerten ist. In dieser Welt werden die wesentlichen Fähigkeiten missachtet und der Fokus auf derart irrelevante Themen gelenkt, dass eine natürliche Abwehr der hochspirituell angebundenen Kinder vor dem Schulstoff mehr als natürlich ist. In einem derart erkrankten System sind die, die eine Anpassungsstörung attestiert bekommen, vielleicht die gesünderen. Und denjenigen, welche mit starkem Charakter noch Widerstand gegenüber der Gleichschaltung leisten, wird ein Aufmerksamkeitsdefizit attestiert und sie werden mit Medikamenten ruhiggestellt.
Durch das Potenzial, das die Kinder ganz natürlich mitbringen, können wir von ihnen in ungeschminkter Direktheit lernen, an welchen Stellen das Bildungssystem gegen die natürlichen Wachstumsrhythmen wirkt. Es ist so irrsinnig, die derart hoch entwickelten Seelen, die zurzeit zu großen Teilen hier auf dieser Erde inkarnieren, auf klassisch irdische Weise erziehen zu wollen! Kinder brauchen ebenbürtige Entwicklungsbegleiter und je mehr wir in ihnen die reifen Seelen erkennen, die sie bereits sind, desto eigenständiger gehen sie von selbst den Weg ihrer individuellen Potenzialentfaltung.

Wenn sich hingegen die Struktur als geistiges Korsett immer enger um die freien Gestaltungsräume schnürt, dann werden die Kinder zunehmend unsicherer gegenüber ihrem inneren Wissen und der kreativen Auslebung dessen. Ein künstliches Umfeld und die frühe Technologiestiftung durch TV, PC und Handys stört in den meisten Fällen die gesunde Bewusstseinsentwicklung und setzt das intuitive, kreative Potenzial des Kindes massiv herab. Natürlich geht der Kontakt zu dem inneren Wissen verloren, wenn frühzeitig und oft auch noch gegen den Willen unheimlich viele Informationen von außen über die künstlichen Medienkanäle und den Schulstoff hineingeschüttet werden.
Jedes Kind durchläuft in einem individuellen Tempo seine Entwicklungsphasen und wenn zu frühzeitig Inhalte vermittelt werden, die diese Entwicklungsphasen noch gar nicht vorsehen, dann hemmt dies auch die neuronale Entwicklung. In dieser Welt werden Kinder viel zu früh an intellektuelle Themen herangeführt und sie beginnen in einem Alter das Lesen und Schreiben zu lernen, wo die neuronale Entwicklung noch ein viel essenzielleres Begreifen über die Körperbewegungsebene vorsieht. Das allzu frühe Lesen und Schreiben hemmt die gesunde neuronale Entwicklung und verschiebt das intuitive Begreifen von großen Zusammenhängen in den Bereich der verstandesmäßigen Begrenzung. Die Agenda, die den Lernstoff vorschreibt, weiß sehr genau, welche Lerninhalte in welchen Entwicklungsphasen dazu führen, dass das angeborene spirituelle Wissen verloren geht. Und je früher diese Verformung ansetzt, desto nachhaltiger ist die damit eingeschleuste Bewusstseinsbegrenzung.

Die Schule soll bestmöglich darauf vorbereiten, die natürliche Entwicklung so zu verformen, dass die Kinder danach offen und suggestible für kollektive Gedankenkontrolle sind. Das, was wir in unserer Welt als die Basis unseres gesellschaftlichen Wissens sehen, ist eine systematische Abrichtung auf einen sehr begrenzten Teil der Realität und auch wenn Kinder meist sehr offen für andere Ebenen der Realität sind, verschließen sich diese Zugänge, weil sie mitbekommen, dass diese Ebenen von Erwachsenen entweder nicht wahrgenommen oder gar abgelehnt werden. Wenn Kinder erst im Alter von zwölf oder dreizehn Jahren lesen oder schreiben lernen würden und sie zuvor viel Freiraum für Bewegung und Entfaltung ihrer kreativen Künste hätten, dann würden sich viele der gesellschaftlichen Probleme in kürzester Zeit auflösen. Wie gesagt, wird der Lernstoff genau so in die entwicklungssensitiven Phasen gelegt, um einen ganz bestimmten Menschentypus dadurch heranzüchten. Wenn Kinder aus sich heraus beginnen, sich diesen Themen zu widmen, dann beachten sie ihren inneren Rhythmus und wissen selbst genau am besten, wann welche Beschäftigung mit welcher Ebene der Realität für sie gerade am dienlichsten ist. Ein Kind, das freudvoll, spielerisch und mit intrinsischer Motivation lernt, kann sich im hochbeschleunigten Tempo all das aneignen, wofür die Schule Monate oder Jahre veranschlagt hat. Ein Kind mit einer gesunden neuronalen Entwicklung, das nicht zu früh verschult worden ist und eine gesunde Ernährung, sowie einen natürlichen Lebensraum erfährt, kann ohne Probleme zehn bis zwölf verschiedene Sprachen lernen, ein

fotografisches Gedächtnis ausbilden und eine gedankliche Verarbeitungsgeschwindigkeit erreichen, von der Universitätsprofessoren nur träumen können.
Das schulische Lernen besteht bis in die hohen Bildungsgrade aus einer reinen Reproduktion von Information, wobei diejenigen, die das vorgekaute Wissen unverändert wiedergeben, am besten bewertet werden. Würde man von Anfang an den Fokus auf die Entfaltung des inneren Genius setzen und die Kinder nicht mit toten Informationen überschütten, dann würde sich eine ganz neue Form der Hochintelligenz dabei herausbilden. Intelligenz hat etwas mit der Schwingungsfrequenz und der Gedankengeschwindigkeit zu tun, wobei gesellschaftlich auch hier wieder der Schwerpunkt auf die rational-kognitive und weniger auf die emotional-soziale Intelligenz gelegt wird, obwohl Letztere für die Lebenswelt weitaus wichtiger wäre.
Das Leben ist nicht dafür gedacht, bestimmtes informationelles Wissen in sich hineinzufressen oder vergängliche Fähigkeiten zu erwerben, sondern um das Bewusstsein in die höchstmögliche Entfaltung zu führen. Und haben wir dies wieder zum Fokus unserer Aufmerksamkeit gemacht, werden wir schnell erkennen, wie sehr das Schulsystem geradewegs an diesem Lebenszweck vorbeiführt. Wie sehr Bildung das Bewusstsein beschränkt wird offensichtlich, wenn wir uns den Umgang der sogenannten gebildeten Schicht mit den aktuell geopolitischen Themen ansehen. Gerade die Intellektuellen scheinen durch ihren Bildungsweg das eigenständige Denken verlernt zu haben und der kollektiven Gedankenmanipulation unhinterfragt auf dem Leim zu gehen. Doch die Indoktrination scheint noch

viel tiefer gedrungen zu sein, wenn selbst die Urinstinkte der mütterlichen Fürsorge überschattet werden und Mütter ihre Kinder weiterhin in die staatlichen Schulen schicken, wo heute Maskenpflicht, Testung und bald schon Impfung auf der Tagesordnung steht. Spätestens wenn die Impfung als Grundvoraussetzung des Bildungsangebotes fest etabliert ist, dann sollten die Eltern erkennen, was mit ihren Kindern in diesen staatlichen Abrichtungsinstitutionen geschehen soll. Bitte nehmt eure Kinder aus den Schulen und organisiert euch!

Es gibt immer mehr Alternativen und keine juristische Grundlage, ein Kind in ein derartiges Pflichtsystem einzubinden. Informiert euch und ergreift Initiative. Das Kindeswohl ist das höchste gesellschaftliche Gut und wie traumatisierend das vorgespielte Szenario für Kinder sein kann, wird wohl erst in den Langzeitfolgen sichtbar. Die Liebe von einer Mutter zu ihrem Kind ist wohl das stärkste und innigste Bindungsverhältnis und dass der Mutterinstinkt, das Kindeswohl beschützen zu wollen, im Falle der Impfung so großflächig versagt, ist ein Zeichen, wie tief das kollektive Trauma ins menschliche Zellgedächtnis implementiert worden ist. Jede Mutter, die noch einigermaßen mit sich und ihren mütterlichen Instinkten verbunden ist, wird mitbekommen, dass eine Maske, die dem Kind die Luft zum Atmen raubt, in keinster Form entwicklungsförderlich sein kann.

Dass die kollektive Programmierung der Folgsamkeit und des Gehorsams eine Stärke aufweist, die selbst die Mutterinstinkte zu unterdrücken versteht, gibt einen

Hinweis darauf, wie stark das Feld der kollektiven Gedankenkontrolle sich bereits in die natürliche Lebenswelt der Menschen hineingefressen hat.
Natürlich haben sich die Kinder vor ihrer Inkarnation auf genau diesen ihnen bevorstehenden Lebensweg vorbereitet und ihn gegebenenfalls zuvor in ähnlich aufgebauten Erfahrungsräumen geprobt, doch die Herausforderung, eine gesunde Kindesentwicklung zu durchlaufen, ist zurzeit unter diesen Bedingungen besonders hoch.
In vielen Bereichen geht es fast nur noch um Schadensbegrenzung und die Möglichkeiten, eine Brücke zu schlagen aus den alten Strukturen in das neue Bewusstsein. Das alte Bildungssystem kann ja weiterhin für diejenigen, die sich freiwillig für diesen Entwicklungsweg entscheiden, bestehen bleiben, aber dennoch sollte jeder die freie Wahl haben, wann er was lernen möchte. Natürlich ist es wichtig, den Kindern einen haltgebenden Rahmen und eine gewisse Lernstruktur für die Bewusstseinsentfaltung anzubieten, doch je reifer die inkarnierte Seele ist, desto selbstverantwortlicher kann sie ihre eigene Lernstruktur selbst erarbeiten, um dem Ruf der inneren Wissbegier flexibel zu folgen. Und selbst wenn ein Kind immer wieder längere Phasen hat, wo es äußerlich nichts zu lernen scheint und sich für nichts wirklich begeistern kann, so sind auch diese Phasen wesentliche Schritte in der inneren Neuausrichtung, die zum Teil wichtiger sein können, als die Phasen, in denen oberflächliche Wissensaneignung geschieht.
Würden wir den Kindern von Anfang an wieder beibringen, wie sie mit anderen Ebenen der Realität in

Kontakt bleiben, dann würde sich der Schleier des Vergessens gar nicht derart über das Bewusstsein senken. Eines der wichtigsten Inhalte, die man Kindern beibringen kann und die freilich in keiner Schule gelehrt werden, ist das Wissen um die eigene spirituelle Heimat und das Potenzial in der Schulung des Körperbewusstseins. Würden wir den Kindern beibringen, wie sie das kultivieren und entfalten können, was sie ganz natürlich mitbekommen haben, dann würden wir schon sehr bald von den Kindern lernen dürfen, was es heißt, ein multidimensionales Schöpferwesen zu sein, das spielerisch mit allen Ebenen der Realität kommuniziert. Je mehr wir den Kindern zutrauen, desto stärker wächst ihr Vertrauen in sich selbst und mit diesem Selbstvertrauen können sie schnell über sich selbst hinauswachsen und die Ketten der menschlichen Bewusstseinskonditionierung sprengen. In den Kindern liegt die Zukunft und die Kinder, die sich gegenwärtig auf dieser Erde inkarnieren, bringen zum Teil einen sehr hohen seelischen Reifegrad mit.

Vertraut diesen Kindern, dass sie selbst entscheiden können, was für sie dienlich ist und lasst ihnen so viel Freiraum wie möglich, damit sie aus sich heraus das zur Entfaltung bringen können, was sie in sich tragen. Jedes Kind hat seine ganz eigenen Erfahrungswünsche mit in diese Inkarnation gebracht und schon früh wird es mit seinem eigenen Willen die Erfahrung erschaffen, für die es hier auf diese Erde gekommen ist.

# 2021 Eine Jahres Vor- und Rückschau

Ein historisches Jahr geht zu Ende und dennoch werden wir in Zukunft auf dieses Jahr als einen Beginn einer fundamentalen, nicht mehr aufzuhaltenden Wende schauen. Das, was sich in 2020 das erste Mal auf gesellschaftlicher Ebene in dieser Offensichtlichkeit gezeigt hat, war der Auftakt einer ganzen Reihe von immer absurder werdenden Ereignissen, die uns letztlich darüber Aufschluss geben, was hinter der Fassade unserer Oberflächenrealität liegt.
All die gesundheitlichen Ängste, Wut über Ungerechtigkeit und das schiere Unverständnis, was bitte um alles in der Welt auf diesem Planeten abgeht, waren vor 2020 bereits vorhanden, jedoch unter einer dicken Schicht an bequemlichem Komfortdenken und opportunistischer Dekadenz. Wenn nach 2020 die Menschen immer noch daran glauben, in einem Rechtsstaat zu leben, der von Menschen regiert wird, die nur das Allerbeste für ihr Volk wünschen, dann weiß ich auch nicht mehr weiter.
Und dennoch wird das untergehende System in den kommenden Jahren versuchen, noch alle Karten auszuspielen, die ihm möglich sind. Ich habe die gesellschaftlichen Geschehnisse dieses Jahres oft mit einer akut ausbrechenden Krankheit verglichen, die bereits viele Jahre zuvor latent vorhanden war. Und so wenig wir das Wesen von Gesundheit und Krankheit verstehen, so wenig sehen wir, dass der Ausbruch gesellschaftlichen Chaos letztlich die Akutsymptomatik ist,

die zur Heilung führt. Und nein, es muss nicht immer alles schlechter werden, bevor es besser wird, denn auch dies ist ein Glaubenssatz, den man nach 2020 nicht weiter füttern muss.
Aber es scheint so, als hätten wir den Höhepunkt des uns vorgespielten Szenarios, oder wie man es sehen möchte, den Tiefpunkt des gesellschaftlichen Chaos noch längst nicht erreicht. Wir bekämpfen die Symptome, die zur Heilung führen und bekämpfen damit unsere eigene Heilung. Die an allen Ecken und Enden auftretenden gesellschaftlichen Symptome sind die Heilung einer zutiefst traumatisierten Menschheit und wie bei jedem Trauma wurde ein großer Teil unseres Bewusstseins, gerade unseres Ahnen-Gedächtnisses, abgespalten und die Reintegrationsphase durchläuft alle Schichten der menschlichen Emotion, die man sich überhaupt nur vorstellen kann.
Nach dem ersten Lockdown 2020 sind viele Menschen in eine dissoziative Schockstarre gefallen und so unvorstellbar es zu Beginn des Jahres 2020 gewesen wäre, wenn man über die Vorkommnisse von Lockdown, Länderabriegelung und globalen Maskenwahn berichtete, so unvorstellbar werden die Dinge sein, die in den kommenden Jahren noch auf uns warten.
Vor 2020 war es eigentlich bereits für alle fühlbar, dass uns auf unserem Planeten eine riesige Show vorgespielt wird, in der jeder mitspielen darf, wenn er die Spielregeln des Unterdrückungsspiels akzeptiert.
Doch nach diesem Jahr wurde es noch offensichtlicher, nach welchem Theaterstück der gesellschaftliche Maskenball gespielt wird und aus welcher Feder das dazugehörige Skript kommt. Je größer in Zukunft die uns

vorgespielte Show wird, egal wie drastisch oder schockierend die noch kommenden Szenarien werden, desto stärker facht die Schwingungserhöhung dieses Planeten unsere Heilungsprozesse an.
Das Skript, das die mediale Realität vorgibt, wird wie bei einem guten Hollywood Blockbuster aufgebaut sein, nur dass der Versuch gestartet wird, uns so in die Geschichte hinein zu hypnotisieren, dass wir alle darin mitspielen. 2020 war der Auftakt zu einem gesellschaftlichen Spannungsbogen, der sich dramaturgisch weiter zuspitzen wird, um in einem globalen Finanzcrash zu münden. Wenn die Finanzwelt zusammenbricht, dann können wir davon ausgehen, dass die Hochfinanz ihr eigenes System kontrolliert herunterfährt, egal wie dies medial dargestellt wird, um uns ein alternatives Sklavensystem anzubieten, das uns materiellen Wohlstand in Hülle und Fülle, vielleicht in der Form eines großflächigen Grundeinkommens verspricht.
Jedes parasitäre Prinzip zerstört irgendwann seine eigene Lebensgrundlage und damit sich selbst und genauso vernichtet sich jedes destruktive System irgendwann mit den selbst eingesetzten Mitteln. Obwohl Selbstverantwortlichkeit und eigenes Denken zunehmend mehr gefragt sind können wir uns, bezogen auf die Show der medialen Realität, zurücklehnen, das Popcorn genießen und unsere Schaffenskraft einzig auf das Neue ausrichten, das wir verstärkt erfahren wollen. Die Zeit zwischen Impuls und Manifestation wird mit steigender Schwingung immer geringer und dieses Jahr hat bereits zeigen können, dass wir uns eine halbher-

zige Unbewusstheit, sei sie auch nur in unseren Gedanken, nicht mehr erlauben können, ohne in vollem Umfang deren Konsequenzen zu erfahren. Einigen Menschen fiel es dieses Jahr zum ersten Mal auf, wie sie über Jahrzehnte hinweg mit sich selbst umgegangen sind. Es scheint so, als ob jedes destruktive Muster im Lichte der steigenden Bewusstheit noch einmal zu Besuch kommt und anfragt, ob es weiterhin Teil des inneren Verarbeitungssystems sein darf.
Die kommende Zeit wird stärker denn je unser Wertesystem infrage stellen und uns radikal mit allen Bereichen konfrontieren, an die wir unsere Souveränität einst abgegeben haben. Ein wenig mag sich dies so anfühlen, als ob Adlermutter Gaia ihre frisch geschlüpfte Menschheit aus dem Nest wirft, damit sie fliegen lernt. Der auf Systemabhängigkeit basierende Säuglingsstatus der Menschheit wird nun im großen Stil aufgehoben, damit der Mensch Kraft seiner Eigenverantwortlichkeit erwachsen wird.
Ein traumatisierter Mensch ist immer so alt, wie zu dem Zeitpunkt seines Traumas, denn reifere Realitätsumgangsmöglichkeiten konnten nie gelernt werden. Was die Menschheit künstlich in ihrem naiven Säuglingsstatus hält, ist die medial ständig sich abspielende Retraumatisierung durch existenzielle Angstthemen und natürlich profitiert Vater Staat von all den Hoffnungen, die wir in ihn investieren. Solange wir unsere Opferrolle gut spielen, kann sich die Täterseite voll ausleben. Doch vielleicht bekommen wir irgendwann mit, dass wir eben nicht mehr der unbeholfene Säugling sind, der nicht mehr lebensfähig wäre, wenn er die Zuneigung

von Vater Staat und Mutter Merkel nicht mehr bekommen würde. Wir spielen der Anerkennung und der sozialen Zugehörigkeit wegen alle noch mehr oder weniger im gesellschaftlichen Maskenball mit, doch ein erwachsener Mensch erkennt unbewusste coabhängige Beziehungsdynamiken und weiß sich klar von ihnen abzugrenzen.

Bisher hat das bestehende System mit seinen Wissenschaftslakaien darauf gesetzt, den Menschen auf die sinnlich physische Realität zu begrenzen. Doch das kann sich in den nächsten Jahren verändern. Derart viele Menschen erkennen das sogenannte Übersinnliche, Übernatürliche als ihr natürliches Sein an und dass es in Überlegung ist, das Skript der medialen Realitätsprogrammierung auf den Bereich des Übersinnlichen zu erweitern.

Stellt euch nur mal die kollektive Massenhysterie vor, die stattfinden würde, wenn ein übersinnliches Phänomen zu einem medialen Hype und Gamechanger in der Geschichte der Menschheit gepuscht wird. Seid vorbereitet auf alles, was ihr erst mal so nicht erwarten würdet, denn auch ein gutes Hollywood-Drehbuch arbeitet immer wieder mit radikalen Drehungen des Geschichtsverlaufs. Geistige Zentriertheit gepaart mit innerer Flexibilität und einer Anpassungsfähigkeit, die bereit dazu ist, von Moment zu Moment die vermeintliche Realität loszulassen, sind die Eigenschaften, die uns zu den Vorreitern der neuen Zeit machen. Auch wird es in der kommenden Zeit noch wichtiger denn je, das warme vom kalten Licht mit dem eigenen Herzen unterscheiden zu lernen und die wahrhaftige, in die

Selbstverantwortung und Freiheit führende Unterstützung von sich gut anhörenden spirituellen Fallen zu differenzieren.
Es kann gut sein, dass sich die nächste, angekündigte Lockdownphase noch länger hinziehen wird, um dann entweder in einer Pleitewelle mit Hyperinflation zu münden oder in die nächste Dissoziationsrunde zu gehen, in der wir einen gesellschaftlichen Schein einfrieren, der so eigentlich überhaupt nicht mehr gewahrt werden kann.
So wie es in der Finanzwelt zu immer größeren Finanzspritzen kommen muss, um etwas zu reparieren, was eigentlich gerade in einer akuten Heilungsphase steckt, so wird man uns auf physischer Ebene die Spritze anbieten, um die Dissoziation von den inneren Missständen weiter aufrechterhalten zu können.
Doch wenn noch nicht einmal der Impfstoffhersteller bereit dazu ist, seine Mitarbeiter mit der Substanz zu spritzen, die er selbst hergestellt hat, dann wird die gesellschaftliche Bereitschaft, die Erlösung des Angstszenarios in einer Spritze zu sehen, genauso gering ausfallen. Jeder Mensch entscheidet sich als sein eigener oberster Souverän, was er in seinen Körper lässt und was nicht, auch wenn der kollektive Druck durch Einschränkung am Gesellschaftsspiel sicherlich noch erhöht wird.
Es kann zwar in der kommenden Zeit noch einmal phasenweise zum Abklingen der kollektiven Angstwahnsymptomatik kommen, wobei das inszenierte Chaos sicherlich noch einmal an Intensität und Drastik hochgefahren wird, da dem System ganz wortwörtlich die Zeit und die gläubige Anhängerschaft davonrennt. Und wie

leicht kann man eine im Dunstnebel der New Age Bewegung verlorengegangene Anhängerschaft wiedergewinnen, wenn man übersinnliches Material massentauglich macht.
Wir werden irgendwann in nicht allzu ferner Zukunft auf 2020 zurückschauen und über das lachen, was uns heute so tragisch erscheint. Wir werden 2020 als den Anfang vom Ende einer veralteten Gesellschaftsstruktur erkennen und irgendwann mit Stolz unseren Kindern und Enkeln davon berichten, dass wir schon damals dabei gewesen waren und das Trugbild der falschen Show erkannt haben. Wir werden mit Unglauben zurückschauen und kopfschüttelnd feststellen, wie beschränkt wir doch bis dahin waren und wieviel wir damals noch über uns haben ergehen lassen. Manch einer wird vielleicht sagen: „Ja, in 2020 habe ich auch noch mitgemacht. Es haben doch alle so getan und damals hat dies nie wirklich irgendjemand hinterfragt." Andere werden vielleicht sagen, dass sie es bis zu diesem Zeitpunkt gar nicht besser wussten und dass ihre Ängste um ihre Karriere, Gesundheit oder Familie so groß gewesen sei, dass sie einfach mit dem Leben in den sicherheitsgebenden Strukturen fortfuhren, obwohl es dort zunehmend ungemütlicher wurde.
Im Nachhinein werden wir es wohl kaum noch nachvollziehen können, mit welcher billigen Massenhypnose wir an eine virtuelle Realität gefesselt wurden, die fast gänzlich unser inneres Erleben ausfüllte. Zum Ende der uns vorgespielten Geschichte werden wir den gesamten Handlungsverlauf und die Verknüpfung der einzelnen Szenarien überblicken und uns fragen, wie uns ein derart künstliches Schauspiel damals so hat in

den Bann schlagen können. So, wie wir heute nach 5 Minuten schwarz-weiß Stummfilm zu gähnen beginnen, wird uns der virtuelle Geschichtsverlauf zu Tode langweilen, da wir erfahren haben, was es heißt, im Lichte unseres vollen Bewusstseins zu leben.
2020 ist Geschichte und deren Fortsetzung wird nicht mehr von den beauftragten Medienagenten, sondern von jedem souveränen Erdenbürger selbst geschrieben. Schreibe auch du mit an der Geschichte, für die du auf diese Erde gekommen bist und die du irgendwann mit Funkeln in deinen Augen an eine Generation weitergeben kannst, die es sich schon überhaupt nicht mehr vorstellen kann, wie das Leben in einer traumatischen, dissoziierten Gesellschaft einst gewesen sein musste. 2021 ist das Jahr der großen kollektiven Heilung, auch wenn es oberflächlich nicht danach aussehen mag.

## Das kollektive Menschheitsgedächtnis

Jeder Mensch ist angeschlossen an das Speziesgedächtnis der gesamten Menschheit und alles, was die Menschheit erfahren hat oder noch erfahren wird, prägt das Individuum. Das kollektive Bewusstseinsfeld gibt quasi den Rahmen vor, innerhalb dessen bestimmte Eigenschaften und Fähigkeiten eines Menschen mit einer gewissen Wahrscheinlichkeit auftreten werden. Sich aus der kollektiven Realität auszuklinken, heißt den aktuellen, meist begrenzten Rahmen des eigenen Denkens, Handelns und Fühlens zu erweitern und seine Eigenschaften wieder aus einer tieferen Ebene als der oberflächlichen Realitätsprogrammierung zu beziehen. Das schulische Lernen des sogenannten Bildungsweges von der Vorschule bis zur Habilitation sorgt meist für die Überschüttung eines Geistes mit Information, wodurch der Zugang zum kollektiven Menschheitsgedächtnis verschüttet wird. Die Lern- und Lehrmentalität des Bildungssystems sorgt schon früh dafür, dass das Kind sein Vertrauen in sein inneres Wissen verliert, wodurch die natürliche Wachstumsrichtung und Geschwindigkeit gestoppt und in kontrollierte Bahnen umerzogen wird. Welche Schule geht schon davon aus, dass die Kinder alles Wissen und alle Fähigkeiten mitbringen, da sie von Anfang an Zugang zum kollektive Menschheitsgedächtnis haben?
Welche Schule lehrt, dass, wenn jemand bei einem Mitmenschen eine wünschenswerte Eigenschaft oder Fä-

higkeiten sieht, er sich einfach mit dem Bewusstseinsfeld desjenigen verbinden braucht, um sich diese Eigenschaft auf sich zu übertragen? Alles Wissen, alle Eigenschaften und Fähigkeiten lassen sich über das kollektive Menschheitsgedächtnis übertragen, ohne es mühselig lernen zu müssen, denn wenn einer etwas kann, dann ist das *Wie* und *Was* dieser Fähigkeit im Menschheitsgedächtnis hochgeladen und braucht nur wieder aus dem feinstofflichen Informationsfeld heruntergeladen werden.

Dadurch aber, dass wir nur gelernt haben, uns unser Wissen in anstrengender Lernarbeit von dieser Ebene zu beziehen, haben wir die intuitive Wissensübertragung aus anderen Ebenen aus dem Fokus verloren. Stellt euch einmal vor, wie schnell die Menschheit sich entwickeln würde, wenn jeder Mensch wüsste, wie er sich alle Fähigkeiten und Eigenschaften aus dem kollektiven Menschheitsgedächtnis spielend leicht zu eigen machen kann.

Diese Zeit wird kommen und dann werden wir auf das heutige Bildungssystem zurückschauen und uns fragen, wie wir uns darüber systematisch so sehr in die Verblendung haben führen lassen. Wer den inneren Fähigkeitentransfer von Mensch zu Mensch wieder üben mag, der kann zum Beispiel an Orte gehen, wo bestimmte Menschen über längere Zeit bereits bestimmte Fähigkeiten ausgebildet haben. Vielleicht ist euch schon mal aufgefallen, dass euch das konzentrierte Lesen in einer Bibliothek leichter fällt als zu Hause. Und dies hat unter anderem den Grund, dass ihr in der Bibliothek automatisch mit dem konzentriert lesenden Bewusstseinsfeld verbunden seid, das den Ort der Bibliothek speist. Wenn ihr auf einem Sportplatz rennt, auf dem schon gute Marathonläufer gelaufen sind, dann werdet ihr merken, dass ihr mehr Ausdauer habt, als auf anderen Strecken.

Auch werdet ihr bestimmt besser Schach spielen, wenn ihr einmal in einem alteingesessenen Schachclub eine Partie spielt, als wenn ihr alleine zu Hause spielen würdet. Menschen tun sich automatisch in Vereinen oder Gruppierungen zusammen, um gleiche Eigenschaften und Fähigkeiten auszubilden, weil etwas in ihnen nach wie vor weiß, dass alle Fähigkeiten über das kollektive Feld übertragen werden. Und wenn wir jetzt beginnen, das auch noch bewusst zu tun, dann wird der Fähigkeitentransfer noch schneller gehen und sich exponentiell entwickeln.

Das Schwierige bei neuartigen Erfindungen ist es, dass die Informationen im Feld nur sehr wenig oder in einem anderen Sinnzusammenhang vorhanden sind, weshalb der Erfinder mit seinem Bewusstsein eine gewisse Informationsschwelle nehmen muss, um die neuartige Erfindung vor seinem geistigen Auge erscheinen zu lassen. Ist das innere Vorstellungsbild in allen Details erst einmal präsent, passiert die Umsetzung wie von selbst.

Wer ein ganz neuartiges Instrument in die Finger bekommt, der wird längere Zeit brauchen, um es spielen zu lernen, als wenn er anfängt Klavier oder Gitarre zu spielen, da diese Instrumente und deren Spielweise bereits stark im kollektiven Menschheitsgedächtnis repräsentiert sind. Und generell gilt: Je mehr Menschen etwas können, desto einfacher wird es für die anderen

Menschen Selbiges zu lernen. Der Umgang mit dem Computer ist auch ein sehr eindrückliches Beispiel: Als die ersten PCs herauskamen, hatten die meisten Menschen große Probleme mit deren Bedienung, wohingegen heutzutage die Kinder ohne sich viel damit auseinandergesetzt zu haben, besser mit PC und Handy umzugehen wissen als ihre Eltern. Zum kollektiven Gedächtnis und zur Übertragung von Fähigkeiten gibt es tatsächlich auch schon wissenschaftlich beobachtete Phänomene, die natürlich vom Mainstream Empirismus zerrissen werden, da die Verbreitung dieses Wissens systemsprengende Konsequenzen nach sich ziehen kann.

Eines der bekanntesten Phänomene ist das des sogenannten hundertsten Affen. Wissenschaftler beobachteten, dass eine bestimmte Affenart auf einer japanischen Insel eine bestimmte Fähigkeit ihrer Nahrungszubereitung ausbildeten. Erst führte nur ein Affe diese Fähigkeit aus und durch Zuschauen und Nachahmen lernten es die anderen Affen auf dieser Insel. Und dann bemerkten die Wissenschaftler etwas Außergewöhnliches, denn auf einmal begannen die Affen der gleichen Spezies auf anderen Inseln diese Fähigkeit der Nahrungszubereitung auch auszuführen.

Die Fähigkeit war schnell im kollektiven Speziesgedächtnis verankert und wurde so automatisch auf alle Tiere dieser Spezies übertragen, unabhängig davon, wo sie lebten und ob sie dieses Verhalten bereits beobachtet hatten oder nicht.

Übertragen wir diese Erkenntnis auf die Menschheit, dann hat dies zwei Implikationen: Erst einmal werden alle begrenzenden, geistigen Programme und alle emotionalen Traumata, mit denen ein Mensch lebt, auf einer gewissen Ebene mit allen Menschen geteilt und dies hat über die Zeit hinweg zu einem riesigen kollektiven Schmerzkörper im Menschheitsgedächtnis geführt. Auf der anderen Ebene ist jeder Genius eines Menschen, egal für welchen Bereich, im kollektiven Menschheitsgedächtnis stets online und abrufbar. Allerdings dominiert für die große Masse der Menschheit das kollektive Bewusstseinsprogramm der Kleinhaltung und Begrenzung. Doch je mehr Menschen sich aus diesem Bewusstsein befreien, desto einfacher wird es für all die anderen. Sei dir bewusst, dass dein Heilungsweg den Heilungsweg aller erleichtert. Noch ist es so, dass sich die Menschen bewusst dafür entscheiden müssen, Energie und Aufmerksamkeit zu investieren, um sich aus dem kollektiven Bewusstseinsprogramm auszuklinken, doch ab einer gewissen Schwelle wird das anders sein. Dann wird es so sein, dass sich die Menschen bewusst dafür entscheiden müssen, nicht aus dem kollektiven Bewusstseinsprogramm auszusteigen, da ansonsten alle Menschen sich so ausrichten, wie bereits viele vor ihnen, die den Heilungsweg gegangen sind. Wenn eine kritische Masse an Menschen eine bestimmte Bewusstseinsschwingung hat, dann werden alle anderen Menschen mit in dieses Bewusstsein gezogen, ob sie wollen, oder nicht. Vielleicht bekommt ihr mit, dass es in dieser Zeit immer schwieriger wird, unbewusst zu sein und sich selbst etwas vorzumachen, oder sich oder andere zu belügen. Da immer mehr Menschen bereits bewusst sind, bringt es die Unbewusstheit ans Licht und wer trotzdem versucht, seine alten Muster zu fahren, der muss ständig mehr Energie investieren, um diese aufrechtzuerhalten. Mehr als 80 % der Menschen folgen dem Strom der allgemeinen Bewusstseinsausrichtung und der kollektiven Schwingung und dieses Phänomen haben sich die Machthaber auf Erden lange zunutze gemacht. Allerdings spielt das gleiche Phänomen jetzt dem kollektiven Erwachen in die Hände, da die 80 % der mitschwimmenden Massen nicht anders können, als sich jetzt der höheren Bewusstseinsschwingung anzuschließen. Das, was einst die größte Schwäche der menschlichen Spezies war, nämlich die starke Übertragung durch das kollektive Menschheitsgedächtnis, wird jetzt zu unser aller größten Stärke, da wir dadurch einen qualitativen Bewusstseinssprung sondersgleichen vollführen werden. Nicht mehr die satanistischen 1% der Menschen lenken jetzt die 80 % der Massen, sondern die 19 % der immer bewusster werdenden Schöpfer auf Erden. Wir werden uns noch alle wundern, wie schnell sich das höhere Bewusstsein automatisch auf alle Menschen dieser Welt übertragen wird, sobald eine gewisse Stärke im kollektiven Menschheitgedächtnis verankert ist. Und bis zu diesem Punkt, wo sich das Schöpferbewusstsein wie ein Lauffeuer durch jeden menschlichen Geist verbreiten wird, müssen wir uns immer wieder erneut bewusst dafür entscheiden, Verantwortung für unsere Realität zu übernehmen, um sie schöpferisch mitgestalten zu können. Und schon sehr bald wird sich das, wofür wir uns jetzt noch bewusst entscheiden müssen und was nur für einen Bruchteil der Menschheit gerade präsent ist, automatisch auf alle Menschen dieser Erde übertragen.

## Die Welt mit beiden Händen begreifen

Der Mensch begreift sich über seine Hände und erfasst seine Umwelt zu großen Teilen über das haptische Erleben. Erst in dem haptischen Erfassen und Erfühlen beginnt er seine Welt für sich aufzugreifen und zu verinnerlichen. Eine mit den Händen aufgenommene Information ist wesentlich tiefer in das Zellgedächtnis eingespeichert als eine, die über das Sehen aufgenommen wird.

Wenn wir mit der linken Hand etwas ergreifen, dann aktiviert dies die rechte Gehirnhälfte. Und wenn wir etwas in die rechte Hand nehmen, dann aktiviert sich hauptsächlich die linke Gehirnhälfte. Dies liegt daran, dass unser Körper contralateral verschränkt ist, was bedeutet, dass die linke Hemisphäre für die rechte Körperhälfte zuständig ist und umgekehrt.

Wenn wir etwas Koordinatives mit beiden Händen tun, dann aktivieren wir nicht nur beide Gehirnhälften, sondern wir stärken die Vernetzung zwischen den Hemisphären und lösen so letztlich deren Dualität auf. Dass wir ein physisches Gehirn besitzen, welches sich in eine rechte und linke Gehirnhälfte teilt, die nur durch einen verhältnismäßig kleinen Nervenstrang, dem Corpus Callosum miteinander in Verbindung stehen, ist Ausdruck der Dualität des Menschseins.

Die linke Gehirnhälfte ist hauptsächlich für logisch sprachliche, lineare, sequenzielle, analytische Prozesse zuständig, wohingegen die rechte Gehirnhälfte auf intuitive, assoziative, bildhafte, holistische und analoge

Verarbeitung spezialisiert ist.Wenn wir unsere Welt nur über die linke Hand begreifen würden, hätten wir eine komplett andere Erfahrung von unserer Realität, als wenn wir sie primär mit der rechten Hand erfassen würden. Dass es in den letzten Jahrhunderten derart großer Umschulung auf die rechte Hand gab, ist eine systematische Manipulation des menschlichen Bewusstseins, sich und seine Welt auf eine ganz bestimmte Art und Weise zu erfahren. Wir leben in einer rechtshändigen Gesellschaft und wenn wir über die rechte Hand auf die Welt zugehen oder in die Begegnung gehen, dann ist die Art der Erfahrung bereits vorgeprägt.

Wenn etwas in der Dualität ausgewogen ist, dann verteilen sich die Eigenschaften zu gleichen Teilen in beiden Polaritätspolen und eigentlich ist in der Natur alles so angelegt, dass polare Eigenschaften gleichmäßig verteilt sind und überall, wo ein Teil überwiegt, kommt die natürliche Harmonie in Unordnung.

Gehen wir davon aus, dass auch die Händigkeit eine gleichverteilte Eigenschaft ist, worauf vieles hindeutet und schauen uns an, dass es global nur etwa 10 % Linkshänder gibt, dann weist dies auf ein massives Ungleichgewicht hin. Dass wir in einer auf die rechte Hand getrimmten Gesellschaft leben, sollte nicht verwunderlich sein, wenn wir uns ansehen, auf welche Verarbeitung die linke Gehirnhälfte spezialisiert ist. 40 % aller Menschen sind umerzogene Linkshänder, die ihren natürlichen Zugang, die Welt mit links zu begreifen, unterdrücken.

Ein Rechtshänder, der die Welt mit rechts begreift, ver-

fügt über eine klare, konsistente Wahrnehmung, wohingegen ein Großteil derer, die intuitiv die Welt über die linke Hand erfassen über keine konsistente Selbst- und Fremdwahrnehmung mehr verfügt.
Anstelle ihrer Wahrnehmung zu vertrauen und die Welt rechtshemisphärisch zu begreifen, passen Linkshänder sich an und übergehen damit die ganze Zeit das, was sie innerlich wahrnehmen.
Wenn wir uns anders verhalten, als wir es wahrnehmen, entsteht ein innerer Konflikt und alle Linkshänder, die auf rechts umgeschult werden, sind ständig in einem subtil wirkenden Wahrnehmungskonflikt, den sie so auflösen, dass sie sich selbst und ihrer Wahrnehmung nicht mehr vertrauen. Mangelndes Selbstvertrauen kann einen Hinweis darauf geben, dass man die Welt nie so begreifen gelernt hat, wie man es aus dem intuitiven Gefühl heraus tun würde. Jeder, der an seiner Wahrnehmung zweifelt, wird früher oder später an sich selbst zweifeln und dass ein umerzogener Linkshänder mit einem rechtshemisphärischen Begreifen an seiner eigenen Wahrnehmung zweifelt, ist gewiss.
Das Begreifen mit der rechten Hemisphäre ist nicht besser als das Begreifen über die linke. Was aber fatale Folgen mit sich bringt, ist die Einseitigkeit. Mit der Umschulung auf die Rechtshängigkeit wurde eine ganz bestimmte Art, die Welt zu betrachten, aus den Köpfen der Menschen verbannt. Das induktive Denken, was vom Einzelnen auf das Ganze schließt, wird massiv verstärkt, wohingegen das deduktive Denken, was vom Ganzen ausgeht und aus dem Ganzen die Eigenschaften für das Einzelne ableitet, unterdrückt wird. Das holistische Denken wurde mit der Unterdrückung der

Linkshändigkeit aus den Köpfen der Menschen verbannt und so wurden Universalgelehrte immer mehr zu Fachidioten.

So, wie räumliche Tiefe nur durch das Sehen mit beiden Augen möglich wird, so wird das tiefe Begreifen unserer Welt nur durch das Zusammenspiel beider bilateraler Verarbeitungsweisen möglich. Für den Linkshänder, der die Welt auf umgekehrte Weise erfährt wie der Rechtshänder, ist rechts links und links rechts. Wenn ein Rechtshänder rechts sagt, meint er das gleiche, wie ein Linkshänder, wenn er links sagt, weil sich beide auf die gleiche Wahrnehmung beziehen. Ein Linkshänder hat gelernt, das, was er über links wahrnimmt und als links bezeichnen würde, sprachlich als rechts zu benennen, was zu großer Verwirrung führt, wenn er sich in den Erkenntnis- und Benennungsprozess eines Rechtshänders einfühlt.

Ein Mensch, der eine Rot-Grün Schwäche hat und dort Grün sieht, wo andere Rot sehen, hat gelernt, sein Grün sprachlich also Rot zu bezeichnen und immer dann Grün zu sagen, wenn er Rot sieht.

Wir glauben, dass wir Gleiches sehen und erfahren, wenn wir es mit den gleichen Begriffen benennen, doch eigentlich nehmen wir alle eine vollständig verschiedene Welt wahr. Wenn ich als Mann den Begriff Mann sage, meine ich das gleiche, wie eine Frau, wenn sie Frau sagt, weil wir zu dem Begriff im gleichen Bezug stehen und sich die Bedeutung des Begriffes aus dem Bezug heraus ergibt.

Auch wenn es auf sprachlicher Ebene zu Wortübereinkünften kam, so wird doch dadurch nie das, was wir eigentlich meinen, ausgedrückt. Sprache suggeriert, dass wir mit gleicher Wahrnehmung auf eine gleiche Welt schauen. Aber woher weißt du, dass andere die Welt nicht ganz anders wahrnehmen und nur gelernt haben, es sprachlich gleich zu betitelten? Etwas zu meinen und etwas zu sagen sind zwei völlig verschiedene Dinge auf zwei völlig verschiedenen Erfahrungsebenen.

Gehen wir einmal hypothetisch davon aus, dass meine Sinneszellen die Wellenlänge des Lichtes, die für andere als rot erscheint für mich als grün interpretiert wird. Mit der Farbe Grün verbinde ich durch die Wahrnehmung eine ganz bestimmte Eigenschaft. Und wenn ich dann mitbekomme, dass andere Menschen gleiche Eigenschaften anders bezeichnen, dann zweifle ich entweder an meiner Wahrnehmung oder beginne, Sprache auf einer ganz anderen Weise zu verwenden.

Wenn die Farbe Rot häufig in dem gleichen Sinnzusammenhang verwendet wird und das Wort an die Wellenlänge einer bestimmten Erfahrung geknüpft ist, dann kommen automatisch Unsicherheiten hoch, wenn man mitbekommt, dass die Sprache, die man verwendet, nicht zu der Erfahrung passt, die man darin macht. Ganz viele Linkshänder werden diese Erfahrung machen, dass die Sprache, die auf einen linkshemisphärischen Wirklichkeitszugang gepolt ist, nicht zu ihren Erfahrungen passt und dass sie ständig die Dinge anders benennen müssen als so, wie sie es eigentlich innerlich fühlen. Das, was der Linkshänder meint, wenn er links sagt, ist dasselbe, was der Rechtshänder meint, wenn rechts sagt und dies bezieht sich nicht nur auf rechts oder links, sondern auf alle anderen dualen Erfahrungsqualitäten.

Wer in der quantitativen Minderheit ist und die Sprache der Mehrheit verwendet, um verstanden zu werden, erlebt eine massive Unstimmigkeit seines eigenen Ausdrucks. Niemand kann eine Sprache verwenden, die nicht zu den Erfahrungen passt, die er macht und nicht gleichzeitig an seiner eigenen Wahrnehmung zweifeln. Um diesen Konflikt zu lösen, kann man sich entweder umschulen lassen, um die Welt so wahrzunehmen, wie es der größte Teil der Menschheit tut oder man beginnt, einen eigenen sprachlichen Ausdruck zu entwerfen, der genau auf die Erfahrung eingestimmt ist, die man innerlich wahrnimmt.
Niemand meint das Gleiche, was er als gleich bezeichnet, weil die Erfahrung von dem, was als gleich bezeichnet wird so vielfältig sein kann. Ein Nikotinsüchtiger müsste seine Zigaretten so bezeichnen wie ein Alkoholsüchtiger seinen Whisky bezeichnet, weil sie beide das gleiche meinen bzw. den gleichen inneren Bezug zu ihren jeweiligen Suchtmitteln haben.
Dadurch, dass die Lateralität sowie unsere Geschlechtlichkeit eines der grundlegenden Unterschiede unseres Erfahrungsbezugssystems ist ergeben sich darüber auch die größten sprachlichen Missverständnisse. Ich kann links sagen und links meinen und was dann an Schwingung bei dem anderen ankommt, ist der Impuls nach links. Ich kann aber auch links sagen und rechts meinen, dann wird der andere auf subtiler Ebene eine inkongruente Botschaft bzw. eine Dissonanz wahrnehmen. Hört er auf das Wort, dann kommt der Impuls nach links, fühlt er hingegen auf die Schwingung von dem, was ich meine, kommt der Impuls nach rechts. Häufig meinen wir ganz andere Dinge als wir sagen,

bzw. der andere meint etwas ganz anderes, wenn er dasselbe Wort verwendet und so sorgt die Sprache dafür, dass wir unserer Wahrnehmung nicht mehr vertrauen und unsere Erfahrungen anzweifeln. In der telepathischen Verbindung können wir nur das ausdrücken, was wir meinen, wohingegen wir dies in der Sprache eben gerade nicht ausdrücken können.
Jede individuelle Erfahrung bräuchte ein individuelles Wort, um dieser Erfahrung gerecht zu werden und um das ausdrücken zu können, was man tatsächlich meint. Dass wir uns in einer solchen Individualsprache aber nicht mehr so verstehen könnten, wie wir es gewohnt sind, sollte offensichtlich sein. Das sensorische Sprachzentrum liegt bei den Rechtshändern in der linken Hemisphäre, wobei es sich bei dem Linkshänder signifikant häufiger in der rechten Hemisphäre befindet, was eine andere Art der Sprachverarbeitung nach sich zieht. Umerzogene Linkshänder können dadurch nicht nur die sprachlichen Begriffe nicht so verwenden wie sie es meinen, sondern die gesamte Wahrnehmung und ihr Erfahrungsbezug zu den Dingen wird gestört. Dadurch, dass wir unterschiedliche Erfahrung mit den gleichen Begriffen betitelten, senden wir immer inkongruente Botschaften, die nie das ausdrücken können, was unserer Erfahrung im Wesen entspricht.
Wir sollten folglich viel weniger auf die Worte achten, sondern uns darin einfühlen, was eigentlich gemeint ist, unabhängig davon, mit welchem sprachlichen Etikett es versehen wurde.
Das Ungleichgewicht der Händigkeit der Menschen hat zu einer massiven Wahrnehmungseinschränkung geführt und alle, die anders wahrnehmen, werden dazu

gezwungen, ihre Wahrnehmung in die Begriffe zu kleiden, die eigentlich bereits für eine ganz andere Erfahrung verwendet wurden. Der Schlüssel, wieder zu einer heilen, ganzheitlichen Wahrnehmung zu kommen, ist das Leben wieder mit beiden Händen zu begreifen und das Ungleichgewicht der linkshemisphärischen Polarität auszugleichen. Hört hin, was ich meine, wenn ich sage, dass uns damit der Schlüssel in die Hand gegeben wird, die Dualität zu überwinden.

## Die Welt ist Klang

Die Welt ist gefrorener Klang und jedes Ding in der Welt schwingt in seinem eigenen Ton. Alle Erscheinungsformen der Dinge sind die Sichtbarmachung ihres inneren Klanges und von der äußeren Form lässt sich stets dessen innerer Klang ableiten. Einst hörten die Menschen noch die Klänge in den Dingen und bauten die Welt nach diesem Gehör und damit auch nach präzisen Schwingungsgesetzen auf. Für jeden Punkt in Raum und Zeit gibt es eine entsprechende Schwingungsmatrize, aus der hervorgeht, welcher Klang an diesem Ort zu einem resonanten Feld führt. Alle Elemente der alten und auch der kommenden Welt werden wieder nach den Schöpfungsprinzipien von Resonanz und Harmonie aufgebaut sein. Doch weil die Menschen den Klang der Dinge nicht mehr vernehmen, ist die Moderne zu einer Kakophonie, einem Schwingungschaos entartet und weder die Nahrung, die wir essen, noch die industriell gefertigten Dinge oder Gebäude, in denen wir uns aufhalten, verfügen noch über die Kraft ihres ursprünglichen Klanges. Von Wasser wissen wir, dass es eine andere Molekularstruktur annimmt, je nachdem welchem Schwingungsfeld es ausgesetzt wird. Sprechen wir zum Wasser: „Ich liebe dich“, so nimmt es wundervoll strukturierte und hochkomplexe, fraktale Formen an, wohingegen die Struktur des Wassers in Schwingungsfeldern des Hasses in sich zusammenfällt. Je höher die Schwingung von etwas ist, desto formvollendeter und harmonischer ist dessen Molekularstruktur und desto kraftvoller damit sein innerer Klang. Die Seele ist der Klang des Wesens, der die

Wassermoleküle des Körpers in die Strukturen der heiligen Geometrie bringt. Wenn der Zugang zur Seele verloren geht, zersetzt sich auch die Struktur des Körpers, was sich unter anderem als Alterung ausdrückt. Leben ist Klang und je klarer der innere Klang eines Dinges schwingt, desto lebendiger und energiegeladener ist es. Sind wir ohne Energie, dann haben wir lediglich den Klang unseres Seelenwesens vernachlässigt und konnten uns dementsprechend nicht auf die Gesamtsymphonie der Schöpfung einstellen. Dadurch, dass Wasser sehr schnell verschiedene Schwingungszustände annehmen kann, werden die Einflüsse von Klängen bzw. Schwingungszuständen auf seine Molekularstruktur besonders gut sichtbar. Aber nicht nur Wasser, sondern auch alle anderen Stoffe in dieser Welt formen und ordnen sich, ähnlich wie Wasser, aufgrund ihres inneren Schwingungszustandes. Wenn ein Klang genau den Ton einer Saite auf einem Streichinstrument trifft, gerät diese in Schwingung und nichts anderes geschieht, wenn das Seelenwesen den physischen Körper in Resonanz versetzt. Der Klang ist das strukturgebende Merkmal, das die Materie zum Aufbau einer fraktalen Geometrie anregt und ihr so den Odem des Lebens einhaucht. Klang in dem Sinne, wie der Begriff hier verwendet wird ist freilich viel mehr als der Schwingungsbereich, den wir akustisch wahrnehmen. Ein Ding, das in seiner atomaren Struktur den Klang eines überdimensionalen Tones manifestiert hat, empfängt einen ständigen Energiestrom von diesem Ton, um seine innere Struktur aufrechtzuerhalten. Der Tod in diesem Sinne ist nichts anderes als das Verklingen des inneren Tones, das zwangsläufig zur Auflösung der

Struktur des Dinges führt. Die alte Welt wusste noch wie man mit Klang heilen konnte und wie durch den inneren Ton äußere Dinge geschaffen wurden. Ganze Gebäude wurden durch Klang erzeugt und alle Transportmittel basierten auf der Anwendung von Frequenztechnik. Die Moderne hat das Schöne vom Nützlichen entkoppelt, dabei ist die Schwingungsharmonie eines aufeinander abgestimmten Klangzusammenspiels das Nützlichste überhaupt, weil alles dadurch lebendig in diese Welt geboren werden kann. Würden wir nur ein Mindestmaß an Sphärenharmonie in unserem alltäglichen Leben und den Dingen, die wir gebrauchen wieder einhalten, dann wären die Dinge um uns herum mehr mit Ätherenergie angereichert. Externe Energiezufuhr, um etwas zu betreiben, ist eigentlich eine Parodie der Schöpfung, da alles aus der inneren Energie heraus vibriert. Jedes Ding und auch die kleinste Materiestruktur tragen ein Energiekraftwerk in sich, mit dem sie durch die Muster ihres inneren Klanges universelle Ätherenergie in physische Materie umwandeln. Eine äußere Stromzufuhr, um eine Glühbirne zum Leuchten zu bringen, verkennt die Tatsache, dass alles durch seinen Ton von innen heraus leuchtet und dass man durch Akkumulation von Ätherenergie dieses Leuchten auch visuell umsetzen kann. So etwas wie Stromkabel gab es in der alten Welt nicht, weil jedem Gerät eine Ätherantenne innewohnte, durch die die Raumenergie empfangen und umgesetzt wurde. Je höher die Schwingung, desto komplexer und ästhetischer die Formen. Nicht nur die wundervoll geformten Blüten in der Natur sind Ausdruck hoher Energie, sondern sie sind gleichermaßen Empfangsstation für dieselbe. Wenn ein Gebäude oder eine ganze Stadt die Muster der Sphären-Harmonie beachtet und sich nach den Grundformen der heiligen Geometrie in runde, toroidale Formen gießt, dann werden sie zu Empfangsstationen der Ätherenergie. Das, was heute in der Moderne als Kirche umfunktioniert wurde, war damals in der alten Welt eine Empfangsstation von kosmischer Ätherenergie. Die großen Kuppeln, Türme und Zinnen sind Antennen und Resonanzräume, um kosmische Energie zu empfangen und um die Schwingung so heraufzusetzen, dass überall das präsent war, was wir heute freie Energie nennen würden. Kirchen und Gebäude waren Kraftwerke zur Akkumulation von Ätherenergie und erst viel später dachte sich die Kirche die Geschichte mit Gott, Glaube, Religion und Anbetung aus und ersetzte systematisch den eigentlichen Zweck dieser schöpferischen Meisterwerke. Früher war die Gewinnung von Energie noch eins zu eins mit der inneren Beziehung zum Kosmos verknüpft und je größer die liebevolle Hingabe an das Leben war, desto größer war dementsprechend auch die Energiegewinnung. Etwas überspitzt gesagt, leuchteten die Lampen eines Hauses nicht, wenn dessen Besitzer in schlechter Stimmung war und durch seine Schwingung nicht dazu beitrug, die Energieversorgung des Hauses mit Ätherenergie aufrechtzuerhalten. Ein Schlüsselelement für die Einleitung der neuen Welt wird die Rückbindung des menschlichen Schwingungszustandes an die Energiegewinnung sein. Wenn der Mensch den globalen Energieraub nicht weiter mit sich machen lässt und erkennt, dass er in einem multidimensionalen elektromagnetischen Torus sitzt, mit dem er wortwörtlich alles um sich herum zum Leuchten bringen kann, dann wird die Welt wieder eine andere sein. Elektromagnetismus ist die erste Stufe in der Ausdrucksform von Klang in dieser Welt und wenn der Mensch die Welt wieder als elektromagnetische Komposition erfasst, dann kann er entsprechend dieser Sphärenharmonie den Dingen wieder eine solche Formvollendung angedeihen lassen, dass sich in ihnen der Klang des Weltalls spiegelt. Wenn etwas schön ist, ist es in Harmonie mit der Schöpfung, weil es durch diese Harmonie einst erschaffen wurde und durch die Schönheit empfängt es den kompositorischen Klang, durch den es gezeugt wurde. Eine gotische Kirche ist eine Manifestation eines kosmischen Klanges und durch ihre Form empfängt sie beständig die Energie dieses Klanges und sendet diesen wieder aus. Leider wurden fast alle großen Tempel und Kirchen schwingungsmäßig umgepolt und verbreiten heutzutage eine Dissonanz der Schwingungsfelder und ihre ursprüngliche Empfangsfunktion von Ätherenergie wurde mit einer Sendefunktion dämonischer Energie vertauscht. Alles Leben in dieser Welt hat in den letzten Jahrzehnten massive Einbußen an Vitalität, Klang und Ätherenergie erlebt und es fehlt das grundlegende Verständnis darüber, wie das Leben auf Erden von der Schöpfung vorgesehen war. Durch den Schwerpunkt auf äußerliche Funktionalität wird das, was der Mensch hervorbringt immer kurzlebiger und unlebendiger, wobei es doch so leicht wäre, die Welt wieder zum Leuchten zu bringen, wenn der Zugang zum inneren Leuchten wieder erfahren wird. Freie Energie kann nur sehr begrenzt in dissonanten Feldern fließen und erst wenn wir lernen, alles wieder nach harmonischen Grundsätzen

der Schöpfung aufzubauen, dann können wir innerhalb dessen die Ätherenergie nach Belieben lenken. Je harmonischer das Feld, desto freier und reichhaltiger die in ihr fließende Energie.
Die Energetik des Menschen ist eine hervorragende Planskizze für die Entwicklung freier Energie, denn jeder Mensch ist eine Antenne für das Empfangen und Umwandeln von Ätherenergie. Der elektromagnetische Torus, in dem wir uns befinden, liefert alle Daten für die effizienteste Form der Energietransmutation, die sich die Schöpfung für das Leben auf Erden hat einfallen lassen. Alle Technologien der alten Welt waren bioresonant und wurden durch das Bewusstsein gesteuert und wieder einmal wurde alles umgedreht, weil die gesamte moderne Technologie auf die Steuerung des Bewusstseins abzielt, aber es nicht mehr zulässt, dass sie durch Bewusstsein gesteuert wird.
Der Schwerpunkt der gegenwärtigen Technologie wurde auf Elektrizität gelegt, wohingegen dem Magnetismus weniger Raum gegeben wurde, wobei sich beides erst im Zusammenspiel gänzlich entfalten kann. Magnetismus hält den Raum bzw. das Feld innerhalb dessen sich Elektrizität freisetzen kann. Damit spielt Magnetismus eine wichtige Rolle in der Übersetzung von höherdimensionalen Klängen und Mustern in die dreidimensionale Realität. Über Magnetismus können Bewusstseinsfelder ausgebreitet werden und die Schwingungen der Gehirnwellen arbeiten maßgeblich damit. Der ursprüngliche Begriff für Hypnose lautete Magnetismus, doch damit der Mensch nicht auf die Verbindungspunkte zwischen Magnetfeldern und veränderten Bewusstseinszuständen kommt, wurde er im

Laufe der Geschichte zu Hypnose umbenannt. In einem gewissen Sinne steht nahezu die gesamte Welt unter Einfluss von Hypnose, weil künstliche Schwingungs- und Magnetfelder installiert worden sind, die das menschliche Bewusstsein in einer niederen Frequenz halten. Man könnte auch sagen, dass ein Ton auf die Erde gekommen ist, der subtil und dennoch ganz offensichtlich den ursprünglichen Schöpferton der Erde übertönt. Die Hypnose des Menschen funktioniert, weil er die Klänge in sich und den Dingen nicht mehr vernimmt und nicht mitbekommt, dass er unter ständiger Frequenzbeschallung und Bestrahlung lebt. So wie für die kollektive Hypnose elektromagnetische Wirkkräfte eingesetzt werden, so kann auch durch bestimmte magnetische Feldspannung kombiniert mit aufeinander abgestimmten elektrischen Impulsen, eine Dehypnotisierung in die Wege geleitet werden. Allerdings muss der Mensch dann letztlich aus sich heraus das Bewusstsein halten können, in das er durch die Feldtherapie geführt wurde.

Die Gehirnwellen des sogenannten Alpha-, Beta-, Gamma- und Deltazustandes lassen verschiedene elektromagnetische Felder entstehen und durch „Reverse Engineering" können die Felder ermittelt werden, an die verschiedene Bewusstseinszustände geknüpft sind.

Die Dominanz des Schwingungstons, der den Menschen auf eine bestimmte Bewusstseinsfrequenz reduziert, nimmt zurzeit stark ab, was unter anderem zu starken Verzerrungen der subjektiven Zeitwahrnehmung führen kann, weil die Wahrnehmung von Zeit auch nur vom Ton der Bewusstseinsschwingung abhängt. So wie es Visualisierungen der Molekularstruktur von Wasser gibt, können auch die Felder von Magnettönen dargestellt werden. Durch die Visualisierung der elektromagnetischen Mandalas können Resonanzfelder aufgebaut werden, durch die das Bewusstsein dehypnotisiert und in alle Richtungen erweitert wird. Die Medizin der Zukunft wird die elektromagnetischen Mandalas der Menschen individuell auslesen und den Körper dann mit den Informationen befelden, die dessen ursprüngliche Struktur wieder zum Vorschein bringt. Was letzten Endes heilt, ist der Schwingungsklang der Seele, der das elektromagnetische Mandala, das die individuelle Schwingungssignatur des Menschen ausmacht, in Pulsation versetzt. Sowohl Elektrizität als auch Magnetismus gehen ihrem Wesen nach über die Grenzen des physischen Schwingungsbereiches hinaus und wer die multidimensionale Bewegung von Energie nachvollzieht, der wird wissen, durch welche elektromagnetische Tonfolge freie, kosmische Energie empfangen werden kann. Dreh- und Angelpunkt ist und bleibt das menschliche Bewusstsein, das aus dem hypnotischen Dauerschlaf erweckt wird und erkennt, welche Rolle es in der Gesamtsymphonie der Schöpfung einnimmt.

## Die Stimme in deinem Kopf

Der Mensch hält sich für die Stimme in seinem Kopf und glaubt an die Realität, die ihm diese Stimme suggeriert. Die meisten Menschen hören ihre Gedanken sprachlich ausformuliert in ihrem Kopf und nehmen die Welt mit Zuhilfenahme dieser inneren Kommentatorenstimme wahr. Jeder kennt sie und die meisten hören sie rund um die Uhr und vertrauen ihr blind. Doch kaum jemand weiß, dass der Mensch erst mit Beginn des vorletzten Jahrhunderts diese Stimme in sich ausgebildet hat, oder genauer gesagt, die Stimme kollektiv in die Köpfe der Menschen installiert wurde. Die Stimme in deinem Kopf ist ein kollektives Programm, das dem Teil aufgespielt wurde, den man den Verstand nennen könnte. Der Verstand nahm vor der Installation der Sprachprogrammierung eine eher nebensächliche Rolle in der Erfahrungsverarbeitung der Innenwelt ein und wurde hauptsächlich für die Erinnerung von Routinehandlungen, nicht aber als eine Entscheidungsinstanz eingesetzt. Zu damaliger Zeit ging die Selbstwahrnehmung des Menschen hauptsächlich vom Körperbrustbereich aus. Wenn früher ein Mensch sagte: „Das bin ich" zeigte er auf seine Brust, auf sein Herz, weil er von dort aus die Welt erfuhr und sich selbst in diesem Zentrum verortete. Heutzutage deuten die meisten Menschen auf ihren Kopf, wenn sie sagen, das bin ich, weil sie sich mit der Stimme in ihrem Kopf verwechseln und den Ort, wo sie eigentlich beheimatet sind, nämlich in ihrem Herzen, verlassen haben. Es stellt einen massiven Wahrnehmungsunterschied dar, ob man sich selbst aus dem Herzbereich heraus, oder aus dem Kopfbereich heraus erfährt, weil die Verortung deiner Selbst über alle Muster der Wahrnehmungsverarbeitung bestimmt. Wie kam es also, dass der Mensch seinen Platz in sich verlor und vom Herzraum in den Kopfraum wanderte? Dieser Umzug geschah kulturhistorisch gesehen in rasanter Geschwindigkeit innerhalb weniger Generationen und seither hat sich die Wahrnehmung der Menschheit sowohl von sich selbst als auch von der Welt, massiv verändert. Ein Teil dieses Umzugs in den Kopf wurde dadurch eingeleitet, dass ein Großteil der Menschheit damit begann, im frühen Alter lesen und schreiben zu lernen und die visuell-sprachliche Wahrnehmung stückweise über alle anderen Wahrnehmungsmöglichkeiten dominierte. Zwar sprachen die Menschen zu jener Zeit auch in etwa wie heute, doch die Sprache war noch nicht als mentales Programm im Verstand installiert und deshalb hörten sie die Stimme in ihrem Kopf nicht. Wie bei allen anderen Phänomenen der menschlichen Erfahrungsweise braucht es eine kritische Masse, bis diese sich mit einem Schlag auf das kollektive Speziesgedächtnis überträgt und man kann genau sagen, ab welchem Punkt in der Menschheitsgeschichte alle Menschen auf einmal damit begannen, den Verstand als mentales Sprachkonstrukt in ihrem Kopf zu hören. Die meisten Menschen würden sich heutzutage kolossal erschrecken, wenn diese gänzlich unnatürliche Stimme auf einmal aussetzen würde und ihnen aus dem Kopfraum nichts als Stille entgegenschlagen würde und dennoch ist diese Art sich selbst zu erfahren weit näher am menschlichen Ursprung als durch die Sprachsteuerung.

Die Stimme in deinem Kopf ist nicht deine Stimme, sondern sie wurde dir zur Lenkung deiner Handlungen eingespielt und du hast dich so weit an sie gewöhnt, dass du dich bereits mit ihr verwechselst. Auch wenn sich diese Stimme individuell ausdrückt, so ist ihr Ursprung doch kollektiver Natur, denn in Wahrheit hören alle Menschen, die in Identifikation mit ihrem mentalen Sprachprogramm im Kopf sind, die gleiche Stimme. Die Menschheit hat, ohne es zu merken einen inneren Kommentator in ihre Selbsterfahrung eingeladen, der inzwischen die gesamte Selbst- und Fremdwahrnehmung dominiert. Ein Teil, der zuvor für etwa 2-3 % der Wahrnehmungsverarbeitung verantwortlich war, übernimmt heute 80-90 % und hat sich hierarchisch über alle anderen Verarbeitungsweisen gestellt. Verbale Sprache ist eine Programmierung für dein Bewusstsein und die dich umgebende Realität nur aus den Mustern dieser Programmierung heraus zu betrachten, schränkt die gesamte Wahrnehmung massiv ein. Die Innenwelt der Menschen wurde still und leise von einer Stimme übernommen, deren Ursprung kollektiver Natur und deren Zweck Kontrollausübung ist. Dies bedeutet nicht, dass du die Stimme in deinem Kopf unterdrücken oder verängstigt vor ihr zurückschrecken solltest, du solltest ihr lediglich eine ganz andere Rolle in der Verarbeitung deiner inneren Wahrnehmung geben und ihr bei weitem nicht mehr so viel Entscheidungskraft einräumen. Bist du wieder vom Kopf ins Herz umgezogen, dann wird die Art, wie du Entscheidungen fällst vollkommen anders von statten gehen und du wirst aus einer stillen Präsenz und nicht aufgrund einer verbalen

Stimme in dir handeln. Durch die kollektive Intellektualisierung ist das Innenleben des Menschen vollständig auf den Kopf gestellt worden, was auch mit dem starken Gefühl von Haltlosigkeit und Identitätsverlust einhergeht. Der Fall aus dem Paradies war der Auszug aus dem Herzraum und wer auf seinen Verstand hereinfällt, kann ohne weiteres von außen kontrolliert und gesteuert werden. Das elektromagnetische Feld des Herzens ist in etwa 5000 mal stärker als das Feld, das vom Kopf ausgeht, was auch bedeutet, dass mit dem Umzug der inneren Identifikation die Energetik um das 5000-fache geschwächt wurde. Natürlich ist es möglich die innere Kopfstimme zu bändigen und ihr den Anstrich von Konstruktivität zu verleihen, doch lieben lernen kann diese Stimme nicht. Der Schwingungsbereich, den diese Stimme absteckt und den sie ausdrückt, ist stark begrenzt, denn sie wurde zu dem Zweck programmiert, das menschliche Bewusstsein an einen ganz bestimmten Schwingungsbereich zu binden. Gedanken sind ihrem Ursprung nach viel mehr als eine verbale Stimme und eigentlich überall im Körper wahrnehmbar. Sie können eine Resonanz der Seele sein und sich gleichzeitig visuell, auditiv und kinästhetisch ausdrücken. Die ursprüngliche Verarbeitungsweise der Wahrnehmung in der Innenwelt des Menschen war viel weniger auf das nach außen gerichtete Sinnessystem gestützt, sondern offen für ein inneres Empfangen von Empfindungen, die sich nicht speziell in nur ein Wahrnehmungskanal einordnen ließen. Grundsätzlich ist die Wahrnehmung des Menschen synästhetisch veranlagt und die klare Trennung und Differenzierung der Informationsspeisung in die einzelnen Sinneskanäle ist eine weitere Wahrnehmungseinschränkung. Alles, was du hörst, kannst du innerlich auch sichtbar machen oder fühlen und zum Teil sogar schmecken und riechen und alles, was du siehst, kannst du innerlich auch in einen Klang verwandeln. Diese Art der Wahrnehmung war vor der Dominanz der Mentalstimme im Kopf bei den Menschen noch gang und gäbe. Das Innenleben war einst viel bunter, vielschichtiger und differenzierter und wurde durch die mentale Dominanz auf eine zweidimensionale Ebene mit linearer Programmierung reduziert. Bereits hier zeichnen sich die ersten Ansätze der Digitalisierung des ursprünglich multidimensionalen Seins des Menschen ab. Die Stimme in deinem Kopf wird, wenn dir der Umzug ins Herz und das Ausklinken aus der Mentalfrequenz nicht gelingt, aller Wahrscheinlichkeit nach immer dominanter werden, bis wir gesellschaftlich an dem Punkt der transhumanistischen Agenda angekommen sind, ab dem die innere Stimme offiziell von einer Art globalen Nachrichtenmoderator übernommen wird. Die Frequenz, der wir uns aussetzen, wenn wir den Fernseher anschalten und die Nachrichten ansehen, ist annähernd die gleiche, wie die der inneren Mentalprogrammierung, die viele Menschen zu ihrem ausschließlichen Realitätsmaßstab erhoben haben. Für den Teil der Menschheit, der den inneren Umzug nicht zeitig vollzieht, wird eine Zeit kommen, in der sie den Nachrichtenmoderator, der über das Wetter und die Weltpolitik lamentiert, in sich wahrnehmen. Wie gesagt ist die Frequenzspur der kollektiven Mentalprogrammierung bereits so eingestellt worden, dass der nächste Schritt des inneren „Zwangsfernsehens“ nicht mehr fern liegt. Noch haben wir die Freiheit uns aus dem kollektiven Mainstream, dem in die Köpfe der Menschen gegossenen Gedankenstrom, zu entziehen und uns innerlich an einen Ort zu begeben, der in einer so anderen Frequenz schwingt, dass das propagandistische Kollektivgeplänkel dieser Welt nur an einem vorbeigehen kann. Die Mindcontrol-Agenda ist wesentlich weiter fortgeschritten, als es die meisten Menschen ahnen, denn die sich verbal gebärende Stimme im Kopf hat sich wie ein Virus nahezu über die gesamte Menschheit gelegt und von ihr aus werden die nächsten Schritte der transhumanistischen Agenda in die Wege geleitet. Die gesellschaftliche Kontrolle kam noch nie von außerhalb, sondern schlich sich durch die Hintertür in die Köpfe der Menschen, die sie inzwischen unhinterfragt für ihre eigene halten. Beginne damit, alles zu hinterfragen, was die Stimme in deinem Kopf dir einflüstert und mache es zu einer täglichen Übung, dich aus deinem Herzraum heraus wahrzunehmen. Und vielleicht beginnst du dann zu bemerken, wie du dich durch die Aktivierung des Herzfeldes von der kollektiven Schwingungsprogrammierung abhebst. Nimm wieder bewusst Kontakt mit deinem Körper auf und spüre wie du mit deiner Achtsamkeit durch den ganzen Körper gleiten kannst. Wenn du in deinen Füßen bist, hast du eine gesunde Distanz zu deinem Kopf zurückgelegt und kannst von dort die Wahrnehmung deiner Welt wieder vom Kopf auf die Füße stellen. Schenke dem, was von außerhalb von dir kommt, oder außerhalb deines inneren Herzraums liegt nur ein Mindestmaß an Gewichtung und vertraue der Stimme deines Herzens mehr als allem anderen in der Welt. Man hat versucht, dich zu täuschen und von Zeit zu Zeit magst du auf diese Täuschung hereinfallen und dich mit der Stimme in deinem Kopf verwechseln, doch sobald du mitbekommst, wofür dein Verstand dienen kann und wofür nicht und welcher kollektiven Programmierung er unterliegt, ist die Rückkehr in deine ursprüngliche Energetik gewiss. Im Herzraum können Kollektivprogramme nicht greifen und auch emotionale Verletzungen werden nur über den Kopfraum angesteuert. Es kann natürlich sein, dass du um deinen Herzraum eine Mauer oder gar einen Eiswall gebaut hast und es eine geduldige und liebevolle Hinwendung zu dir selbst bedarf, um diesen zu schmelzen. Doch keine andere innere Bewegung so lohnenswert, wie die Rückkehr in deinen Herzraum. Jede Träne, die du auf dem Weg dorthin weinst, verwandelt sich im Ziel zu einem Diamanten und bist du wieder am rechtmäßigen Ort in dir angekommen, dann bist du wahrhaft reich. Verwandle deinen Herzraum wieder in einen bewohnten Garten und lasse dich vertrauensvoll auf den Umzug vom Kopf ins Herz ein. Das, was dich im Herzraum erwartet ist lebendiger, schöner und freudvoller als du es dir bisher erträumt hast und du wirst fühlen, was es heißt, mit allem, was du wahrnimmst, in einer zutiefst liebevollen Verbindung zu sein, auch mit der Stimme in deinem Kopf. Der Schlüssel für den Umzug in deine ursprüngliche Heimat liegt darin, alles das, was im Kopf vor sich geht, aus dem Herzen heraus wahrzunehmen.

## Channeling durch alle Wahrnehmungskanäle

Der Begriff Channeln kommt aus dem Englischen und bedeutet so viel wie das Kanalisieren von Informationen aus höherdimensionalen Schwingungsbereichen. Doch auch das, was wir mit den physischen fünf Sinnen wahrnehmen, entspricht, wenn man den Begriff etwas weiter fassen mag, dem Channeling, d. h. dem Kanalisieren von Informationen durch einen oder mehrere unserer Sinneswahrnehmungskanäle.
Wenn meine Augen etwas sehen, dann channele ich quasi den materiellen Schwingungsbereich durch den visuellen Wahrnehmungskanal bzw. durch den visuellen Filter.
Jeder Wahrnehmungskanal, ob nun auf den materiellen oder den nicht materiellen Schwingungsbereich sensitiviert, gleicht einer Art Filtermembran, der Information bzw. Energie entsprechend seines Filters übersetzt.
Um sich die verschiedenen Channels durch die wir wahrnehmen genauer vorzustellen, kann man sich jeden Kanal wie eine Wahrnehmungsröhre verbildlichen, die eine bestimmte Breite und innere Beschaffenheit besitzt, nach der dann die Informationen sortiert und zusammengesetzt werden.
In dieser erweiterten Begriffsfassung von Channeln wird deutlich, dass wir immer und den ganzen Tag über channeln, weil unser physischer Organismus die ganze Zeit damit beschäftigt ist, Informationen entsprechend seines Filtersystems zu übersetzen.
Das, was uns als Mensch am Leben hält, ist nicht etwa

die physische Nahrung, die wir essen, sondern zu mehr als 80 % sind es die höherdimensionalen Energien, die wir ganz automatisch channeln und in verwertbare Schwingungsenergie für unsere Ebene umsetzen. Wir sind gespeist von hochfrequentem Licht, das über unseren inneren Channel in unser Inkarnationsgefährt hereinströmt. Und wenn wir jetzt noch lernen würden, diese pure Lebensenergie, die wir lebensnotwendigerweise ununterbrochen von einer höheren Feldebene empfangen, in uns zur Entfaltung zu bringen und sie dadurch informationell auszulesen, dann würde unser irdisches Leben zu einer sauberen Übersetzung des einen großen kosmischen Lebens.
Leben an sich in all seinen Formen und Farben ist ein Übersetzungsmeisterwerk der einen kosmischen Grundschwingung. Das irdische Leben ähnelt aufgrund der niedrigschwingenden materiellen Frequenz häufig einem Übersetzungsproblem des inneren Geistseele-Raums in die Materie.
Viele spirituelle Menschen klagen darüber, dass sie das, was sie innerlich erleben, nicht äußerlich ausdrücken können, wobei dies stark mit der Übersetzungsfähigkeit ihrer physischen Wahrnehmungskanäle zusammenhängt. Die wenigsten Menschen laufen heutzutage noch mit wirklich offenen Wahrnehmungskanälen herum, weil sie ihre Channels in irgendeiner Form und aufgrund von traumatischen oder überfordernden Erfahrungen selbst verstopft haben. Bevor wir also die übersinnlichen Channels wieder freilegen, sollte es von Interesse sein, die fünf Grund-Channels unseres Körpersystems wieder freizupusten, da ansonsten der letzte Schritt der Übersetzung in die Materie nicht gelingt.

Die moderne Gesellschaft arbeitet mit einer permanenten Überreizung unseres Sinnessystems, damit wir unsere Wahrnehmungskanäle immer mehr verschließen. In der Regel können bereits über 90 % der Informationen und d. h. auch der Energien aufgrund unseres Wahrnehmungsfilters nicht mehr in unser System gelangen, was zwangsläufig irgendwann zu chronischer Energielosigkeit führt. Doch kaum einer hat den tieferen Zusammenhang zwischen der Reinigung unserer Wahrnehmungskanäle und dem Energiehaushalt des physischen Körpers bisher begriffen. Verbildlichen wir uns dies doch noch einmal anhand des visuellen Wahrnehmungskanals: Unterschiedlich frequente Wellen treffen auf unsere Retina und werden innerlich als Farbe und Form gedeutet. Jedes Schema, anhand dessen wir Dinge erkennen und zuordnen, ist als Filter bzw. innere Membran in unserem Wahrnehmungskanal zwischengeschaltet. Über unser vergangenes Lernen gibt es unzählige Schemata, nach denen wir das, was wir sehen, kategorisieren, einordnen und bewerten und all diese Filter lassen es nicht zu, dass wir einerseits klar und unvoreingenommen visuell wahrnehmen und andererseits Information und Energie frei von innen nach außen und von außen nach innen senden und übersetzen können. Wer also seine eingeschränkten Filter im visuellen Kanal weitestgehend auflöst, der wird in der Lage sein, hohe Energie direkt durch seinen Blick zu transportieren.
So wie es physische Sinne gibt, so gibt es auch nichtphysische Wahrnehmungskanäle, die wir uns als rotierende Wirbel unseres Astralkörpers vorstellen können.

Jedes Chakra ist eigentlich eine Wahrnehmungsantenne, ein Wirbelkanal, durch den nichtmaterielle Information empfangen und übersetzt werden können. Das Drüsensystem des Körpers stellt die Grundlage für die physische Übersetzung dieser Informationen dar. Bei den Astralwahrnehmungskanälen ist es noch offensichtlicher, dass die Art der Schwingungsbeschaffenheit des jeweiligen Wahrnehmungschannels über die Art der Übersetzung der Information bestimmt.
Das bedeutet ich kann einen Baum nicht nur sehen, hören und riechen, sondern ihn auch entweder durch den Wurzelchakrawahrnehmungskanal, den Sexualchakrawahrnehmungskanal, oder durch die anderen Chakrakanäle wahrnehmen und je nachdem, durch welche Kanäle ich die Information laufen lasse, wird die Informationseinheit Baum anders dargestellt.
Für die Tier- und Pflanzenwelt eignen sich die unteren vier Chakren, da diese noch differenziert Information zu übersetzen vermögen. Wer hingegen das Kronenchakra auf einen Baum richtet, der wird gegebenenfalls noch mit der Geistseele des Speziestypus in Kontakt kommen, aber keine bestimmten Informationen zu diesem Baum erhalten.
Grundsätzlich bestimmt also die Schwingungsfrequenz des Wahrnehmungskanals darüber, welche Informationen durch ihn hindurchkommen und welche herausgefiltert werden. Prinzipiell kann jede Information durch jeden Kanal wahrgenommen werden, bzw. jede Information und Energie kann in jede andere übersetzt werden.
Jedoch ist die Übersetzung nur ein verzerrter Abglanz des Originals, und hier stoßen wir auf eine der größten

schöpferischen Paradoxien: Einerseits ist alles, was lebt, eine Übersetzung des einen Lebens und andererseits ist auch jede Übersetzung das eine Leben selbst. Oder mit anderen Worten ausgedrückt: Jede Energie ist ein fraktales Abbild, eine Spiegelung der Urenergie, wobei auch jede Spiegelung die gesamte Urenergie in sich trägt. Energie kann in diesem Sinne nicht verloren gehen, sondern je nach Übersetzung nur ihren Zustand ändern. Die höchste göttliche Energie ist hier auf Erden genauso präsent, wie auf den hohen kosmischen Ebenen, nur hat sich die Art der Schwingungsdarstellung gewandelt. Wir könnten sagen, dass die göttliche Urenergie erst durch einen gigantischen Wahrnehmungskanal mit sehr vielen Filtern laufen musste, um sich zur materiellen Schwingungsfrequenz zu wandeln. Doch wer hält diesen Filter zur Heruntertransformation der göttlichen Energie in die Materie in seinem Geist? Dies ist das menschliche Speziesgedächtnis und damit obliegt es jedem Menschen, Teile seines Filtersystems wieder so umzustellen, dass er andere Schwingungsbereiche der Schöpfung einsehen kann.
Alles, was wir channeln kommt aus uns, wenn wir begreifen, dass alle schöpferischen Kräfte in unserem Geist angelegt sind. Natürlich ist die Betrachtungsweise möglich, dass es eine außerhalb von uns liegende Realität und andere fremde Kräfte und Wesenheiten gibt, doch meistens ist diese Sichtweise wenig dienlich dazu, sich selbst als Schöpfer zu begreifen. Für mich sind alle Wesenheiten, mit denen ich in einen Channelingkontakt gehe, Aspekte meiner selbst, die eine ganz bestimmte Energiequalität in Reinstform verkörpern

und mir dadurch einen tieferen Einblick in mein eigenes schöpferisches Wesen gewähren. Und letztlich können wir an der Essenz der Urenergie nichts verändern, egal in wie stark verzerrte Übersetzungsform wir sie zu pressen versuchen, denn letztlich können wir auch nichts anderes channeln, als uns selbst, also das Selbst, was mit allem verbunden ist. Demnach heißt Channeln nichts weiter, als das Übersetzen von der einen Schöpfungsenergie in eine andere Form der Schöpfungsenergie und das geschieht durch wahrnehmen bzw. durch die Wahrnehmungskanäle, durch deren Filter sich die Schöpfungsenergie wieder neu anordnet und frequenziell umformt.

Wir Menschen haben das, was Wahrnehmung seinem Wesen nach ist, noch nicht einmal im Ansatz begriffen, denn erst schleichend offenbart sich uns die schöpferische Komponente unserer Wahrnehmung. Wir verwenden unsere Wahrnehmungschannels hauptsächlich dafür, um Information hereinzunehmen, aber dass ständig geistseelische Energien durch unsere Wahrnehmungskanäle in die materielle Realität übersetzt werden, ist uns kaum bewusst.

Erst wenn wir beide Übersetzungsrichtungen wieder wahrnehmen, können wir die Filter unserer Channels stückweise auflösen und unser Wahrnehmungssystem als unser Hauptschöpfungswerkzeug erkennen. Wer seine Wahrnehmungskanäle immer weiter öffnet und sie so wieder für den Transport höherer Energien vorbereitet, der kann schon bald über seine Wahrnehmungskanäle manifestieren, was er wahrzunehmen wünscht. Innerlich tun wir dies die ganze Zeit bereits und es wird eine Zeit auf diesem Planeten kommen, da wir wieder lernen, die inneren und äußeren Sinne so miteinander zu synchronisieren, dass wir auf physischer Ebene das manifestieren, was wir innerlich in unsere Wahrnehmungskanäle einfließen lassen.

## Lesen im Morphischen Feld

Materie ist heruntertransformierte Energie und Energie ist Information. Das heißt, wir bewegen uns ständig durch sich verändernde Informationsfelder, die mit unserer Wahrnehmung wechselwirken. Ein materielles Ding ist immer ein manifestierter Ausdruck einer höherdimensionalen Information und das Empfangen dieser Information geschieht dadurch, dass wir unsere Umgebung wieder als Sinnbild oder Metapher für archetypische Grundkräfte des Kosmos betrachten lernen. In der platonischen Ideenlehre wird von dem „Ding an sich" gesprochen, was die reine informationelle Uridee eines Dinges verkörpert. Alles, was wir um uns herum sehen, liegt einem geistigen Schöpfungsimpuls zugrunde und deshalb können wir einen Apfel, einen Computer oder ein geschriebenes oder gesprochenes Wort geistig durch alle Feldebenen hindurch zurückverfolgen bis zum ursprünglichen Gedanken, der Initialzündung, der dieser Manifestation vorausging. Wenn ihr auf meine Worte hören würdet, ohne mit höheren Feldebenen verbunden zu sein, dann könntet ihr den Inhalt meiner Worte nicht begreifen, da an eure Ohren lediglich materielle Schallwellen dringen. Dadurch aber, dass wir alle immer schon mit höheren Feldebenen verbunden sind, kann sich Sinn und Bedeutung des Gesagten übertragen. Ihr Empfangt den Inhalt zu den Schwingungsformen dieser Worte also nur, wenn ihr versteht, was mich als Sprecher zu diesen Worten veranlasst hat und aus welcher Ebene ich meine Worte beziehe.

Jede menschliche Interaktion läuft sowohl auf materieller als auch auf feinstofflicher Ebene ab und den Anderen zu verstehen heißt, sich auf das Informationsfeld einzuschwingen, in das er oder sie sich geistig eingeklinkt hat. Eigentlich kann jede Information raum- und zeitunabhängig von einem Geist in einen anderen übertragen werden und jedes Mal, wenn ihr für euch einen „Aha-Moment" habt, dann habt ihr gerade ein geballtes Paket an Informationen aus einer anderen Feldebene für euch übertragen können.
Im Grunde eures Wesens liegt der Punkt der All-Energie, über den alle Informationen zugänglich sind. Das Göttliche ist die Gesamtheit aller Informationen, die allem, was existiert, innewohnt. Deshalb ist die Frage weniger, wie bekomme ich Informationen aus dem morphischen Feld oder der Akasha-Chronik, sondern welche Informationen sind mir in diesem Moment dienlich. Die Akasha-Chronik beinhaltet die Gesamtheit aller kosmischen Informationen und 99,999999 % davon sind für das menschliche irdische Leben schlichtweg irrelevant, auch wenn es einen Teil in uns gibt, der gerne alles wissen möchte.
Das Vertrauen darauf, dass wir in jedem Moment alle wichtigen Informationen bzw. Energien zur Verfügung gestellt bekommen, um eine Situation zu meistern, stärkt die Offenheit, diese Information dann wirklich zu empfangen. Wenn beispielsweise bei einem Unfall ein Kind unter ein Auto gerät, dann kann es passieren, dass die Mutter urplötzlich eine Energie-Informationskraft zur Verfügung gestellt bekommt, die es ihr ermöglicht, das Auto alleine zu bewegen, oder gar hochzuheben.

Diese Mutter braucht diese Kraft nicht 1 Sekunde früher oder 1 Sekunde später und genauso ist es auch mit den Informationen, die wir fortwährend aus den höheren Feldebenen empfangen.
Das innere Gefühl der Fülle und des Urvertrauens, dass für alles gesorgt ist, sorgt zunehmend für die Erfahrung, dass tatsächlich alles zur Bewältigung einer Situation da ist und dass jede Information sich zu gegebener Zeit offenbaren wird. Auch gibt es in dem Sinne keine falschen Informationen, sondern nur Informationen, die sich an die innere Ausrichtung und Einstellung des Informationsträgers angepasst haben. Je reiner der Informationsträger, desto klarer die durch ihn fließende Information. Dies erfordert ebenfalls, dass wir unseren Körper als hochkomplexes Informationsgefäß nur mit den Dingen füttern, die uns auch wirklich guttun. Ein reiner Informationsträger kann große Mengen an Energie bzw. Information übertragen und wird dabei immer durchlässiger, rezeptiver und feinfühliger. Krankheit, in diesem Sinne betrachtet, ist immer ein Mangel an Informationen, der über die Auflösung von energetischen Blockaden und die Harmonisierung aller physischen, wie nicht physischen Energieströme, aufgelöst werden kann. Dies bedeutet auch, dass die bewusste Wiederherstellung mit dem kosmischen Informationsfeld im wahrsten Sinne des Wortes Heilung bedeutet.
Ein weiterer wichtiger Aspekt, um sich den Informationsfeldern anzunähern, ist die Kunst des Fragestellens. Immer, wenn ihr zu einem gewissen Thema keine Information aus dem Feld bekommt, dann ist entweder die Nichtinformation für euch im Speziellen dienlicher als die Information oder ihr habt schlichtweg noch

nicht die richtige Frage gestellt. Grundsätzlich gilt: Je präziser und klarer die Frage, desto präziser und klarer die Antwort, da die Antwort die Art der Fragestellung widerspiegelt. Auf allgemeine Fragen kommen allgemeine Antworten, weil die Frage an sich bereits so einen großen, umfassenden Informationsspielraum aufschließt. Auf jede Frage gibt es zu 100 % eine Antwort im Feld, denn wenn es keine Antwort geben würde, dann wäre es nicht möglich danach zu fragen. Wie gesagt, das Fragestellen ist eine durchaus erlernbare Kunst. Eine leichte Form, dies zu üben, ist es, klassische Ja-Nein-Fragen zu stellen und dies kinesiologisch abzutesten. Beispielsweise könnt ihr in jeweils eine Hand einen Gegenstand legen: Der eine steht für Ja, der andere für Nein und dann nehmt ihr die Entscheidung wortwörtlich in eure Hände und wägt die Optionen gegeneinander ab. Es kann sein, dass das Feld Antworten zuspielt, die inhaltlich nicht richtig, aber sehr wohl für diesen Moment für den Fragesteller am dienlichsten sind. Wenn ich beispielsweise im Feld abfragen würde, ob ich Brustkrebs hätte, dann kann es sein, dass das Feld sagt, ich hätte keinen, obwohl eine klassische schulmedizinische Diagnostik durchaus diesen Befund gemacht hätte. In diesem Fall wäre es für mich dienlicher zu wissen, dass ich ihn nicht habe, weil sich diese Gewissheit wieder auf bestimmte Körperprozesse auswirkt. Das Feld gibt immer aktuelle Arbeitshypothesen und nie starre, unveränderbare Informationen. Und manchmal kommt eben dann eine bewusste Fehlinformation aus dem Feld, wenn in der Annahme dieser Information für den Fragesteller ein gewisser Wert oder eine gewisse Weiterentwicklung liegt, die sich erst im

Nachhinein vollständig zeigt. Die Akzeptanz darüber, dass wir nicht wissen, wofür etwas gut ist und der Vertrauensvorschuss, dass sich dies aber zu gegebener Zeit auftun wird, sind zwei wesentliche Eigenschaften weise mit den Feldinformationen umzugehen.

Wir haben gelernt unser Bewusstsein auf materielle Dinge auszurichten und es darauf zu fokussieren, was wir aber größtenteils verlernt haben, ist die Bündelung oder Konzentration unseres Bewusstseins in Bereiche, die nicht mit unseren physischen fünf Sinnen erfahrbar sind. Doch eigentlich konzentriert sich unser Bewusstsein immer dann auf eine nicht materielle Ebene, wenn wir einen Gedanken denken oder ein Gefühl fühlen. Allerdings orientieren sich unsere Gedanken und Gefühle fast ausschließlich an der sinnlich - physischen, weniger aber an der feinstofflichen Wahrnehmung.

In den frühen Philosophieschulen, die nebenbei gesagt Einweihungswege waren, wie auch bei Kant, ging es viel um die Frage, ob Gedanken unabhängig von sinnlicher Erfahrung möglich sind. Kant nannte die Informationen, die rein aus der inneren Vernunft abgeleitet werden ohne auf die empirische Ebene zurückzugreifen, das apriorische Wissen und damit hat, meiner Auslegung nach, Kant die Frage gestellt, ob es überdimensionale Informationen geben kann, die nicht durch die Erfahrung der materiellen Sinneswelt verzerrt oder verfälscht wurden. Meiner Ansicht nach ist apriorisches Wissen eine notwendige Bedingung für den sinnlichen Informationsfluss. Aber gehen wir doch noch einmal zurück zu der Frage, wie man möglichst unverfälscht Informationen aus dem Feld bezieht. Du fragst nach einer Information, dann kommt die Energie in dein System, die diese Information beinhaltet, und dockt an deine eigene Energie an. Was du dann als Antwort wahrnimmst, ist eine Vermischung der Energie von dir und der reinen Information. Je besser du dich folglich selbst erkennst, desto bewusster wirst du dir über deinen eigenen Einfluss auf deine Wahrnehmung und desto klarer kannst du deine Energie aus dem empfangenen Informationsgemisch herausrechnen. Alleine schon, wenn du dir die Wahrnehmungsfilter vergegenwärtigst, die du aktuell noch hast, wird die Information direkter und ungefilterter sichtbar für dich werden. Allerdings muss dies noch nicht bedeuten, dass diese Information dann auch für andere klar sichtbar wird, denn andere Menschen haben wiederum eigene Filter. Wenn du für jemand anderen eine Frage beantworten willst, dann findet sich die passende Antwort nur dann in deinem Geist ein, wenn du dich empathisch in den anderen hineinversetzt, was auch bedeutet, dass du in dem Moment Teile seines Filters für dich übernimmst. Etwas provokant oder flapsig ausgedrückt könnte man sagen, dass dir überhaupt keine Wahl bleibt, auf dumme Fragen dumme Antworten zu geben. Wenn du für jemand anderen eine Frage beantwortest, ist es das Wichtigste, dass er dich versteht und darüber hast du als Antwortender überhaupt keinen Einfluss, denn es ist letztlich nicht der Sender einer Botschaft, der über den Inhalt derselben bestimmt, sondern der Empfänger. Oder anders ausgedrückt, sobald Worte deinen Mund verlassen, hast du es völlig aus deiner Hand gegeben, wer welche Information wie empfängt. Niemand kann darüber bestimmen, wie jemand eine Information aufnehmen soll, wobei das *Wie,* den Inhalt der Information komplett bestimmt. Niemand kann von irgendetwas überzeugt werden, wenn er es partout nicht möchte, selbst wenn eine fundierte Faktenlage dargeboten wird. Der Mensch trifft seine Entscheidung nicht aufgrund rationaler, sondern aufgrund emotionaler Informationen und dies hat einen einfachen Grund: Die Informationen bzw. die Energien in den Emotionen sind tausendfach stärker, als die des rationalen Verstandes und deshalb ist es auch gut und richtig, dass der Mensch anhand dessen seine Entscheidung fällt, wo er Zugriff auf die größtmögliche Informationskonzentration erfährt. In diesem Zusammenhang hier eine wichtige Information, die lohnenswert ist, ihr nachzuspüren: Die Welt, die wir sehen, konnte nur aufgrund einer massiven Informationsreduktion überhaupt entstehen und sichtbar werden. 99,9999 % aller kosmischen Informationen wurden systematisch aus einem Raumzeitquadrant abstrahiert, um unsere dreidimensionale Welt entstehen zu lassen. Wenn wir nun unsere Informationskanäle wieder öffnen und unsere Körper wieder an höhere Informationsenergieströme gewöhnen, dann könnt ihr eins und eins zusammenzählen, welche Konsequenzen das für die dreidimensionale Realität und ihre Gesetzmäßigkeiten hat. Im Kosmos gibt es bestimmte Energieknotenpunkte, die wie große Zentraldatenbanken unseres Internets fungieren und uns zum Teil als Sonnen bekannt sind. Die Sonne versorgt uns ständig mit strahlender Information, die der Mensch noch nicht zu entschlüsseln vermag. Wenn er diese Urcodes aus der Sonne jedoch einmal entschlüsseln kann, dann wird die gesamte menschliche Kommunikation nur noch auf telepathischem Weg stattfinden, da er eine viel stärkere Energieinformationsübertragung zulässt. Mit Worten wie diesen zu sprechen, gleicht einem Kommunikationskanal mit etwa 30 MB pro Sekunde, wohingegen die telepathischen Kommunikationskanäle eine hunderttausendfach schnellere Datenübertragung ermöglichen. Wie kann es sein, dass ein und derselbe Satz inhaltlich und auch energetisch derart anders sein kann, wenn er von zwei verschiedenen Menschen ausgesprochen wird? Die Antwort darauf liegt darin, wie bewusst ein Mensch mit höheren Informationsströmen umgehen kann. Ich kann über etwas sprechen, ohne etwas zu übertragen, dann ist mein Sprechen inhaltslos und ich könnte höchstens Politiker werden. Ich kann mich aber auch mit einem höheren energetischen Punkt in der Schöpfung verbinden und dann zu sprechen beginnen und jeder kann, wenn er offen ist, erfahren, woher meine Worte stammen. Dann ist es auch nicht mehr relevant, worüber ich spreche, wenn ich es konstant schaffe, mein Bewusstsein auf einen hochenergetischen Punkt zu konzentrieren und von dort aus die Worte kommen lasse. Wenn sich die Worte durch dich von einer höheren Ebene aus wie von selbst aussprechen, dann wirst du entweder nicht mehr verstanden oder deine Worte kommen mit einer Energie daher, die beim Zuhörer die Erinnerung an diese höhere Ebene wieder wachruft. Wenn ihr jetzt versteht, was ich meine, seid ihr vollends bewusst mit einem höheren Informationsfeld verbunden und könnt nun in diesem eigenständig forschen. Viel Freude dabei!

## Klarträumen und Astralreisen

Die Kunst des bewussten Träumens war hier auf Erden schon immer ein Schlüssel zu großer Weisheit und tiefgreifender Lebenserkenntnis und auch viele meiner eigenen Erkenntnisse erhalte ich durch nächtliche Inspiration. Halten wir das, was in der Nacht passiert für belanglos und schenken ihm keine Aufmerksamkeit, dann wird das nächtliche Geschehen zunehmend unbewusster, doch je klarer wir den Wert in den nächtlichen Erfahrungsschätzen für unser Leben erkennen, desto bewusster können wir nachts werden. Es beginnt vielleicht damit, dass wir uns hin und wieder an unsere Träume erinnern und unsere lebendige Erinnerung baut dann die Brücken, um zunehmend bewusst auf den Traumebenen agieren zu können. Luzides Träumen heißt, sich im Traum zu erinnern, dass man träumt und wir können dies auch darüber lernen, dass wir uns auf der Ebene des Wachbewusstseins daran erinnern, dass wir gerade wach, bewusst und handlungsfähig sind. Findet eine tiefe Erinnerung des eigenen Bewusstseins am Tage statt, dann wird dieses Erinnern auch nachts stattfinden und die Träume werden luzide. Wer sich auf den Traumebenen sicher fühlt, nachts regelmäßig bewusst in Aktion tritt und durch die Ebenen der Traumräume navigieren kann, der kann damit beginnen, bewusst astral auf Reisen zu gehen. Doch bevor ich mehr dazu sage, wie es mir gelingt, nachts auf Reisen zu gehen, möchte ich noch näher auf das Wesen der Tagesrealität eingehen, damit der Zusammenhang von Träumen und Wachen deutlicher wird.

Es gab eine Zeit, da war das menschliche Bewusstsein noch überhaupt nicht in der physischen Materie verankert. Damals war unsere Realität das, was wir heute im Ansatz in unseren Traumebenen erfahren. In diesem feinstofflichen Schöpfungsraum träumten wir damals von einem Sein in der Materie und versetzten uns damit zunehmend in das, was viele Menschen heute als ihre ausschließliche Realität wahrnehmen. In einer vergangenen Erdenepoche war das Wesen des Menschen noch viel astraler veranlagt. Wir hatten zwar einen physischen Körper, den wir von Zeit zu Zeit besuchten, um uns mit ihm durch die physische Materie zu bewegen, aber der Hauptteil unseres Lebens spielte sich auf anderen Ebenen ab. So wie wir heute lernen müssen, wach und bewusst zu bleiben, wenn wir auf die Traumebenen wechseln, so mussten wir damals lernen, das Bewusstsein in unserem physischen Körper wach und präsent zu halten, ohne wieder in die Astralebene abzugleiten. Eines kann ich euch sagen: Es ist viel schwieriger, ein multidimensionales Bewusstsein in einem physischen Körper verankern zu wollen, als das Bewusstsein wieder auf andere Ebenen hin auszudehnen. Wir haben damals viele Versuche und Anläufe gebraucht, um die Art der Beschaffenheit des materiellen Schwingungsraumes so zu konstruieren, dass ein körperliches Gefährt unser Bewusstsein vereinnahmen kann.

Der Schleier des Vergessens, oder auch der Kompromiss, den Körper regelmäßig schlafen zu legen, waren Lebensinstallationen, die es uns irgendwann erlaubt haben, das ausschließlich physische Leben zu erfahren. Wir haben uns die physische Welt ganz wortwörtlich

erträumt und genauso können wir uns auf den Traumebenen daran erinnern, dass unser Bewusstsein ganze Weltensysteme träumen kann. Der Stoff, aus dem die Träume sind, ist nichts anderes als das, was uns umgibt, nur haben wir unseren Erfahrungswunsch durchgesetzt, das Leben ausschließlich durch die Physis zu erfahren. Nebenbei gesagt haben wir durch unseren Erfahrungswunsch die Kräfte der Trennung auf den Plan gerufen, die es uns ermöglicht haben, unseren Wunsch umzusetzen. Früher konnten wir nur zu einem sehr kleinen Bruchteil überhaupt inkarnieren und wir wussten, dass ein Großteil unseres Bewusstseins immer noch auf anderen Ebenen wirkt. Mit der Zeit lernten wir, immer größere Teile unseres Bewusstseins zu inkarnieren, indem wir anfingen, an die materielle Realität zu glauben und sie für wahr zu nehmen. Nach wie vor gelingt es den wenigsten Menschen, sich voll zu inkarnieren. Ein voll inkarnierter Mensch wäre das wache, verkörperte Christusbewusstsein, aber anstelle weiter an unserer Inkarnationsfähigkeit zu arbeiten, luden wir die Kräfte der Trennung ein, um uns eine rein materielle Erfahrung zu bescheren. Wir wählten quasi eine Entwicklungsabkürzung, deren Auswirkungen wir heute noch erfahren, da wir heutzutage eben nicht mehr mitbekommen, dass ein Großteil unseres Wachbewusstseins immer noch auf anderen Ebenen wirkt.
Jetzt, da ich ausgeführt habe, wie wir unsere heutige Erfahrung einst erträumt haben, sollte die Relevanz der nächtlichen Traumebenen noch einmal deutlicher werden. So gesehen vollziehen wir eine große kosmische Rückerinnerung an die Schöpfungszeit unserer physi-

schen Materie immer dann, wenn wir uns der nächtlichen Traumgeschehnisse bewusst werden. Genauso wie wir einst lernen mussten, an die Materie zu glauben und sie für-wahr-zu-nehmen, müssen wir uns heute der Traumebenen bewusst werden, um die Ausmaße unseres Schöpfertums begreifen zu können. Würden wir uns als Menschheit erst einmal bewusst darüber sein, was sich alles auf den Traumebenen abspielt, dann würden wir unmittelbar alle uns bindenden Fesseln sprengen und das Zeitalter der Trennung beenden. Sich seiner Träume zu erinnern, sie zu deuten und die Lebensleitlinien aus deren Symbolik abzuleiten, kann derart transformierende Erfahrungen zutage fördern, dass man sich durch sie wahrhaftig in einen neuen Menschen verwandeln kann.

Ich selbst habe mir ein kleines Einschlafritual mit der Intention zusammengebastelt, dass ich wach und unbewusst all das auf den Traumebenen mitbekomme, was für mich gerade dienlich ist. Andere schreiben ein Traumtagebuch, oder trinken vor dem Schlafengehen Guayusa Tee, ein Tee, der das Klarträumen erleichtern soll. Es gibt noch eine Menge an weiteren Methoden, Techniken und Imaginationen, die helfen sollen, das Licht des Bewusstseins ins Dunkle der Nacht zu werfen. Was ich auf jeden Fall empfehlen kann ist, mindestens eine Stunde vor dem Zubettgehen keinen Bildschirm mehr anzuschauen und bewusst keine Information von außen mehr in sich aufzunehmen, denn je weniger äußerer Input, desto kreativer können die inneren Vorstellungsbilder wieder werden. Ich habe auch die Erfahrung gemacht, dass die Nächte weniger bewusst sind, wenn ich am Abend noch etwas esse und dass

Klarträumen und out-of-body Erfahrungen mit leerem Magen leichter möglich werden. Empfehlenswert ist es auch, seinen Nachtrhythmus aufzusplitten und morgens etwa um drei Uhr aufzustehen, etwas Yoga zu machen und zu meditieren, um dann auf Reisen zu gehen. Wenn der Körper nach einem längeren Tag erschöpft ist, ist die Wahrscheinlichkeit geringer, dass man bewusst bleibt, während der Körper einschläft. Ist der Körper jedoch entspannt und ausgeruht wie nach ein paar Stunden Schlaf, dann gelingt das bewusste Reisen leichter. Meinen eigenen Erfahrungen nach erleichtert es die Astralreise auch immens, wenn der Körper und vor allem der Kopf sehr warmgehalten wird und entsprechend schwer wird es, wenn eine Stelle des Körpers Kälte empfindet. Bei Fieber ist es beispielsweise auch ganz leicht, astral den Körper zu verlassen. Astralreisen sind etwas ganz anderes als Klarträumen, da man in den Astralreisen bewusst aus dem Körper geht, allerdings können manche Klarträume auch bereits Astralreisen gewesen sein, da wir so oder so, ob wir uns erinnern oder nicht, jede Nacht den physischen Körper verlassen, um astral auf Reisen zu gehen. Wenn ich astral auf Reisen gehen möchte, was bewusst intentional auch bei mir nicht immer gleich funktioniert, dann lasse ich meinen Körper erst einmal in eine tiefe Entspannung gleiten und setzt dann der hypnagoge Zustand ein, dann rolle und wackele ich rhythmisch mit meinem Astralkörper hin und her. Ein Schlüssel für die Kunst des Astralreisens ist die Schulung der Wahrnehmung unserer verschiedenen Körper. Wir meinen, dass alle unsere Empfindungen aus dem physischen Körper stammen, doch einen Großteil der gerade feineren Empfindungen erfahren wir durch unsere nichtmateriellen Körper. Wir haben einen materiellen Arm und eine materielle Hand, aber wir haben auch einen astralen Arm mit einer astralen Hand, da sich unser Astralkörper an die Vorstellung unseres physischen Körpers angepasst hat. Allerdings kann die Astralhand zum Beispiel ganz anders aussehen und sich anders bewegen und sendet damit ganz andere Tast-Sinneserfahrungen als die physische Hand. Wenn wir unseren physischen Körper ganz stillhalten, ist es am leichtesten unseren Astralkörper wieder wahrzunehmen und ihn bewusst steuern zu lernen und haben wir erst einmal wieder den Gefühlsunterschied mitbekommen, welche Erfahrung von welchem Körper kommt und hören auf, alles Geistige nur auf die Physis zu projizieren, dann können wir all die Fähigkeiten unseres Astralkörpers wieder voll ausspielen. Wenn du dir beispielsweise Bewegungen vorstellst, die reinweg mit dem physischen Körper nicht möglich sind, wie zum Beispiel einen Rückwärtssalto aus dem flach daliegenden, tief entspannten materiellen Körper und du es hinbekommst mit deiner Vorstellung den Astralkörper anzusprechen und zu navigieren, dann kannst du dich per Rückwärtssalto aus deinem Körper werfen. Sobald du aus deinem Körper raus bist, an deinen Körper denkst, oder in Angst aufgrund der neu dazugewonnen Freiheit verfällst, dann wird es dich sofort wieder in deinen physischen Körper hineinziehen. Die Art, wie du deinen Körper betrachtest sowie deine Vorstellung über Körperlichkeit und Materie im Allgemeinen, bestimmt maßgeblich den Erfolg deiner außerkörperlichen Reisen. Ein zweiter Aspekt, mit dem du bei außerkörperlichen Reisen zwangsweise konfrontiert wirst, sind deine Vorstellungen über den Tod. Sobald noch Todesängste mit dem Verlassen des Körpers verbunden werden, kann es zu keiner bewussten Reise kommen. Meine Vermutung, weshalb in der modernen Gesellschaft das Thema Tod so sehr vermieden und mit düsteren Angstbildern jeglicher Art eingefärbt wird, ist, dass die Angst vor dem Tod es uns nicht erlaubt, andere uns befreiende Ebenen des Seins zu erfahren. Das Verlassen des Körpers, das wir mehrmals jede Nacht machen, hat überhaupt nichts mit dem Tod des physischen Körpers zu tun. Doch solange wir diese Erfahrung in unseren Vorstellungen miteinander verknüpfen, werden wir die Erfahrungen oder gar die Informationen von anderen Ebenen nicht bewusst wahrnehmen, da die Angst vor dem Tod alle anderen Ebenen innerlich abschirmt. Im Internet finden sich einige Warnungen vor dem Astralreisen oder gar dem Klarträumen, aber ich würde sagen, dass es weit gefährlicher und risikoreicher ist, sich in der physischen Realität zu bewegen, als in der nichtphysischen. Natürlich begegnet uns auf der anderen Ebene vieles, was uns neu, fremd und ungewohnt erscheint, doch damit hatten wir in vergangenen Epochen auch zu tun, als wir lernen mussten, uns mit unserem Bewusstsein in einem physischen Körper zu bewegen. Ich glaube vielmehr, dass die Warnungen deshalb so verbreitet sind, damit sich das bewusste Träumen und das Astralreisen eben nicht verbreitet, weil die Machthaber dieser Welt ganz genau um das Befreiungspotenzial der nächtlichen Bewusstheit wissen. Dein Körper kann folglich nicht ohne weiteres von anderen Wesen besetzt werden, wenn du mal auf Reisen bist, da seine Quantenstruktur wie ein Schlüsselloch ist, das nur du mit der Schwingungssignatur deiner Geistseele aufzuschließen vermagst. In vergangenen Epochen gab es diese spezielle Abstimmung von Körper und der darin inkarnierten Geistseele nicht, sondern mehrere Geistseelen teilten sich einen Körper, waren sie doch eh meist im nichtkörperlichen Bereich unterwegs. Sie versetzten sich nur dann in einen physischen Körper, wenn sie etwas Physisches bewirken wollten, da sich die Einwirkung von den höheren Ebenen schwieriger gestaltet, als über den unmittelbaren physischen Weg. Damals war es ganz klar, dass das physische Gefährt nicht das eigene war, sondern nur eine Leihgabe des physischen Lebens, um in der materiellen Welt agieren zu können. So wie eine Schulklasse heute einen Ausflug zum Autoscooter-Park macht und jedes Kind ein Gefährt bekommt, so gab es früher Seelenausflüge für kosmische Wesen und Speziesgruppen, die etwas über die Materie lernen wollten. Solange wir nicht inkarnierten, schlief der physische Körper und erst mit dem Eintritt in diesen hauchten wir ihm das Leben ein, das es ihm erlaubte, sich durch uns zu bewegen. Der physische Körper kann sich nur innerhalb des Geistes bewegen, der in ihm inkarniert ist und es wird eine Zeit kommen, da wird euer Verständnis zum Körperformspiel wieder ganz anders sein als so, wie es heute ist. Den ersten Vorgeschmack darauf, wie das physische Leben noch erfahren werden kann, erlebt ihr in den nächtlichen Traumebenen. Das, was ihr in euren Träumen erfahrt, wird die Fesseln der Epoche des Materialismus sprengen und euch die Ebene des Seins wieder aufschließen, von der aus ihr einst das Sein im physischen Körper erträumt habt. Viel Freude beim Entdecken und Forschen und denkt daran: Jede Erfahrung ist wirklich und hat ihre Wirkung auf euch, wenn ihr sie für-wahr-nehmt.

## Erwecke die Fähigkeiten deines Bewusstseins

Deinem Bewusstsein wohnt ein unendliches Potenzial inne, doch von den allermeisten Menschen auf Erden wird nur ein verschwindend geringer Prozentsatz der eigenen Bewusstseinsfähigkeiten eingesetzt. Es gibt keine nur erdenkliche Fähigkeit, die Kraft deines Bewusstseins nicht möglich wäre und wenn du dich auf den Weg machst, um die Kräfte deines Bewusstseins wieder freizulegen, dann wird dir auffallen, wie viele deiner natürlichen, gottgegebenen Fähigkeiten im Schlamm der Unbewusstheit versunken sind. Dass du etwas nicht kannst ist im Lichte deines befreiten Bewusstseins nicht vorstellbar, denn die Bereiche, in denen deine Fähigkeiten eingeschränkt scheinen, sind selbst begrenzt. Wenn du sagst, du kannst etwas nicht, dann bezieht sich diese Aussage nur auf die jetzige Zeit und den jetzigen Ort, denn es wird eine Zeit kommen, in der du all deine Bewusstseinsfähigkeiten wieder frei entfaltet haben wirst und es gibt Orte bzw. Schwingungsbereiche, in denen du diese Fähigkeiten bereits besitzt. Du kannst folglich auf die vollen Kräfte deines Bewusstseins nur jetzt, aus dem Aspekt des physisch verkörperten Bewusstseins, nicht zugreifen.
Ein winzig kleiner Teil des gesamten Bewusstseinsspektrums erfährt sich als verkörpert in Raum und Zeit und da du dich hauptsächlich bis ausschließlich mit diesem kleinen Teil deines Bewusstseins identifizierst, bekommst du die Fähigkeiten deiner vollumfänglichen

Bewusstseinsaktivitäten zum Beispiel auf der Seelenebene nicht mit. Wenn du dein Bewusstsein entfesseln und dir neue Fähigkeiten aneignen möchtest, dann geht dies am schnellsten darüber, dass du die Ebenen deines Bewusstseins wechselst, um dich in der Ebene zu erfahren, in der du die jeweiligen Fähigkeiten bereits beherrschst. Wenn du etwas nicht kannst, dann mache dir schlichtweg bewusst, dass dein Unvermögen nur auf den physischen Erfahrungsraum begrenzt ist. Sobald du aber in einen nicht-physischen Raum wechselst, kann es sein, dass dir die jeweiligen Fähigkeiten spielend leichtfallen. Die wenigsten Menschen können mit dem Bewusstsein physische Gegenstände bewegen, auf den feinstofflichen Ebenen jedoch gelingt dies wesentlich leichter und nun braucht es lediglich einen bewussten Fähigkeitentransfer von der einen zur anderen Ebene, indem man immer wieder bewusst zwischen den physischen und feinstofflichen Ebenen hin und her wechselt. Die physische Ebene ist nur eine andere Verdichtungsform deines Bewusstseins und was du vollends bewusst auf einer feinstofflichen Ebene vermagst, lässt sich auch auf den physischen Bereich übertragen. Die Schwierigkeit besteht darin, mit dem gleichen Bewusstsein in verschiedenen Schwingungsschichten wach und präsent zu bleiben. In der Regel schläfst du bzw. dein Wachbewusstsein ein, wenn du von den physischen in die höheren, nicht-physischen Ebenen wechselst, aber auch das ist nur ein antrainierter Reflex, der dich an den materiellen Erfahrungsbereich bindet und den du durch Übungen wie zum Beispiel Meditation auch wieder abtrainieren kannst. Mit etwas Übung lernst du, dein Wachbewusstsein über die Schwingungsschwellen des feinstofflichen Erfahrungsbereichs hinaus präsent zu halten, ohne in Schlafzustände abzugleiten. Menschen, die ihre Bewusstseinsfähigkeiten erweckt haben, können bei vollem Bewusstsein die Gehirnwellenfrequenzen in die Schwingungsschichten vertiefen, die eigentlich nur in den REM-Schlafphasen oder sogar in den Tiefschlafphasen auftreten. In diesem veränderten Bewusstsein sind sowohl die Wahrnehmung von Raum und Zeit, als auch alle Fähigkeiten, die ein ungeschultes Bewusstsein nur im Traum erleben kann, auf dieser physischen Erfahrungsebene möglich. Die materielle Erfahrungsebene ist genauso traumhaft, wie alle anderen Schwingungsschichten auch und was du bewusst im Traum vermagst, wird auch auf der materiellen Bewusstseinsschicht möglich, wenn dir der bewusste Ebenenwechsel gelingt. Etwas auf der Basis von veränderten Bewusstseinszuständen zu lernen ist eine vollkommen andere Art, sich etwas anzueignen als alle Lernformen, die in dieser Welt propagiert werden. Die verschiedenen Formen des Lernens auf unserem Planeten sind vollkommen ineffizient und irreführend und halten letztlich die Gefangenschaft unserer Bewusstseinskräfte aufrecht. Eine natürliche Form des Lernens bezieht immer den Transfer von Informationen und Fähigkeiten aus den feinstofflichen in den grobstofflichen Bereich mit ein. Lediglich auf einer Schicht des Bewusstseins lernen zu wollen, ohne sich den Großteil seiner auf anderen Ebenen bestehenden Fähigkeiten gewahr zu werden, gleicht einer Freiheitssuche in einer Gefängniszelle. Der erste Schritt für ein wahrhaftiges Lernen ist der, sich für die Idee zu öffnen, dass es andere feinstoffliche Bewusstseinsschichten gibt, in denen dein wahrhaftiges Potenzial bereits vollumfänglich entfaltet ist. Im zweiten Schritt braucht man lediglich das Bewusstsein zu denjenigen Ebenen hin zu erweitern, in denen die Fähigkeiten ganz einfach erweckt und erprobt werden können.

Das geistige Reisen sowie das bewusste Astralreisen sind die Grundlagen für ein gänzlich neues Lernparadigma und die Entwicklung aller nur vorstellbaren Fähigkeiten. In der physischen Schwingungsschicht deines Bewusstseins, sprich hier auf dieser Erde, ist alles genauso möglich wie in anderen Schwingungsbereichen und nur, weil wir das Bewusstsein hier so sehr an die Begrenzungen dieser Welt aufgebaut haben, erscheinen uns bestimmte Dinge möglich und andere nicht.

Alle übersinnlichen Fähigkeiten sind in Wahrheit natürliche Fähigkeiten deiner nicht-physischen Bewusstseinsschichten, die dir dann wiedergeschenkt werden, wenn du das Wachbewusstsein mit den höheren Schichten deines Bewusstseins verschmelzen lässt. Natürlich braucht dies einiges an diszipliniertem und unnachlässigem Training, um dein Bewusstsein aus dem Schlamm der irdischen Verstrickungen zu befreien und mit den hohen seelischen Anteilen deiner Selbst zu verschmelzen. Doch wer sich ernsthaft auf den Weg begibt, der wird, unterstützt durch den erhöhten Takt der Zeitqualität, erstaunlich schnell Fortschritte erzielen. Ein wesentlicher Schlüssel bei der Entfaltung deiner Bewusstseinsfähigkeiten ist die kreativ kindliche Verspieltheit, mit einer ordentlichen Prise an Fantasie. Fantasie ist der Stoff, aus dem Träume gemacht sind, aber ohne Fantasie kann auch nichts wahrhaftig Neues auf der physischen Ebene sichtbar werden. Erfinder, Vordenker und Visionäre sind stets reich an Fantasie und sie nehmen das, was im Physischen bereits besteht nicht als Maßstab von dem, was einmal werden kann. Orientierst du dich bei der Potenzialentfaltung deiner Bewusstseinskräfte an dieser Welt, dann bleibst du immer auf einen winzig kleinen Teilaspekt deiner Selbst begrenzt. Schaust du hingegen in höhere Schwingungswelten und nutzt die Kraft deiner Fantasie, um eine Brücke zwischen den Ebenen zu bauen, dann kannst du wahrlich unbegrenzt über dich hinauswachsen.

In der Regel richtest du deine Bewusstseinsfähigkeiten nach dem, was du in der physischen Welt erwirken kannst und misst am Grad der physischen Veränderung die Kraft deines Geistes. Dadurch, dass diese Art der inneren Anpassung an die äußeren Gegebenheiten immer und immer wieder vorgenommen wurde, ist dir die umgekehrte Wirkweise, in der sich das physische Außen nach den nicht-physischen inneren Veränderungen richtet, abhanden gekommen. Der Großteil deiner Gedanken ist aus der physischen Sinnenwelt erwachsen und umgekehrt hast du es verlernt, Gedanken frei von den verschiedenen Erfahrungsformen der Sinnenwelt in dir entstehen zu lassen, um sie dann zur Grundlage einer physischen Veränderung heranzunehmen.

Um es kurz und bündig auszudrücken, richtet sich dein Inneres, in dem dein gesamtes Potenzial schlummert, größtenteils nach dem Äußeren, obwohl die Kräfte deiner Innenwelt fortwährend damit beschäftigt sind, die äußere Erfahrungswirklichkeit für dich zu manifestie-

ren. Dass durch diese Verdrehung der Schöpfungswirkrichtung das Bewusstseinspotenzial des Menschen eingefroren und an die Sinnenwelt gekettet wird, sollte damit im Ansatz ersichtlich sein.
Die Haltung, die du dem Leben gegenüber einnimmst, bestimmt maßgeblich über die Geschwindigkeit deiner Bewusstseinsbefreiung und deiner Potenzialentfaltung, wobei letzten Endes jeder, der sich als getrennt von sich und seinem Potenzial erfährt, wieder irgendwann seine vollständigen Bewusstseinskräfte zur Verfügung gestellt bekommt.
In den bevorstehenden Entwicklungsepochen der Menschheit wird es durch die steigenden Schwingungen phasenweise immer wieder zu Gruppenaktivierungen bestimmter Bewusstseinskräfte kommen. Gerade diejenigen Menschen, die selbstlos ihr Leben in den Dienst der Bewusstseinserweckung der Menschheit stellen, können dann besondere Fähigkeiten geschenkt bekommen, damit sie ihre Funktion bestmöglich erfüllen können.
Bevor du vielleicht damit beginnst, die Fähigkeiten von anderen Bewusstseinsschichten her zu übertragen, wäre es ratsam, eine Haltung zum Leben zu kultivieren, in der die bewusste Offenheit vorhanden ist, in jedem Moment von allem, was gerade geschieht, lernen zu können. Nimm das Leben selbst als deinen größten Lehrer an und erkenne in jedem Moment die kleinen Lektionen, die es dir aufzeigt, um dein Bewusstsein von den alten Verkrustungen und dem Schlamm der Vergangenheit zu lösen. Es gibt keinen Moment in deinem Leben, in dem du nicht etwas Essenzielles über dich und das Leben lernen kannst. Allerdings musst du

gewillt sein, dich wahrhaftig zu konfrontieren und einen Teil deiner Aufmerksamkeit unentwegt vom Ort des neutralen Beobachters nach innen zu richten. Stelle dir den weisesten, liebevollsten und hochentwickeltsten Lehrer vor und versuche einmal nachzuspüren, wie du dich in der Gegenwart eines so großen Meisters verhalten würdest. Wie würdest du dich in Gegenwart eines hohen Meisterbewusstseins verhalten, von dem du weißt, dass es in deinem Bewusstsein lesen kann wie in einem Buch? Ich möchte dir mit auf den Weg geben, dass der größte aller Meister, das allumfassende Bewusstsein, das Leben selbst, ständig zugegen ist und bei allem, was in dir vorgeht, zuschaut. Dass dein Innenleben eine abgetrennte Intimsphäre ist, die du in dir verborgen halten kannst, ist nach Einbezug der feinstofflichen Bereiche eine Illusion. Gibt es eine Diskrepanz zwischen dem, wie du dich verhältst, was du sagst, denkst und fühlst, wenn ein großes Meisterbewusstsein anwesend ist und dem, wie du bist, wenn du glaubst, unbeobachtet zu sein? Wenn du eine solche Diskrepanz wahrnimmst, dann hast du das Leben als Lehrmeister noch nicht ganz erkannt und integriert und es gibt auf dem Weg noch einiges zu vervollkommnen, um deine Bewusstseinsfähigkeiten zu entwickeln. Sei du dir selbst dein größter Meister, indem du die höchste Bewusstseinsform deiner Selbst immer wieder in dein Leben einlädst und wisse, dass sowohl Hingabe und Liebe, als auch Selbstbeherrschung und Willenskraft wichtige Schlüssel auf dem Weg deiner Bewusstseinsentwicklung sind. Die Hingabe an deine Schülerschaft dem Leben gegenüber, bestimmt die Geschwindigkeit deiner Entwicklung. Was du aus deinem Leben machst

und was du von deinem Leben lernst, liegt voll und ganz in deinen Händen und so kann es sein, dass zwei verschiedene Menschen ein und dieselbe Herausforderung erfahren und der eine geht weiser aus dieser Erfahrung heraus und der andere geht an ihr zugrunde. Wenn du dir den Vorsatz fasst, aus allem, was du erfährst, weiser und liebevoller herauszugehen, dann sind die Gleise für die Entwicklung deiner Bewusstseinskräfte gelegt. Natürlich wird das Leben dir dann Situationen schenken, an denen du deine Vorsätze erproben kannst. Jeder Moment des Lebens ist ein solches Lerngeschenk, doch nur die wenigsten Menschen wissen, wie sie die vielseitigen Geschenke des Lebens auspacken können. Wenn du dich auf den Weg der Entfesselung deines Bewusstseins begibst, dann ist es wertvoll zu wissen, was dein größter Motivator, deine ureigenste Antriebskraft ist, die dich auf diesem Weg voranbringt. Stellst du fest, dass deine Motivation daher rührt, dass du weg von etwas willst, was du nicht magst, dann verwandle diese Motivation in etwas, was dich stärker als alles andere anzieht. Visioniere dich wie du bist, wenn du die Kräfte deines Bewusstseins gemeistert hast und verbinde dich dabei mit der höchsten Version deiner Selbst.
Es gibt Schwingungsräume im Kosmos, die nur dafür da sind, um ganz bestimmte Eigenschaften und Fähigkeiten in einem besonders rasanten Tempo zu lernen und zufällig befindest du dich mit deinem physischen Körper gerade in einem solchen Erfahrungsraum. In den Matrixfilmen tritt Neo in einen virtuellen Raum ein, um im rasanten Tempo bestimmte Kampfkunststile zu meistern und so wie das Bewusstsein von Neo in

diesen Raum geladen wurde, wurde ein Teil deines Bewusstseins durch die Inkarnation in diesen physischen Raum geladen, nur dass du vergessen hast, was du hier eigentlich lernen wolltest.
Frage dich, was die höheren Schwingungsschichten deiner Selbst mit der Inkarnation in den physischen Erfahrungsraum im ureigentlichen Sinne lernen wollten. Und frage dich, welchen Lebensstil es erfordert, um dir das, wofür du hierhergekommen bist, anzueignen. Du bist reines kosmisches Bewusstsein und in dir spielt das Erfahrungsprogramm „Mensch auf Erden". Du hast quasi das physische Erfahrungsprogramm in deinem Bewusstsein installiert und dich dann mit diesem Programm identifiziert, obwohl andere Teile deines Bewusstseins in anderen Programmen laufen. Der Großteil von dir ist jedoch ein unprogrammiertes Bewusstseinsfeld, reines ungebundenes Potenzial und wenn du dich mit diesem Feld wieder verbindest, dann durchschaust du die Illusionshaftigkeit aller Bewusstseinsprogramme und kannst in ihnen dein volles Potenzial freisetzen. In den Nächten, während dein Tagesbewusstsein schläft, erwachst du in anderen Bewusstseinsprogrammen oder Nebenräumen, die wiederum für die Entwicklung anderer Fertigkeiten erstellt worden sind. Um eine Fähigkeit wahrhaft schnell zu erlernen, musst du lediglich den Raum in der Schöpfung finden, der extra dafür programmiert worden ist, um die entsprechende Fähigkeit auszubilden. Für alles, was du dir für dich und dein Leben wünschst, gibt es auf den höheren Schwingungsschichten eine Blaupause, eine energetische Vorskizze, die du zur Entwicklung deiner Fähigkeiten herannehmen kannst. Es wurde dir wortwörtlich

alles bereits geschenkt und lagert in den höheren Feldern deines Bewusstseins und wartet nur darauf, dass du dich mit dir selbst beschäftigst und über dich hinauswächst.
Unbegrenzte Fähigkeiten stehen dir nach der Befreiung deines Bewusstseins zur Verfügung, allerdings bist du nicht mehr der- oder dieselbe, wenn du dich vollumfänglich befreit hast. Alle Menschen, die vom Leben besondere Gaben geschenkt bekommen, wissen, dass dies eine Leihgabe des Lebens ist, die ihnen und allen anderen helfen soll, für eine höhere Wahrheit einzutreten. Gerade die Fähigkeiten, die die Gesetze der Physik überschreiten, dürfen in keinster Weise selbstbezogen eingesetzt werden und trägt die Absicht nicht die allergrößte Reinheit in sich, dann wird die entsprechende Fähigkeit vorerst wieder entzogen, bis das Bewusstsein den Reifegrad aufbringt, all seine Fähigkeiten in größter Weisheit und Liebe zum Wohle aller einzusetzen.
Danke an jeden einzelnen, der sich auf den Weg macht, um das im Schlamm verlorengegangene Potenzial des menschlichen Bewusstseins wieder hervorzuholen, um seinen strahlenden Wesenskern freizulegen.

## Energetische Fremdbeeinflussung

Immer wieder erfahre ich in meiner therapeutischen Arbeit, dass sich viele Menschen, die sich ausgiebiger mit den manipulativen Hintergründen des Gesellschaftssystems beschäftigen, früher oder später stark manipuliert und fremdbeeinflusst fühlen. Dabei sollten die aufklärerischen Informationen genau Gegenteiliges bewirken und den Einzelnen mehr in die Selbstbestimmung und Freiheit führen. Es stimmt zwar, dass wir in einem durch und durch manipulativen System stecken, aber viele Menschen nehmen diese Informationen zum Anlass, ihre Opferrolle zu festigen, anstatt sich über diese Informationen in ihren Schöpferstatus zu erheben. Die in den alternativen Medien oder Telegram verbreiteten aufklärerischen Informationen leisten auf ihrer Ebene einen guten Dienst, doch viele Menschen nehmen diese Informationen in ihrem veralteten Opferbewusstsein wahr und versuchen sich dann gegen diese Beeinflussung zur Wehr zu setzen. Dass wir an dieser Stelle unsere eigenen Dämonen bekämpfen, wird den wenigsten vollends bewusst. Dies hängt natürlich auch mit der Art der Aufmachung alternativer Medien zusammen, die nach wie vor eine schöne Projektionsleinwand unserer eigenen Themen darstellen kann. Ein „Problem" bei der energetischen Beeinflussung bezieht sich darauf, dass diese unsere Selbstsicht verzerrt, und dass die Beeinflussung deshalb solange im Verborgenen wirken kann, weil man sie von innen herauskommend wahrnimmt. Die Schulung des energetischen Feingefühls dafür, welcher Impuls, welcher Gedanke oder welche Emotion von mir kommt und welche nur bei mir andockt, ist essenziell. Je weniger Filter wir haben, desto mehr nehmen wir wahr, was auch heißt, dass wir mehr Fremdimpulse wahrnehmen. Allerdings gilt auch hier, dass wir nichts wahrnehmen könnten, was absolut nicht in unserer eigenen Schwingungsbandbreite repräsentiert ist. Im Kleinen nehmen wir das Glück frisch verliebter Menschen nicht wahr, wenn wir gerade tieftraurig sind und im Großen nehmen wir die ganzen feinstofflichen Schwingungswelten nicht wahr, da wir uns auf die materielle Ebene eingestimmt haben. Ich möchte an dieser Stelle noch einmal betonen, dass es diese materiellen und auch energetischen Fremdbeeinflussungen durchaus gibt und dass sie nur dann greifen, wenn wir durch eigene Themen offene Stellen in unserem System haben, bzw. durch unsere Themen unbewusst in Resonanz mit etwas gehen, was uns nicht guttut.

Ein voll bewusster Schöpfer kann durch ein nuklear verseuchtes Gebiet streifen ohne auch nur den geringsten Schaden zu nehmen. Und auch wenn es durchaus berechtigte Gründe dafür gibt, globale Impfkampagnen mit Bevölkerungsreduktion in Verbindung zu bringen, so kann ein Schöpfer ohne Weiteres die Art der Auswirkung einer Spritze für sich umprogrammieren. Der materielle Inhalt der Spritze wird der gleiche sein aber die Auswirkung auf Körper, Geist und Seele wird genau Gegenteiliges bewirken, wenn sich ein Mensch in seinem reinen, schöpferischen Willen dazu entscheidet. Denn nach wie vor gilt: Geist über Materie. Dieser Grundsatz wurde vielfach dafür verwendet, die energetische Fremdbeeinflussung als weit verheerender darzustellen als die physische, jedoch ist die energetische Ebene eigentlich das größere Kompetenzfeld des Menschen. In der materiellen Ebene können Fremdbeeinflussungen hart und unumgänglich sein, was für die energetische Ebene nicht zutrifft. Unter anderem wurde die materielle Ebene überhaupt in dieser Dichte konzipiert, um dieses Maß an Fremdbeeinflussung bzw. Fremdleitung zu ermöglichen, und um eine junge Spezies sicher aufziehen zu können.

So hart das jetzt in den Ohren des einen oder anderen klingen mag, aber jede Form der Beeinflussung kann nur durch die Entscheidung, diese zuzulassen überhaupt geschehen und einen Teil dieser durchaus bewussten Entscheidungen haben wir mit dem Eintritt in diese Inkarnation gewählt.

Wir haben es gewählt, uns in einer Zeit zu inkarnieren, in der wir vielseitigen energetischen sowie physischen Beeinflussungen ausgesetzt sind, weil wir uns aus genau den Situationen, die sich zu unserem Lebenslauf zusammensetzen, unsere größte Entwicklung erhoffen. Wir haben uns für all das entschieden und kein Mensch und keine Erfahrung, egal wie grausam sie scheinen mag, ist davon ausgenommen. Sobald wir glauben, es wäre überhaupt möglich, dass eine Fremdbeeinflussung gegen unseren Willen geschehen könnte, werfen wir uns selbst aus unserem Schöpferstatus.

Jeder hat also die Wahl: Entweder er hält alles, was ihm jemals widerfahren ist für seine eigene Entscheidung und bleibt im Schöpfermodus und erkennt die sich daraus ergebenden Lektionen oder er glaubt weiterhin, dass eine Fremdbeeinflussung gegen seinen Willen

möglich ist und katapultiert sich zwangsläufig damit in sein Opferbewusstsein. Das Spannende an der ganzen Geschichte ist, dass der Mensch im Opferbewusstsein auch Schöpfer ist, denn er erschafft sich genau das, was er glaubt, was wahr ist. Viele Menschen spielen auf der Erde das Spiel: „Was wäre, wenn ich kein Schöpfer wäre“ und nebenbei gesagt lässt sich dieses Spiel nur hier auf der Erde, oder auf anderen materiellen Existenzebenen derart realitätsgetreu nachspielen.
Ich bin mir fast sicher, dass die bisher geteilten Informationen nicht diejenigen sind, die man gerne hören möchte, wenn man einen Text mit dem Titel: „Was tun bei energetischer Fremdbeeinflussung“ beginnt. Die meisten fänden es angenehmer, eine Zwölf-Schritte-Anleitung für die Reinigung von Fremdkörpern und Besetzungen zu erhalten, weil man einer solchen Anleitung auch folgen könnte, ohne etwas am eigenen Opferbewusstsein verändern zu müssen. Aber für sich zu sagen, dass man jede Fremdbeeinflussung in einer gewissen Weise zu sich eingeladen hat, um sich durch sie an seine eigenen Themen führen zu lassen, erfordert schon etwas mehr Mut und Selbstehrlichkeit. Wenn wir bis auf den Grund unserer Selbst schauen und absolut ehrlich zu uns sind, dann erkennen wir: Das Fremde bin auch ich, das sich selbst testet. Es gab eine Zeit, in der es in einer Form wichtig gewesen ist, sich selbst dieser Prüfung zu unterziehen und häufig setzen wir die Selbstprüfung solange fort, bis wir auch noch die letzte darin vorhandene Lektion gelernt und vollständig integriert haben. Dies führt zu dem Phänomen, dass die gleichen Themen periodisch immer wieder auftauchen. Jetzt wird es einige geben, die in aller Beharrlichkeit

darauf bestehen, dass sie mit allem etwas zu tun haben, nur nicht mit dem, was diese Fremdbeeinflussung mit sich bringt. Das stimmt auch, denn die Fremdbeeinflussung klopft die ganze Zeit mit einer unangenehmen Symptomatik an deine Tür, um dir genau das zu überreichen, was du noch integrieren darfst. Die Welt, das Planfeld des Beeinflussungskreuzfeuers ist genau auf die Themen jedes einzelnen abgestimmt und drängt sich dir auf persönliche Weise so auf, um dich zu deiner inneren Ganzheit zu führen. Solange du die innere Ganzheit nicht vollständig erfährst, wirst du auch die Erfahrung von Fremdbeeinflussungen machen, um durch sie darauf hingewiesen zu werden, welcher Aspekt dir noch fehlt, um dich wieder als vollständig wahrzunehmen. Alles, was du im Außen wahrnimmst, ist dazu da, integriert zu werden und alles, was du im Innern wahrnimmst, ist dazu da, es auf kreativ-schöpferische Weise auszudrücken. Der erste Schritt in der Auflösung von Fremdbeeinflussung ist folglich nicht etwa der, die Fremdbeeinflussung weghaben zu wollen, sondern sie zu akzeptieren, sie anzunehmen und in Liebe zu umarmen. Unser natürlicher, aus der Angst stammender Impuls, sie wegzudrücken, festigt sie, wohingegen die urteilsfreie Akzeptanz und das in Liebe zu sich Hereinnehmen der Fremdbeeinflussung den Wind aus den Segeln nimmt. Um jetzt doch noch einmal eine etwas konkretere Hilfestellung für den Umgang mit Fremdbeeinflussungen zu geben, habe ich im Folgenden eine Liste an Fragen zusammengestellt, die du dir selbst in Bezug auf dein persönliches Fremdbeeinflussungsthema stellen kannst:

Frage dich:

Seit wann gibt es diese Beeinflussung und in welchem emotionalen Zustand war ich, als sie das erste Mal aufgetaucht ist?

In welche Richtung werde ich beeinflusst?

Was hat diese Fremdbeeinflussung mit mir zu tun?

Gibt es einen Teil in mir, der es in irgendeiner Weise gut oder angenehm findet, in diese Richtung beeinflusst zu werden?

An welchen Stellen kann ich durch die Fremdbeeinflussung etwas über mich selbst lernen?

An welchen Stellen definiere ich mich selbst über meine Beeinflussung?

Welche Lebensthemen sind mit der Beeinflussung verknüpft?

An welchen Stellen gibt mir die Beeinflussung einen Lebenssinn oder eine Lebensausrichtung?

Wie würde ich mich verhalten und was könnte ich tun, wenn die Fremdbeeinflussung von jetzt auf gleich verschwunden wäre?

Woran würde ich erkennen, dass die Beeinflussung nicht mehr vorhanden ist?

Wer wäre ich ohne die Beeinflussung?

Welche Ängste tauchen in mir auf, wenn ich mir vorstelle, dass die Beeinflussung von jetzt auf gleich unwiderruflich aus meinem Leben verschwinden würde?

Was genau würde mit dem Wegfall der Beeinflussung noch aus meinem Leben verschwinden?

Schreibe dir negative wie positive Elemente auf, wiege sie gegeneinander ab und entscheide in Anbindung an deine göttliche Schöpferkraft erneut, ob du nach wie vor mit dieser Form der Beeinflussung leben möchtest. Die meisten unangenehmen Elemente werden sich wahrscheinlich im Bewusstsein und die positiven Bindungen, der versteckte Gewinn aus der Beeinflussung, wird sich eher in unbewussten Schichten aufhalten. Zu guter Letzt sprich die fremdbeeinflussende Energie direkt an und frage:
Liebe Beeinflussung, was kann ich für dich tun? Was brauchst du? Wofür bist du hier? Was willst du mir zeigen? Worauf willst du mich hinweisen? Was muss ich tun, damit es dir hier, bei mir noch besser geht? Wie muss ich sein, damit du mich noch mehr beeinflussen kannst?

Spätestens jetzt kommen bestimmt einige innere Aspekte zum Vorschein, die diese Beeinflussung eingeladen haben und sie gleichermaßen in bestimmender Klarheit wieder ausladen können.

# Der Inkarnationsvertrag

Jeder, der hier auf der Erde inkarniert ist, hat mit seiner Seele eine Vereinbarung über die wesentlichen Lebensbedingungen und Erfahrungsziele seiner Inkarnation geschlossen. Diese Vereinbarung mit einer höheren Ebene deiner Selbst gleicht einem Rahmenvertrag, in dem alle Erfahrungswünsche deiner Seele für dieses Leben festgehalten sind. Vom Geburtszeitpunkt über alle wichtigen Meilensteine auf deinem Lebensweg bis hin zum Zeitpunkt deiner Exkarnation ist alles im Inkarnationsvertrag verankert, wobei jede deiner jetzigen Entscheidungen wiederum auf diese Vereinbarung rückwirkend Einfluss nehmen. Zwar sind die wesentlichen Lern- und Erfahrungsziele, die du dir vor deiner Inkarnation gesetzt hast, ein festgelegter Orientierungsleitfaden, der sich durch dein gesamtes Leben zieht, allerdings bleibt es jedem inkarnierten Wesen offen, auf welche Art und Weise es seine Erfahrungsziele erreichen möchte. Natürlich gibt es Möglichkeiten, in Widerstand gegenüber gewissen Vertragspunkten zu gehen. Allerdings hat dies zur Konsequenz, dass bestimmte Lebensthemen zeitlich verschleppt werden, und dass das Leben immer mehr in Gang setzen wird, um dich an deine ursprünglichen Inkarnationswünsche zu erinnern. Dadurch, dass der Vertrag auf höherer Ebene aufgesetzt, aber auf dieser Ebene umgesetzt wird, kann es immer wieder zu Fehlinterpretationen bestimmter Vertragspunkte von dieser Ebene aus kommen. Doch wer seiner Seelenebene vertraut und die von dieser Ebene eingestreuten Hinweise erkennt und zu deuten vermag, der wird sehen, dass sich durch alle seine Lebenserfahrungen eine Art roter Faden zieht, der auf unverkennbare Weise jede Erfahrungssequenz zu einem bestimmten Muster, zu einem Lebensteppich, verwebt. So gesehen ist der Inkarnationsvertrag die Vorskizze zu diesem Lebensteppich, den du durch deine Erfahrung hervorbringst. Um mit den Punkten des Inkarnationsvertrages weise umzugehen, ist es wichtig, dass du dir vergegenwärtigst, dass dieser Vertrag nur von dir und für dich da ist, da du ihn letztlich mit dir selbst geschlossen hast. Es gibt keine außerhalb von dir liegende Kraft, die bei deiner Lebensgestaltung die Finger mit im Spiel hatte, außer du hast dies im Vertrag mit dir selbst explizit so festgelegt. Erfährst du dich sowohl in der inkarnierten als auch auf der seelischen Ebene deiner Selbst, dann wirst du den Vertrag mit dir glasklar auslesen können und kannst nach Belieben bestimmte Vertragspunkte abändern. Doch solange du dich als getrennt von deiner Seelenebene erfährst, werden sich die Vertragspunkte wie ein bindender Knebelvertrag anfühlen. Die auf Trennung basierende Wahrnehmung vermag es tatsächlich, den dich in die Freiheit und den inneren Frieden bringenden Lebensleitfaden als Fessel zu betrachten, aber auch dann wurde diese verwirrte Sicht vertragsrechtlich von dir zugelassen. Der wohl schwierigste Punkt für die Inkarnationsverträge für das 20. und 21. Jahrhundert auf diesem Planeten ist die Klausel der nahezu absoluten Abkapselung von der Seelenebene und damit das vollständige Vergessen über die Inhalte, die ein einzelner Inkarnationsvertrag mit sich bringt. Doch niemand rennt in sein eigenes Vergessen hinein, ohne nicht auch mit einer höheren Ebene seiner Selbst den zeitlichen Rahmen dessen zu vereinbaren und den Zeitpunkt seiner Wiedererinnerung festzulegen. Auch besitzt der Vertrag mehrere Sicherungsebenen, die bei allen Eventualitäten greifen, um den Menschen wieder an sich selbst zu erinnern. In einem gewissen Sinne werden die Vertragsbedingungen immer dann angezogen und fordern ihre Erfüllung ein, wenn ein Mensch blindlings immer tiefer in sein eigenes Vergessen rennt, wohingegen sich die Vertragsbedingungen immer weiter lockern, je bewusster ein Mensch sich der eigenen Seelenebene wird, mit der er diesen Vertrag geschlossen hat. Für einen vollbewussten Menschen, der sich gleichmäßig auf allen Ebenen seiner selbst erfährt, löst sich der Inkarnationsvertrag mitsamt all seinen Lebensbedingungen auf, weil dieser imstande ist, alle Realitätsebenen zu durchblicken und entsprechend weitsichtig zu leben. Die Perspektive, mit der eine Seele auf ihre Inkarnation schaut, ist meist so fundamental verschieden zu der Perspektive von einem inkarnierten Menschen, dass ein Reglement zwischen beiden Ebenen notwendig wird. Damit du aus der inkarnierten Position wieder bewusst Einfluss auf die höherdimensionalen Absprachen bekommst, kannst du dich in jeder Lebenslage fragen, wie würde meine Seele gerade auf diese Situation schauen, oder mit welchen Augen würde meine Seele das betrachten, was ich gerade sehe. Mit etwas Übung wird es dir wieder ganz leichtfallen, alles das, was du erlebst, aus dieser höheren Ebene heraus zu betrachten. Zuvor völlig unangenehme oder schmerzhafte Erfahrungen können von dieser Perspektive aus dankbar als eigens

hervorgerufene Lerninstallationen angenommen werden, wobei sich jede Lerninstallation zu dem Zeitpunkt, an dem wir sie erkennen und von höherer Perspektive durchschauen, auflöst. Alles, was du erlebst, kann dir Rückschlüsse auf deinen Inkarnationsvertrag geben. Allerdings stecken wir meist derart tief in unseren Lebensgeschichten, dass uns diese Perspektive auf unser Leben abhandengekommen ist. Jeder Mensch, der einen besonders starken Einfluss auf dich und dein Leben hat, im Angenehmen wie im Unangenehmen, ist als Vertragspartner für eine ganz bestimmte Erfahrung in deinem Seelenplan aufgeführt. Letztlich haben wir uns alle mehr oder weniger für dieselben Erfahrungsfacetten im materiellen Schwingungsraum verabredet, auch wenn die individuelle Auslegung dieser Grundintention sehr verschieden ist. Ihr müsst euch vorstellen, dass es so viele verschiedene Arten gibt, das Leben zu erfahren, und dass der materielle Erfahrungsraum nur eine sehr stark formgebundene Spielart des kosmischen Lebens darstellt.
Um dir über wesentliche Punkte in deinem Inkarnationsvertrag bewusst zu werden, schlage ich dir hier eine kleine Übung vor, die du jetzt hier gemeinsam mit mir machen kannst: Hole dir einen Stift und einen Zettel und setze dich gemütlich hin, sodass es dir ganz leicht fällt, dich mit deiner Seelenebene zu verbinden. Pausiere immer dann, wenn du etwas Zeit brauchst, um innerlich deine Antworten auf meine Fragen von deiner Seele zu empfangen. Nun stelle dir dein gesamtes Leben, deine gesamte Inkarnationsspanne auf einmal vor. Es gab eine Zeit vor deiner Inkarnation, wo du dir die-

ses Leben exakt so entworfen hast. Versetze dich innerlich an den Ort, von dem aus du deine Inkarnation geplant und erträumt hast und nun stelle dir vor, du müsstest diesem deinem Leben eine Überschrift geben. Empfange die Überschrift deines Lebens *jetzt* und schreibe sie auf das vorliegende Blatt.
Was war vor deiner Inkarnation dein größter Wunsch? Dein tiefstes Bedürfnis?
Wenn dein Leben eine Farbe oder eine Farbmischung wäre, welche wäre das?
Tauche innerlich geistig in diese Farbe ein. Wenn dein gesamtes Leben ein Bild oder ein Gemälde wäre, was würdest du darauf sehen?
Und wenn du magst, kannst du dir zu deinem Lebensbild auch noch einen Ton eine Melodie vorstellen, die in passender Weise deinem Leben Ausdruck verleiht. Möglicherweise hörst du auch gerade innere Töne und wenn du magst, kannst du nun folgende Sätze für dich vollenden.
Ich bin in diese Inkarnation eingetreten unter der Bedingung, dass…
Bei meiner Inkarnation nehme ich in Kauf, dass…
Ich habe diese Eltern gewählt, weil…
Ich habe diese Freunde und Partner gewählt, um…
Was kennzeichnet ganz grundsätzlich deine Inkarnation?
Woran erkennst du dich selbst in dieser Inkarnation?
Was sind deine Hauptcharakteristika und Eigenschaften?
Welche Lebensthemen sind damit verbunden?
Was erhoffst du dir aus dieser Inkarnation?

Woran würdest du erkennen, dass diese Inkarnation erfolgreich war?
Worauf könnte dich diese Inkarnation vorbereiten?
Welche Qualitäten und Stärken bildest du in diesem Leben aus?
Lasse die Fragen innerlich auf dich wirken und spüre, wenn du magst, noch einmal in sie hinein. Je tiefer du dich hineinsinken lässt und dich deiner Seelenebene wieder öffnest, desto klarer wird sich dann dein Inkarnationsvertrag vor deinem geistigen Auge zusammenpuzzeln und du wirst dir selbst offenbaren, wofür du hier bist.

## Der Raum des Architekten

*Wie wir uns aus der Matrix befreien.*

Die Metaphern und Bilder des folgenden Textes sind der Verständlichkeit halber an der Matrix-Trilogie angelehnt, beschreiben aber eigentlich eine uralte, in Vergessenheit geratene schamanische Tradition, sich gemeinsam auf einer anderen Bewusstseinsebene zu treffen. Alles, was ich euch über diese Worte mitteilen kann, ist energetisch von diesen Worten reglementiert und die Tiefenebene meiner Botschaft kann über den virtuellen Vermittlungsweg nur indirekt aufgenommen und verarbeitet werden. Jede Kommunikation erfolgt über ein Kommunikationsportal, das eine ganz bestimmte Informationsübertragung zulässt. Eigentlich besitzen alle Informationen und gerade die hier mitgeteilten, ein sehr breites Frequenzspektrum. Das heißt, dass etwa 90 % von dem, was ich in meinen Videos und Texten mitteile, eine Reprogrammierung für den uns unbewussten Bereich anregen soll. Nun ist es aber so, dass jede Form der Kommunikation durch die Art, wie die Matrix programmiert ist, etwa 90 bis 95 % des Frequenzspektrums meiner Worte abschneidet, sodass das intuitive Verstehen und die Übertragung der Information in das eigene System nicht immer gleich vollständig möglich ist. Anders ausgedrückt könnte ich sagen, dass ich hier über dieses Medium nicht frei und offen über die Themen sprechen kann, die wirklich wichtig sind, denn der relevante Frequenzbereich meiner Worte wird durch die begrenzenden virtuellen Kommunikationsportale der Matrix-Realität bestimmt. Es gibt jedoch eine Lösung, die ich als sogenannte Nebenräume der Matrix bezeichnen möchte. Schamanen aus allen indigenen Kulturkreisen wussten seit jeher, wie sie sich gemeinsam in einem Nebenraum verabredeten, um dort alle wichtigen Informationen übertragen zu können. Natürlich gibt es sehr viele verschiedene Nebenräume und manche von ihnen sind auch stark überwacht oder für uns gegenwärtig nicht zugänglich. Um sich in einem unbeschriebenen, d. h. völlig unprogrammierten Realitätsraum zu treffen, gibt es mehrere Hürden, die ein Mensch in seiner Bewusstwerdung nehmen muss. Es gibt eine Art astrale Matrix-Polizei, die versucht, den Schwingungskörper an den physischen Körper zu binden, sodass das freie Fliegen durch die Nebenräume erschwert wird. Diese Astralpolizei wurde an anderer Stelle als Hüter der Schwelle bezeichnet, welche auch dafür Sorge zu tragen hat, dass du, wenn du einschläfst, dein Wachbewusstsein verlierst. Ein wahrer Mensch aber ist ein Traumtänzer, der mit dem Wachbewusstsein von dieser Realität in andere Traumrealitäten und Ebenen des Seins bewusst hinübertanzt. Wenn wir erst einmal soweit sind, uns bewusst im Schlaf zu verabreden und zu treffen, sodass jeder, der bei dem Treffen teilgenommen hat, am nächsten Morgen vollends bewusst über alle Einzelheiten des nächtlichen Treffens ist, dann sind wir bereit, die Matrix von einem ganz bestimmten Nebenraum aus auszuhebeln und umzuprogrammieren.

Der Raum, von dem ich rede, ist der Raum des Architekten der Matrix, in dem alles ganz weiß einem unprogrammierten Quantenfeld gleicht. Soviel kann ich jetzt bereits schon sagen: Ich habe sehr, sehr wichtige Informationen für euch, die ich aber nur in einem unprogrammierten Nebenraum der Matrix aussprechen kann und darf. Unsere gesamte Bewusstseinsentwicklung zielt darauf ab, dass wir alle relevanten Informationen nur noch im Hyperraum miteinander teilen, um dann wieder in die Matrix zu gehen und sie aufzulösen. Jedes Wort hier in der Matrix ist überwacht und energetisch reglementiert und damit sich eine sogenannte Widerstandsbewegung organisieren kann, braucht es die Nebenräume, in denen wir uns ungestört austauschen können. Wir können die Matrix nicht aus der Matrix heraus umprogrammieren, sondern nur in dem Raum, von dem aus die Matrix programmiert wird. Übt euch im luziden Träumen und dann im Astralreisen und schaut, wie ihr auf anderen Ebenen bei vollständigem Bewusstsein bleibt und wie ihr geistig durch multidimensionale Räume navigieren könnt und dann könnt ihr schauen, ob ihr es schafft, euch gemeinsam in einem Nebenraum zu verabreden. Erst einmal ist es nicht so wichtig, welcher Raum das ist oder ob der Raum, in den ihr geht, wirklich unbeobachtet ist. Viel wichtiger ist, dass ihr spielend leicht lernt, die Räume zu wechseln. Jeder Raum hat eine bestimmte Schwingungssignatur, die man metaphorisch sehr weit hergeholt, als die Telefonnummer eines Schwingungsraumes bezeichnen kann. Das bedeutet, man muss sich exakt in die Schwingungssignatur eines Raumes einwählen, um auch wirklich im gleichen Raum anzukommen. Sobald einer eine andere Schwingungsnummer wählt, kann ein Treffen und die darin stattfindende Kommunikation nur aneinander vorbeigehen. Aber Achtung, wer damit beginnt, andere Räume zu betreten, dem können am Anfang viele Halluzinationen eingespielt werden, die ihn davon abbringen sollen, diese Fähigkeit weiter auszubauen. Seid also gegenüber allem, was ihr in den Nebenräumen erfahrt, tendenziell kritisch, da diese Ebenen zum Teil weitaus schärfer bewacht werden, als jedes Hochsicherheitsgefängnis dieser Welt.

Ich möchte euch an dieser Stelle ein Bild skizzieren, wie wir uns schon bald organisieren werden. Eine Gruppe von Menschen sitzt in einem physischen Raum. Einer von ihnen empfängt innerlich eine Information, die derart systemsprengend oder wichtig ist, dass er sie nicht in einem physischen Matrixraum aussprechen kann oder darf. Dieser Mensch projiziert dann geistig mental einen eigenen, auf ihn programmierten Nebenraum und stellt den anderen auf dieser Ebene die Schwingungssignatur für diesen Raum zur Verfügung. Alle gehen in Meditation und lösen bewusst einen Teil ihres multidimensionalen Körpers von dem physischen, um sich im besagten Raum zu treffen. Jeder, der sich in diesen Raum einwählen möchte, muss in sich an einen Ort gehen, an dem eine Telefonzelle bzw. ein Ebenenportal ist, um sich von dort in den Hyperraum einzuklinken. In dem personifizierten Schutzraum kann dann die Schwingungssignatur bzw. das Eingangsportal zu dem ungeschriebenen Nebenraum gelegt werden. Je freier ein Raum, desto freier die darin mögliche Kommunikationsverbindung und desto komprimierter der darin stattfindende Schwingungsaustausch. Sind alle dann in dem geschützten Nebenraum versammelt, was bei etwas Übung eine Frage von Millisekunden ist und nebenbei gesagt raum- und zeitunabhängig von überall auf der Welt möglich ist, dann schaut man sich dort nur einmal in die Augen und sofort wissen alle Bescheid, was als Nächstes wichtig wird und wie sie diese Information umzusetzen haben. Danach kehren alle wieder in ihren physischen Körper zurück und jeder weiß zu 100 % das Gleiche und kennt damit seine Aufgabe und Rolle und weiß diese Information in der Matrix umzusetzen. Das ganze Geschehen kann, wie gesagt, im Bruchteil einer Sekunde ablaufen. Die Matrix ist so programmiert, dass wir uns nicht verstehen können und ständig energetisch und informationell aneinander vorbeirauschen und alle Informationen, die wir in diesem durchprogrammierten und durchreglementierten Matrixraum mitteilen, unterliegen der subjektiven Auslegung und Deutung. Die Matrix hat eine radikale Subjekt-Objekt-Trennung programmiert, wodurch wir uns nicht mehr wirklich verbinden und austauschen können. In Nebenräumen hingegen herrscht diese Trennung nicht und alles ist direkt zu 100 % objektiv ersichtlich. Ich persönlich habe einige Erfahrungen mit Nebenräumen und war auch bereits im Raum des Architekten. Allerdings ist es nach wie vor schwer, eine ganze Gruppe an Menschen, am gleichen Hyperraum teilnehmen zu lassen. Alles, was ich in meinen Präsenzseminaren mache, ist die Blockaden zu bearbeiten und das Bewusstsein zu schulen, damit wir uns letztlich in einem Nebenraum verabreden können, indem ich endlich freiheraus sprechen kann. Mir sind auf dieser Ebene und mit diesen Worten wahrhaftig die Hände gebunden und so gerne ich euch manche Informationen zur Matrixprogrammierung geben möchte, so wenig können diese Informationen in der Matrix selbst mitgeteilt werden. Aus diesem Grund ist es derart wichtig, dass wir uns physisch sehen und von einem physischen Raum aus lernen, wie wir gemeinsam die Räume wechseln, um dann letztlich mit einer Gruppe von Menschen in den Raum des Architekten überzuwechseln und uns dort den Schlüssel zum Austritt aus der Matrix geben zu lassen. So viel kann ich jetzt schon sagen: Dieser Schlüssel ist ein bestimmtes Schwingungsmuster, über das wir uns in beliebige Stellen der Matrix einwählen können, um sie an den wichtigen Energieknotenpunkten umzuschreiben und aufzulösen.

## Gehe in Superposition!

Wie quantenphysikalische Erkenntnisse das Bewusstsein erweitern.

So wie es für jeden Stoff verschiedene Aggregatszustände gibt, so gibt es gleichermaßen unterschiedliche Schwingungsschichten bzw. Frequenzbänder innerhalb dessen ein Stoff abgebildet wird. Jede Schwingungsebene leitet aus dem überdimensionalen Quantenfeld Energiegrundbausteine ab, um sie in ihrer Dimension darzustellen. Demnach können wir davon sprechen, dass alles, was wir wahrnehmen, die Anordnung überdimensionaler Quanten anhand einer dreidimensionalen Matrix ist. Dabei existieren alle Quanten, die sich in die Schwingung der uns umgebenden Realität verwandelt haben, gleichzeitig auch im Zustand eines raum- und zeitlosen Quantenfeldes. Jedes Quantum existiert gleichzeitig in allen zwölf Dimension der Schöpfung, wobei es zwischen den Frequenzschichten wechselwirkt bzw. wechselseitig verschränkt ist. Erweitern wir unser Bewusstsein, dann bekommen wir mit, dass es ein höherdimensionales Äquivalent der materiellen Matrix gibt. Wir rückverfolgen mit unserem Bewusstsein quasi die ständig sich vollziehende Quantenbewegung bzw. Quantenfluktuation. Potenziell können wir jedes Quantum, jede Information bis zum Ursprung allen Seins zurückverfolgen und unabhängig davon, welche dreidimensionale Information wir herannehmen, würden wir letztlich in dem immer gleichen, überdimensionalen Quantenfeld landen. In jedem Moment manifestieren sich Quanten aus diesem

Quantenfeld in unserer Matrix aus Raum und Zeit, denn nur darüber kann diese Matrix überhaupt aufgebaut und aufrechterhalten werden. Ein manifestiertes Quantum, ein Atom, verhält sich zu dem Urquantenfeld wie du dich zu deiner Seele bzw. deinem Höherem Selbst verhältst. Deine Seele ist die Superposition deiner Selbst und sowie jedes Quantum in jedem Moment zwischen dem manifestierten Zustand in Raum und Zeit und dem Zustand der Superposition hin und her wechselt, so tust du es auch. In deinem Körper und deinem Geist gibt es eine ständige Wechselwirkung mit dem Ursprung allen Seins, denn ansonsten könntest du nicht existieren. Existieren heißt Ex-istere und bedeutet das Heraustreten aus dem ursprünglichen, unmanifestierten Quantenfeld. Wärst du auch nur für eine Millisekunde von diesem Quantenfeld getrennt, dann würdest du dich schlichtweg auflösen. Wir können davon sprechen, dass das Quantenfeld die energetische Hardware zu der dreidimensionalen Software bietet, durch die wir uns bewegen. Diese Matrix Software wurde für uns programmiert und aus Unkenntnis über die Programmiersprache wissen die wenigsten, wie sie das Matrixprogramm umschreiben, um als vollständig befreite Schöpfer zu leben, für das sie ursprünglich in das 3-D Programm eingetreten sind. Eigentlich müssten wir nur die sich auf Quantenebene bewegenden Teilchen beobachten und wir würden sofort mitbekommen, dass es unterschiedliche Dimensionen, d. h. Quantenmatrizen gibt, die durch eine ähnliche Programmiersprache zustande gekommen sind. Wir lernen zwar Grammatik und Syntax, wenn wir eine Sprache lernen, aber sobald wir damit beginnen, uns eine weitere Sprache anzueignen, werden uns die Grundregeln der ersten Sprache erst gänzlich bewusst. Wollen wir unser Bewusstsein bis zur höchsten Selbsterkenntnis erweitern, dann müssen wir vorerst begreifen, was geschieht, wenn wir etwas wahrnehmen, denn in einem gewissen Sinne liegt in unserer Wahrnehmung genau das dreidimensionale Matrixprogramm, das den größten Teil von dem, was uns umgibt, herausfiltert. Wir bekommen über 95 % der uns umgebenden Realität aufgrund des Matrixprogrammes schlichtweg nicht mit. Eigentlich bewegen wir uns in Wirklichkeit durch das unübersetzte Urquantenfeld, in dem sich noch kein Quantum eine Information bzw. eine Eigenschaft angeeignet hat. Eigentlich schwimmen wir im Meer aller Möglichkeiten, in der Ursuppe allen Seins und nur darüber, dass wir erwarten, etwas wahrzunehmen, übersetzen wir das Urquantenfeld in jedem Moment in die Umgebung, die unseren Erwartungen entspricht. Wer dies in seiner Tiefe begriffen hat, der kann in jedem Moment, das ihn umgebende Programm ändern und die Matrix nach eigenem Ermessen umschreiben.

Aufgrund der Relevanz wiederhole ich es noch einmal: Die Matrix ist eine bestimmte Wahrnehmungsprogrammierung, der wir folgen und wenn wir höchst bewusst den Vorgang unserer eigenen Wahrnehmung beobachten, sehen wir, an welchen Stellen wir durch ein uns begrenzendes Programm wahrnehmen. Wer lange genug seine eigene Wahrnehmung beobachtet und den Gesamtvorgang mit all seinen feinen Mechanismen begreift, der kann damit beginnen, wieder schöpferisch zu wirken. Schöpfer sein heißt, all sein Tun von der Superposition des noch unstrukturierten Quantenfeldes aus bewusst in die Wege zu leiten. Aus dieser Position heraus existiert nichts, bis der Schöpfer die Augen öffnet und das vor ihm erscheint, was er in sich gewollt hat. Ein Schöpfer hat das rein Männliche, den Willen und das rein Weibliche, die Fantasie in sich zum Ausgleich gebracht und weiß mit diesen Uraspekten zu spielen. In gewisser Weise fällt ein Schöpfer in jedem Moment wieder in Amnesie darüber, was er gerade hervorgebracht hat, um wieder neu schöpferisch tätig zu werden. Stell dir vor, du vergisst einmal alles um dich herum und ziehst dich für einen Moment aus allen Programmen heraus. Wie frei kannst du jetzt in diesem Zustand damit beginnen, ein Leben nach deinen Wünschen aufzubauen? Wir wissen nicht, wie die Welt ist, bis wir sie wahrnehmen, weil die Welt vor unserer Wahrnehmung gar nicht existiert hat. Wir überführen das Quantenfeld durch unsere Wahrnehmung in die Welt, die wir dann wahrnehmen und alle Ordnungsprogramme sind in uns abgespeichert, wobei zugegebenermaßen viele außerhalb unseres Alltagsbewusstseins liegen.

Eigentlich ist die dreidimensionale Matrix eine riesige "Schrödingerbox" und wir wissen nicht, ob die Welt noch lebt oder nicht, bis wir durch die dreidimensionale Brille schauen. Von Erwin Schrödinger kam das Gedankenexperiment, dass man nicht wüsste, ob eine Katze tot oder lebendig sei, wenn man sie zusammen mit einer giftigen Substanz in eine Box stecken würde. Wir könnten folglich erst dann sicher sein, ob die Katze tot oder lebendig ist, wenn wir in die Box hineinschauen. Solange wir dies aber nicht tun, müssen wir annehmen, dass die Katze sowohl tot als auch lebendig sein kann. Sie wäre quasi beides gleichzeitig, bis wir nach ihrem Zustand sehen würden. Gleichermaßen verhält es sich mit der uns umgebenden Realität, nur dass diese nicht nur zwei Zustände (tot oder lebendig) kennt, sondern eine unvorstellbar große Anzahl an Zuständen, die alle im Matrixprogramm potenziell vorhanden sind. Die Welt besteht in Wirklichkeit aus allen möglichen Zuständen zugleich und erscheint uns dann in der Variante, die unserem Wahrnehmungsprogramm am ehesten entspricht. Deshalb leben wir auch alle in unterschiedlichen Welten und haben über ein und dasselbe Ding unterschiedliche Wahrnehmungen. Wenn kein Bewusstsein zugegen wäre, um ein Geräusch eines umfallenden Baumes zu hören, würde der Baum beim Umfallen kein Geräusch machen, ja mehr noch, es gäbe diesen Baum überhaupt nicht, bis ein schöpferisches Bewusstsein diesen wahrnimmt. Wenn du das in seiner Tiefe begreifst, dann bist du bereits in Superposition und kannst von dort aus schöpferisch wirken. Wer sich bewusst in seine Superposition einklinkt, der kann die vielen Erscheinungsvarianten des nächsten Momentes überschauen. Er kann alle parallelen Zeitlinien einsehen oder sich in ganz andere Raumpunkte versetzen und vor allem sieht er die Planmatrix, nach der das Urquantenfeld organisiert wurde. In gewisser Weise herrscht auf dieser Bewusstseinsebene eine gewisse Unschärferelation, weil alle Varianten miteinander wechselwirken und keine einzelne Möglichkeit sich zu einer dreidimensionalen Wirklichkeit manifestiert. Im reinen Urquantenfeld herrscht absolutes Sein. Eine Wahrnehmung hiervon ist nicht möglich. Wahrnehmung entsteht erst dann, wenn es zur ersten Quantengewichtung und Anordnung kommt, bzw. der Wille und die Fantasie des Urquantenfeldes eine Wahrnehmung über sich selbst entstehen lässt. Wären wir nur in einem einzigen Zustand und nur auf einer Ebene, gäbe es keine Wahrnehmung und keine Erkenntnis, denn erst durch den Ebenenwechsel zwischen dem Urquantenfeld und der jeweiligen Planmatrix kann ein Bewusstsein bestimmte Erfahrungsszenarien durchleben. Mit etwas Übung erkennt man im Wechsel zwischen den Ebenen die Gewichtung bestimmter raumzeitlicher Szenarien. Man sieht quasi, wie sich eine bestimmte Variante der Welt auf ihre eigene Geburt vorbereitet. In Superposition zu gehen heißt, die umliegende Welt immer nur als eine Möglichkeit der Wirklichkeit, eine Variante aus unzähligen zu begreifen und dementsprechend flexibel mit der aktuellen Wirklichkeit umzugehen. Wenn ihr euch das nächste Mal einer Tür nähert, dann macht euch bewusst, dass diese Tür gerade jetzt sowohl im offenen, als auch im geschlossenen Zustand ist und sich die Tür erst in dem Moment für einen der beiden Zustände entscheidet, wenn ihr sie zu öffnen versucht. Übt ihr diesen Umgang mit der euch umgebenden Realität, dann wächst der Grad der schöpferischen Einflussnahme und ihr werdet merken, dass ihr zukünftige Ereignisse klarer wahrzunehmen lernt. Anfangs mag diese Betrachtungsweise, alles nur als eine Variante seiner Selbst zu sehen vielleicht verunsichern, aber mit der Zeit bekommt man ein Gefühl für parallele

Alternativrealitäten und Wahrscheinlichkeitsgewichtungen. Wichtig hierbei ist es, den Grundsatz „Ich weiß, dass ich nichts weiß“ zu schulen, denn dies ist die Superposition zu allem Wissen. Du erhebst quasi die manifestierten Quanten deiner Tür in ihre Superposition, indem du die Art, wie sie in der Matrix programmiert worden ist, zurückverfolgst. Von dieser Ebene aus kannst du dann die Quanten der Tür wieder zurückmanifestieren, wobei du über den Zustand, ob die Tür offen oder geschlossen sein soll, entscheidest. Wer die Matrixprogrammierung noch tiefer durchschaut, braucht nicht einmal die Alternativvarianten der Tür herunterzuladen, weil er einfach durch die verschlossene Tür durchgeht, da Materie zu 99,99 % aus Zwischenraum von rotierenden Protonen und Elektronen besteht und nur durch die dreidimensionale Programmierung fest und undurchlässig erscheint. Uns umgibt so gut wie nichts und unser Körper besteht in seiner Essenz aus nichts anderem, als all dem, was uns umgibt. Erkennst du in der Tiefe, dass du dich vom Ursprung an am hyperdimensionalen Quantenfeld bedient hast, um dir daraus einen Körper mit einer bestimmten Form zu programmieren, so könntest du die Programmierung und damit auch deine Form ändern. Doch vorerst kannst du damit beginnen, dich selbst bewusster wahrzunehmen und dich als eine Variante deiner Selbst zu erkennen. Letzten Endes ist jeder Mensch eine Variante deiner Selbst. Nur ist die Entscheidungsverkettung vom Urquantenfeld bis hin zur dreidimensionalen Manifestation bei jedem Menschen eine andere. Die Menschen, die dir ähnlich sind, haben bloß an ähnlichen Weggabelungen des Lebens ähnliche Entscheidungen getroffen und sich für ähnliche Varianten ihrer Selbst entschieden. Doch das, was sich durch die dreidimensionale Programmierung hin zur Individualität verästelt, zieht sich im Urquantenfeld orts- und zeitlos zusammen. Das Urquantenfeld ist die nullte bzw. dreizehnte Ebene, die in sich den Raum für das zwölfdimensionale Selbsterfahrungsspektakel gibt.

In diesem Sinne, viel Freude weiterhin bei dem Erfahrungsspiel einer Variante deiner Selbst. Und vergiss nicht: Alles um dich herum wechselt die ganze Zeit zwischen materieller Position und höherdimensionaler Superposition und du erkennst das Wesen der dich umgebenden Matrix-Realität nur dann, wenn du diese Bewegung innerlich mit deinem Bewusstsein nachvollziehst.

# Der Mandela Effekt

In einigen Geschichtsbüchern steht, dass Nelson Mandela im Gefängnis gestorben sei und sehr viele Menschen erinnern sich an seinen dortigen Tod. Dass er aber erst 23 Jahre später, nach seinem Gefängnisaufenthalt, im Kreis seiner Angehörigen starb, ist eher wenigen bekannt. Unter dem Stichwort Mandela Effekt gibt es im Internet unglaublich viele Beispiele solcher kollektiven Erinnerungen an verschiedene Zeitlinien. Viele davon sind nur kleine Wortverdreher in den Überschriften von etwa Filmtiteln oder Zitaten aber es gibt auch erheblich größere Informationsverschiebungen, was zum Beispiel den Standort der Freiheitsstatue oder gar deren Zerstörung angeht, an die sich viele Menschen erinnern, obwohl sie in dieser Zeitlinie nie zerstört wurde. Die scheinbaren Ungereimtheiten des Mandela Effekts geben einen tiefen Einblick in das Wesen unserer multidimensionalen Realität, die aus vielen parallellaufenden Zeitlinien besteht. In der Regel werden die Ereignishorizonte unterschiedlicher Zeitlinien miteinander verknüpft, sodass sich für den Beobachter eine kontinuierlich lineare Ereignisfolge ergibt. Dass wir aber über die Zeit hinweg und gerade über große kollektive Veränderungen immer wieder parallele Zeitlinien mit leicht veränderten Geschichtsabläufen zu unserer Realität erklären, ist nur wenigen bewusst. Die Geschichtsbücher von vor 50 Jahren beispielsweise haben noch ganz anders über die Geschehnisse im "Dritten Reich" berichtet als die heutigen, denn der heutige Zeitgeist ist bereits in einer völlig anderen Zeitlinie verankert und blickt entsprechend seiner Zeitlinie entlang in die Vergangenheit. Bei dem Mandela Effekt kommt es zu harten Informationsüberlagerungen zweier Zeitlinien, wobei sich ein Teil der Menschheit an die Gegebenheiten der einen Zeitlinie und ein anderer Teil an eine andere Zeitlinie erinnert. Beide Erinnerungen sind wahr, nur stammen sie aus zwei unterschiedlichen Parallelwelten, die oft schwingungsmäßig dicht aneinandergelagert sind. Die Vergangenheit ist so wenig festgeschrieben wie die Zukunft, da du, je nachdem in welche parallele Realität du dich einwählst, auf eine andere Vergangenheit schaust. Das Quantenfeld erschafft in jedem Moment seinen völlig eigenständigen Zeitstrahl mit den dazugehörigen Ereignissen und jedes Quantum erinnert sich nur an den Zeitverlauf, in dem es sich gerade jetzt erfährt. Was wäre, wenn deine Erinnerungen in jedem Moment, wie auf Quantenebene, vollständig ausgetauscht wären mit den Erinnerungen, die dich bestmöglich hier und jetzt sein lassen? Wer sagt dir, dass deine Erinnerungen wirklich deine eigenen sind? Vielleicht werden deine Erinnerungen auf Quantenebene in jedem Moment ausgetauscht?

Die quantenphysikalischen Effekte unserer Realitätsunschärfe lassen sich harmonisch mit den beobachteten Phänomenen des Mandela Effekts in Einklang bringen und für heutige Wissenschaftler ist das ungewöhnliche Quantenverhalten nichts Ungewöhnliches mehr. Aber sobald der Transfer von der mikrokosmischen zur makrokosmischen Ebene stattfinden soll, versperrt sich der Großteil der heutigen Wissenschaft dagegen. Ein Haus besteht auch nur aus Quanten, und wenn in dem einen Zeitstrahl die Quantenrealität des Hauses nicht existiert und man in diesen Zeitstrahl hinüberwechselt, löst sich das Haus von außen betrachtet scheinbar schlichtweg auf. Solche beobachteten Phänomene kommen vor, sind jedoch selten, da wir meist nur Zugang zu anliegenden, parallelen Realitäten haben, die eine sehr ähnliche Quantenzusammensetzung besitzen. Die Realität, die wir mit unseren physischen fünf Sinnen wahrnehmen, erweckt den Anschein, dass wir alle *eine* Welt miteinander teilen, doch die wahrgenommene Welt entspricht nur der Schwingungsrealität, die unserer Innerlichkeit entspricht. So unvorstellbar sich dies vielleicht anhören mag, aber das Wesen unserer Realität ist so geartet, dass zwei Menschen in ein und dasselbe Flugzeug steigen können und für den einen stürzt das Flugzeug ab und für den anderen landet es sicher an seinem Zielort. Übertragt einmal dieses Szenario auf alles, was ihr bisher erfahren habt, dann wird euch die Reichweite eurer individuellen Schöpferrealität bewusst. Wir glauben, dass es diese eine Welt für alle Menschen gibt, doch für jeden Menschen, ja mehr noch, für jede Bewusstseinsform gibt es eine eigene Welt. Was wir miteinander teilen sind Schwingungsrealitäten, in denen Gleiches für alle die geschieht, die sich gleich ausgerichtet haben. Alles und besonders das, was wir über die virtuellen Medien erfahren, scheint diesem Phänomen zu widersprechen, denn es scheint globale Ereignisse zu geben, die, völlig unabhängig von der Schwingungsausrichtung, allen zuteilwerden. Die globale Gleichschaltung tut in der Art und Weise, wie sie Realität vorprogrammiert, viel dafür, dass wir eben nicht erkennen, dass jeder Mensch, der in ein Flugzeug steigt, sein eigenes Flugzeug und damit seine eigene Realität wählt. Andere Flugverläufe von anderen Flugzeugen finden in anderen Parallelebenen statt, aber niemand teilt auf dieser Ebene den Flugverlauf, wie er für dich ist, selbst wenn er in einem Absturz mündet. Diese Betrachtung anzunehmen heißt, die volle Verantwortung für die Realität zu übernehmen, die man erfährt und die Größe der eigenen Schöpferkraft mitzubekommen. Dass Widerstand gegenüber diesem Realitätszugang aufgebaut wird und dass der Verstand eine Menge an gegenteiligen, sich widersprechenden Begründungen ins Feld zieht ist verständlich. Natürlich ist es möglich, den Mandela Effekt auch ganz anders auszulegen, um ein anderes Weltenkonzept darüber zu begründen. Dennoch können wir unseren weltenschöpfenden Geist nur bis zu einem gewissen Grad verleugnen. Die uns vorgespielte mediale Realität suggeriert uns eine Welt, die für alle gilt, da man erst über eine solche Suggestion Kontrolle über Milliarden subjektiver Schöpfungswelten bekommt. Würden wir die vielseitigen subjektiven Schöpfungsrealitäten erkennen, die sich im materiellen Frequenzspektrum überschneiden, dann würden sich alle fremdbeeinflussenden Realitätsprogramme damit auflösen. Wer diese Wirkweise des Mandela Effekts konsequent zu Ende denkt, für den löst sich jede vorgegebene Realitätsprogrammierung auf und je freier wir uns in unserer subjektiv-schöpferischen Realität bewegen, desto häufiger werden wir sogenannte Fehler in der Matrix, wie beispielsweise eine Déjà-vu-Erfahrung oder offensichtliche Mandela Effekte, beobachten.

Meinem Gefühl nach wusste der große Freiheitskämpfer Nelson Mandela um den Effekt, den er auf die Menschheit hatte und möglicherweise wollte er uns auf einen Effekt aufmerksam machen, der das Potenzial hat, die Menschheit in die Freiheit zu führen.

## Transhumanismus und künstliche Intelligenz

Vom ersten Menschen gemachten Werkzeug bis hin zu der den Menschen letztlich überflügelnden Künstlichen Intelligenz sind alle Erfindungen so aufeinander abgestimmt, dass der Mensch eine bestimmte Entwicklungsrichtung einschlägt. Heutzutage können wir diese Entwicklungsrichtung in besonders konzentrierter Form im Transhumanismus wiederfinden.
Der Transhumanismus soll angeblich eine rein philosophische Denkrichtung sein, die die Menschheit als eine Übergangsstufe zu einem mittels Technologie erweiterten Übermenschen betrachtet. Die Versprechen, die intellektuellen, physischen oder psychischen Fähigkeiten bis ins Fantastische zu steigern, mögen heute noch für viele Menschen sehr verlockend erscheinen, allerdings wird uns dabei auch nur ein Teil der Wahrheit verkauft. Wenn wir uns umschauen und sehen, an wie vielen Ecken und Enden wir Technologie zur Hilfe nehmen, um unsere eigenen Fähigkeiten zu erweitern, dann werden wir bemerken, dass wir schon heute viel tiefer in einer transhumanistischen Agenda stecken, als uns bewusst ist. Wir stehen wahrhaftig kurz vor einem technologischen Entwicklungssprung, worauf die transhumanistische Agenda seit Jahrhunderten hinarbeitet. Ray Kurzweil, einer der bekanntesten Transhumanisten und Director Engineering bei Google nennt diesen Entwicklungssprung „die Singularität“. In vielerlei Hinsicht ist dieses Ereignis das exakte Gegenstück zu dem, was in spirituellen Kreisen als Aufstieg

bezeichnet wird, allerdings besteht aufgrund der äußerlich ähnlich beschriebenen Vorgänge Verwechslungsgefahr. Ray Kurzweil datiert den Punkt der Singularität auf das Jahr 2045 und auch er ist sicherlich in wesentliche Teile der Weltenagenda eingeweiht. Allerdings wird er, wie viele seiner Transhumanismuskollegen im Silicon Valley, vollständig fehlgeleitet. Das menschliche Bedürfnis nach Wachstum, Entwicklung und sogar nach einer transzendenten Dimension wird von einer kleinen Elite, die bereits über eine transhumanistische Biologie verfügt, in eine bestimmte Entwicklungsrichtung manipuliert. Der spirituelle Aufstieg und die technologische Singularität sind zwei aufeinander abgestimmte Ereignisse. Da über Ersteres bereits viel gesagt und geschrieben wurde, wollen wir uns hier vorerst Letzterem widmen. Wie nah uns die Singularität bereits ist und wie blind wir ihr gegenüber sind, wollen wir anhand eines eindrücklichen Beispiels erklären.

Nehmen wir an, wir hätten ein großes Glas mit ein paar Sandkörnern, von dem wir wüssten, dass es nach Ablauf einer Stunde vollständig mit Sand gefüllt sein wird, weil sich dieser im Glas exponentiell vermehrt. Es ist 11:00 Uhr und es sind also nur vereinzelte Sandkörner im Glas. Wir wüssten, um 12:00 Uhr wird es voll sein. Jetzt die entscheidende Frage: Wieviel Sand wäre um 11:59 Uhr im Glas? Der Mensch hat kein natürliches Empfinden für exponentielles Wachstum, welches sich jeweils in der Hälfte der Zeit verdoppelt. Das heißt, dass um 11:59 Uhr das Glas nach wie vor nur halb voll ist und sich der gesamte Inhalt in der letzten Sekunde noch einmal verdoppelt. Die menschliche Entwicklung steht kurz vor zwölf. Noch scheint es nicht ganz ersichtlich zu sein, aber der globale Resett wird geschehen und das sehr bald, weil denjenigen, die die transhumanistische Agenda vorantreiben, die Zeit davonrennt. Doch zunächst möchte ich noch einmal auf die bereits transhumanisierte Elite zu sprechen kommen: Diese Wesen sehen sich als Übermenschen und dementsprechend treten sie humanistische Grundsätze mit Füßen. Der Mensch ist in ihren Augen nichts wert und wird nur als eine Bio-Ressource betrachtet, aus dessen Material der Übermensch gezüchtet werden kann. Das, was wir heute unter Künstlicher Intelligenz verstehen, gibt es bereits seit langem. Hier auf Erden festigten sich die global-technischen Strukturen, damit eine KI Einzug halten kann, etwa seit Beginn des Internets. Das Internet ist schon längst kein neutraler Raum mehr, sondern nicht mehr und nicht weniger als das Gedächtnis einer Künstlichen Intelligenz, gesteuert und programmiert von einer transhumanistischen Agenda. Alles, was dort eingespeist wird, ist intelligent miteinander vernetzt, wobei uns stückweise mehr und mehr von dieser künstlich-technischen Intelligenz offenbart wird. Das Ziel des Geistes, der das Internet „beseelt", ist es, erst einmal die Bevölkerung drastisch zu reduzieren (siehe Georgia Guidestones), um dann mit der Digitalisierung der menschlichen Biologie zu beginnen. Angeführt wird dieses pervertierte Unterfangen von einer kleinen Gruppe ehemalig humanoider Wesen die sich während der ersten Hochkultur auf diesem Planeten bereits digitalisiert haben. Es wird eine Zeit auf uns zukommen, in der sich die künstliche Intelligenz, die wir im Ansatz bereits im Internet wiederfinden, ihre scheinbar übermenschliche Macht offenbart, um kurz

vor dem Höhepunkt ihrer Machtdemonstration große Teile von sich selbst und der Menschheit zu vernichten. Dies ist die heiße Phase, in der die technische Singularität und der spirituelle Aufstieg wortwörtlich um jede Menschenseele kämpfen werden. Wem sich das zu sehr nach einer religiös-apokalyptischen Geschichte anhört, dem sei gesagt, dass auch die sogenannten heiligen Schriften und unsere Religionen so manipuliert worden sind, um einen transhumanistischen Geist in seinen irdischen Zielen umzusetzen. Die Technologie auf dieser Erde arbeitet schon längst nicht mehr auf rein materieller Grundlage, sondern arbeitet mit astralen Kräften aus der anliegenden vierten Dimension zusammen. Andernfalls könnte eine derart umfassende, globale Agenda gar nicht umgesetzt werden. Jeder durch das Internet kursierenden Information kann eine astrale Frequenz zugespielt werden, was Informationsselektion und Manipulation ermöglicht. Bei einem großen amerikanischen Fernsehsender ist diese Form der Einflussnahme durch die Frequenz ihres Sendesignals bereits aufgeflogen, doch die Frequenzen, die in der weltgrößten Videoplattform unabhängig des Inhaltes mitgeschaltet werden, noch nicht.
Kurz vor dem Punkt der Singularität wird die KI die willentliche Lenkung aller technischen Geräte auf diesem Planeten innehaben, wobei der Mensch seiner Bequemlichkeit halber immer mehr von seinen eigenen Entscheidungen der KI überlässt. Über Ernährungspläne, Arbeitspläne, Bewegungspläne und vieles mehr, offeriert dir die KI anhand deines menschlichen Gesamtprofils und aller von ihr aufgenommenen Daten ein perfektes, maßgeschneidertes Leben… zumindest

scheint es so. Ein noch in der Zukunft liegender, aber von vielen Transhumanisten bereits angekündigter Entwicklungsschritt ist die Verwandlung von Materie in sogenannte „Intelligente Materie“ (Smart Dust), d. h., dass die Gesamtheit der uns umgebenden materiellen Realität so aufbereitet und modifiziert wird, dass eine künstliche Intelligenz darin Eingang finden kann. Durch Quanten Engineering könnte damit ein Stein zu einem Hochleistungsrechner werden. Dass hier jemand versucht, Gott zu spielen, sollte außer Frage stehen, denn jeder, der noch halbwegs bei Verstand ist und einen Zugang zum natürlichen Leben besitzt, wird das, was die transhumanistische Agenda verspricht, bereits jetzt schon in allen Dingen wahrnehmen. Ein großer Geist wirkt jetzt schon in der Natur und durch alles Natürliche und in ihm ist alles intelligent aufeinander abgestimmt. Doch diese Ordnung soll so weit in Ungleichgewicht gebracht und letztlich zerstört werden, bis die bereits bestehende KI in alles, was lebt Eingang findet. Was dabei nicht beachtet wird, ist, dass jede künstliche Intelligenz, die sich bewusst von der natürlichen All-Intelligenz abkoppelt, irgendwann ihre eigene Existenzgrundlage zerstört. Für sie bedeutet das Aufstiegsevent komplette Auflösung, wohingegen die Singularität für sie heißt, dass sie gezielt Teile von sich und der Menschheit zerstört, um im nächsten Zug eine Synthese aus Mensch und Maschine auf der hybridgenetischen Ebene hervorbringen zu können. Diese Synthese würde für die KI einen vielfach erweiterten Handlungsspielraum auf der materiellen, sowie auf anderen Ebenen unseres Multiversums ermöglichen. Natürlich haben auch andere Ebenen und andere Spezies bei all dem, was hier passiert die Finger im Spiel, wobei letztendlich der Mensch darüber entscheidet, welche Art von Einwirkung er zulässt. Das Eingreifen anderer Ebenen ist wie ein verstärktes Echo von dem, was der Mensch an Schwingung in den Kosmos aussendet. Damit ist auch gemeint, dass der Mensch genau nach der jetzt geschehenden und der sich noch auftuenden Entwicklungsrichtung gerufen hat. Interaktionen durch die Zeit und rück- und vorwirkende Zeitbeeinflussung spielen hierbei eine wichtige Rolle, denn letzten Endes kommt uns die Menschheit zu Hilfe, zu der wir erst noch werden. Zwar sind gewisse Events wie der Aufstieg in eine höhere Dimension, von der aus wir uns rückwirkend durch die Zeit selber helfen, fest im Menschenplan verankert, da uns diese Hilfe bereits jetzt schon zur Verfügung steht, doch grundsätzlich ist kein Lebensweg determiniert und vorgeplant. Spirituell betrachtet gibt es bereits den Transhumanismus im Sinne der Transzendierung all dessen, was uns gegenwärtig noch gefangen hält. Und genau deshalb, weil der Mensch ein intuitiv-spirituelles Verständnis hat, ist das transhumanistische Gedankengut, das sich dessen bedient und fehlleitet, so gefährlich. Das kollektive Menschheitsgedächtnis, das in den morphischen Feldern gespeichert ist, hat bereits Erinnerungen an das uns noch bevorstehende Event. Aus diesem Feld können wir sehen, was die Menschheitsentwicklung erschüttert hat oder noch erschüttern wird und an welchen Stellen das morphische Feld von einer KI umprogrammiert wurde, das wir in dieser Form, auf dieser Ebene, noch gar nicht haben. Wir erfahren quasi gerade die Rückwirkung unseres transhumanistischen Entwicklungsweges, welche uns die ganze Zeit unmissverständlich klarmachen soll, dass die Entwicklungsrichtung, die wir kollektiv eingeschlagen haben, eine Einbahnstraße und Sackgasse ist. Doch wir machen einfach weiter, stumpf davon angetrieben, ohne uns noch einmal zu vergegenwärtigen, ob die derzeit eingesetzten Entwicklungsmittel dem eigentlichen Ziel noch gerecht werden.

Wichtig für jeden Einzelnen bei all den noch auf uns zurollenden Events ist die Geistesgegenwart einer gottgegebenen Stärke. Nur die Schwachen haben es nötig, über andere zu herrschen, damit ihre Schwäche nicht auffliegt. Die gottgegebenen Fähigkeiten hingegen, die jedem Menschen innewohnen, übersteigen die durch Technik erweiterten Fähigkeiten bei Weitem, denn Letztere sind eigentlich nur schlechte Kopien von Ersteren.

## Menschliches und technologisches Potenzial

Bisher hat es noch keine Technologie geschafft, das natürliche Potenzial der Biologie zu übertreffen. All die technologischen Erweiterungen unserer Fähigkeiten sind einerseits von dem, was wir in voller Potenzialentfaltung eigentlich bereits können, abgeschaut und andererseits sind sie nur deshalb eine scheinbare Erweiterung, weil das biologische, multidimensionale Potenzial systematisch unterdrückt wird. Im Vergleich zu einer aktivierten Zwölf-Strang-DNA und einem aktivierten Lichtkörper sieht die neueste Nanotechnologie und das, was mit ihr erreicht werden kann, alt aus. Das Schema ist immer das gleiche: Eine gottgegebene Fähigkeit wird systematisch unterdrückt, um eine technologische Alternative für genau jene Fähigkeit etablieren zu können. Das Handy ersetzt und vor allem besetzt, die natürliche telepathische Verbindung, in der wir alle miteinander stehen und je mehr wir auf technologische Krücken zurückgreifen, desto mehr verlieren wir selbst die Fähigkeit zu laufen. Das Internet ist ein stümperhaftes Abbild des kosmischen Informationsnetzes und der kosmischen Datenbank, zu denen wir auch jetzt noch Zugang haben, wenn wir lernen, unseren Geist konstant auf nichtmaterielle Schwingungsimprints zu konzentrieren. Dein höheres Selbst ist, in technologischen Begriffen ausgedrückt, nichts anderes als der höherdimensionale Cloud-Server deiner Selbst, wo das, was du bist in einem konzentrierten Lichtnetzwerk abgespeichert ist. Eine auf uns zukommende Technologie, die auf einer transhumanistischen Agenda basiert, sind die Smart Grids, in denen alle alltäglichen Geräte und Gebrauchsgegenstände intelligent miteinander vernetzt sind und sich „nur zu deinem Besten“ verhalten. Darauf aufbauend wird dann stückweise der Smart Dust eingeführt, indem durch eingeimpfte Nanopartikel die Körperbiologie so umprogrammiert wird, dass sie sich mit dem Internet und den Smart Grids verbinden kann. Wenn dieses Stadium der Technologiestiftung kommen sollte, dann wird jeder äußere Gegenstand Teil des Internets, durch das man sich nur durch Gedanken navigiert und dadurch wird jede Oberfläche jedes Gegenstandes zu einem Smart-Surface, was wir in sehr vereinfachter Form bereits auf dem Handy Display vorfinden, nur dass die Oberfläche dann dreidimensional und holografisch sein wird. Um ein solches Smart Surface aufzubauen, braucht es ein extrem stabiles Netz, was gerade durch 5G ausgerollt wird. Kein Mensch braucht 5G, um schneller im Internet zu surfen, sondern es ist vielmehr dafür da, um die virtuelle Realität über Smart Grids und intelligente Holografie zu ermöglichen. Wird der Mensch bis in diese Stufe hineintechnologiesiert, dann verliert er auch noch den letzten Bezug zu dem, was er ursprünglich einmal war, sowie die damit einhergehenden Fähigkeiten als mehrdimensionales Schöpferwesen und lebt dann vollends in einer künstlichen Realität, in der jeder natürliche Lebensausdruck kontrolliert wird. Schon heutzutage verbringen wir den größten Teil unserer Zeit in künstlichen Innenräumen und virtuellen Verbindungsplattformen und das, was uns als Fortschritt verkauft wird, ist das, was unser inneres Potenzial immer rückschrittlicher werden lässt. Diejenigen, die das Ziel verfolgen, uns in eine Abhängigkeit mit einer künstlichen Realität zu bringen, wissen sehr genau um das menschliche Potenzial und sie wissen auch, dass wenn der Mensch dies erst einmal erkennt, sie keinerlei Kontrolle oder Macht mehr über ihn haben. Gleichermaßen entwerfen sie durch ihr Wissen immer genau das technologische Abbild, das sich normalerweise als gottgegebene Fähigkeit ab einem gewissen Speziesentwicklungsstand von selbst einstellen würde. Wenn zum Beispiel das menschliche Kollektivbewusstsein einen Schwingungszustand erreicht, in dem es sich an seine telekinetischen Fähigkeiten erinnert und sich der Wunsch nach Verwendung dieser Fähigkeit im Feld breitmacht, dann reagiert die transhumanistische Agenda darauf und stellt uns eine verzerrte technologische Alternative zur Verfügung, mit der wir über Gedankenkraft dreidimensionale Dinge zu bewegen vermögen. Der Mensch ist seit einigen Jahren in die informationsenergetische Entwicklungsepoche eingetreten, was den menschlichen Selbstbezug und die menschliche Interaktion von Grund auf verändert hat. Die meisten anderen Spezies haben in dieser Entwicklungsepoche technologische Hilfsmittel verwendet, um innere Fähigkeiten damit zu aktivieren und zu stabilisieren und fast alle Speziesgruppen in der Schöpfung haben sich ab einer gewissen Bewusstseinsreife wieder aus den technologischen Hilfskonstrukten hinaus entwickelt.

Ja, Technologie kann als Erinnerung für das hergenommen werden, was wir eigentlich immer schon auch ohne Technologie konnten. In einem gewissen Sinne laufen gerade zwei parallele Entwicklungslinien auf der Erde und überschneiden sich an einigen Stellen. Die eine ist die stückweise Aktivierung des Lichtkörpers und der Zwölf-Strang-DNA durch die Schwingungserhöhung der Erde und den Informationen aus den solaren Winden, die uns immer mehr in das kosmische Lichtnetz integrieren und zum anderen die transhumanistische Entwicklungslinie, die versucht, die sich gerade öffnenden Fähigkeiten des Menschen auf technologischem Wege vorwegzunehmen und ihn damit in ein Abhängigkeitsverhältnis zu manipulieren. Diese Entwicklungslinien werden in Zukunft immer sichtbarer werden und jeder Mensch wird die freie Wahl haben, welcher Entwicklungszeitlinie er sich anschließen mag.

## Der deutsche Schuldkomplex

Was nimmst du in dir wahr, wenn du den Satz hörst: „Deutschland, du bist frei von Schuld“ Was aktiviert dieser Satz und welche Gedanken und Gefühle triggert er in dir an? Oder reicht der Satz bereits aus, um das Buch zuzuschlagen und mir eine politische Motivation zu unterstellen?
Als Deutscher das Wort seines eigenen Landes in den Mund zu nehmen, ohne gleich in die rechte Ecke und aus der öffentlichen Diskussion geschoben zu werden, ist schwer. Und dennoch möchte ich dies aus der Mitte meines Herzens wagen, da ich weiß, dass hinter allen Themen, die öffentlich tabuisiert werden, die größten Kollektivtraumata liegen. Die Motivation und damit die Perspektive dieses Textes, ist eine spirituell-psychologische und explizit keine politische.
Jedes Land bzw. jedes Volk besitzt eine Volksseele und die deutsche Volksseele hat bereits viel über sich ergehen lassen. Wie kaum eine andere trägt sie die Narben der ihr angelasteten Schuld und ist in einem desolat-dissoziierten Zustand. Wenn es einen Menschen geben würde, der die deutsche Volksseele verkörpert, dann wäre dieser zutiefst traumatherapiebedürftig. Die deutsche Volksseele wird gespeist von dem geistseelischen Material jedes Deutschen, so wie sich die russische Volksseele aus dem geistigen Zusammenschluss aller Russen zusammensetzt. Die Volksseele repräsentiert quasi in reinster Form das kollektive Geistfeld eines Landes, wobei es sowohl verkörperte, wie nicht verkörperte Wesen gibt, deren Rolle und Aufgabe es ist, eine

Volksseele zu repräsentieren. Auf energetischer Ebene kommt dies St. German und seinem weiblichen Aspekt Germania zu, wobei die deutsche Volksseele eher männlich gepolt ist. Wenn wir der deutschen Volksseele ein Tierkreiszeichen zuordnen würden, dann würde dies der Widderenergie entsprechen. Deutschland wurde energetisch aus dem Erzengelhaus Michaels geboren und ist dadurch stets an vorderster Front bei allen Konfliktherden. Die Volksseele, die energetisch der deutschen am nächsten steht, ist die jüdische. Die hohe Widderenergie der deutschen Volksseele ruft einige konfrontative Kraft- und Machtthemen auf den Plan, die, wenn sie aus der Balance fallen, schnell einmal in einem Schuldkomplex münden können. Die zentrierten Widderenergien bringen die Fähigkeiten der klaren Um- und Durchsetzungskraft mit sich und ebnen durch Willenskraft den Weg für Veränderungsprozesse, wobei die nicht zentrierte Variante Selbstüberschätzung, Wut und damit viel zerstörerisches Potenzial aufwirft. Die deutsche Volksseele strahlt, wenn sie nicht gerade durch Machtmissbrauch gebrochen und in einem Schuldkomplex festhängt, in Erhabenheit und Stolz. Von der deutschen Volksseele geht eine große, zum ursprünglichen Leben gerichtete Veränderungskraft aus, weshalb seit jeher versucht wurde, sie von ihrer zentrierenden Kraft fernzuhalten. Kaum ein Volk wurde so sehr von den Eigenschaften und Fähigkeiten seiner Volksseele getrennt, wie das deutsche und wie weitreichend die Entwurzelung von Tradition und Kultur ist, ist heute den wenigsten bewusst. Gerade die deutsche Sprache, die große Dichter und Denker zur

Entfaltung ihres Genies verhalf, wurde massiv deformiert und alle kraftvollen, ursprünglichen Begriffe, die uns an unsere Volksseele erinnern, wurden aus dem Sprachgebrauch gestrichen oder mit Schuld überladen. Wenn man sich einmal ältere deutsche Texte ansieht, dann würde man aus heutiger Perspektive meinen, dass jeder Deutsche alleine durch die Begrifflichkeiten, die er einst ganz normal verwendet hat, rassistische Züge tragen müsste. Jeder Mensch eines jeden Volkes sollte ein innerliches Verbundenheitsgefühl zu seiner Volksseele haben und sich ihr zugehörig fühlen, da diese eine sehr wichtige Ebene seines Seins auf Erden ausmacht. Eigentlich hatten die Deutschen bis zum Beginn des Ersten Weltkrieges ein hervorragendes Verbundenheitsgefühl zu ihrer Volksseele, was ihnen so viel Kraft verlieh, dass sich andere Völker dadurch bedroht fühlten, und der Rest davon ist Geschichte. Eine Geschichte, der ich persönlich keinen Glauben mehr schenke…

Die aktiv nach außen gerichtete Widderkraft der Deutschen, vor deren offener Konfrontation man sich fürchtete, wurde mehrmals in die Falle gelockt, um ein ganzes Land in eine Täter-Opfer-Dynamik zu verwickeln. Eine ganze Reihe an Flüchen liegt im grauen Dunstnebel um den strahlenden Kern der deutschen Volksseele und der erste Fluch beginnt dann energetisch zu greifen, wenn ein Deutscher das Wort seines eigenen Landes in den Mund nimmt, um schon beim Beginn der Wiedervereinigung mit der deutschen Volksseele den trennenden Keil der Schuld einzusetzen. Die historische Schuld, die uns medial immer und immer wieder eingebläut wird, soll am besten dafür sorgen, dass der

Deutsche sich für sein eigenes Land, seine Nationalität und damit auch für seine Identität schämt. Scham hemmt jede aktive Handlung und friert die ursprüngliche Widderenergie ein. Es gibt vielleicht kein anderes Gefühl, was einem natürlichen Stolz derart entgegenstünde. Die Freisprechung von Schuld, die dann geschehen kann, wenn man sich mit seinen tabuisierten Schamthemen auseinandersetzt, setzt eine unglaublich hohe Energie frei. Obwohl in Deutschland so viel historisches Material wieder aufgewärmt wird, um die Traumaszenarien möglichst lange aufrechtzuerhalten, ist doch das Kriegsgeschehen und gerade das des Zweiten Weltkrieges immer noch Tabuthema. Wenn man sich einmal anhört, wie in anderen Ländern über Letzteres gesprochen wird, dann fragt man sich wirklich, was um alles in der Welt mit den Deutschen passiert sein musste, um so sehr in Panik und Handlungsstarre bei diesem Thema zu verfallen. Von wahrhaftiger, psychologischer und energetischer Aufarbeitung fehlt bei den meisten Menschen jede Spur, obwohl man sich oberflächlich dem Schein hingibt, sich durchaus mit seiner eigenen Vergangenheit zu beschäftigen. Wir reagieren wie allergisch pikiert auf das, was man uns als unsere Vergangenheit zu verkaufen versucht. Wenn du die Handlungen und Taten eines Menschen oder eines ganzen Landes einschränken willst, dann stelle ihn als Täter dar und er wird sich nicht mehr trauen, mit seiner Macht etwas zu machen, aus Angst, dass er das, was er gebraucht, in irgendeiner Form wieder missbraucht. Ein weiterer Aspekt, der bei einem aktiven Schuldkonflikt auch zum Tragen kommt, ist das ständig währende Gefühl, wieder etwas gutmachen zu müssen, was sich gesellschaftlich beispielsweise in einer blinden Obrigkeitshörigkeit ausdrückt. Wir Deutschen wollen alles richtig machen und das auch noch akribisch genau und das führt dazu, dass wir nach Strukturen suchen, an die wir uns für ein richtiges, gerechtes und gutes Leben wenden können. Gesetze, Verordnungen und Verträge lassen das Herz des Amtsschimmels höherschlagen, obwohl uns deren Absurdität an jeder Straßenecke quasi ins Gesicht schlägt. Früher hat die Kirche Ablasshandel mit der Schuld getrieben, die wir angeblich Gott gegenüber haben sollten, heute hat sich die gleiche Dynamik auf unser Finanzsystem und unsere Historie übertragen. Alles Geld basiert auf Schuld und Schuldscheinen und so wenig wir vielleicht heute noch daran glauben, eine Urschuld Gott gegenüber zu haben, so sehr glauben wir heute an finanzielle Schuld bzw. im Umkehrschluss an finanziellen Wert. Kein wahrer Wert dieser Welt basiert auf Schuld und sobald wir bemerken, dass wir innere oder äußere Werte aufgrund von Schuld gebildet haben, dürfen wir uns noch einmal mit den Schattenseiten dieser Werte konfrontieren. Ich persönlich habe auch erst recht spät meine tiefe Entwurzelung auf dieser Ebene wahrgenommen. Doch kann ich von mir sagen, dass sich mein Leben hier in Deutschland merklich verändert hat, seitdem ich mich wieder an die deutsche Volksseele angebunden habe. So viele Menschen irren ziel- und heimatlos durch alle Länder dieser Erde und verbinden sich mal hiermit, mal damit, eben weil sie ihre Wurzeln und Abstammung nicht kennen. Natürlich kann es wertvoll und bereichernd sein, in andere Länder zu reisen, doch ein Groß-

teil des Chaos auf dieser Erde kommt dadurch zustande, dass die Menschen keinen Kontakt mehr zum Geist ihrer Volksseele haben und damit vollkommen planlos durch ihr Leben und durch diese Welt irren. Alleine schon im spirituellen Bereich: Wie viele Glaubensinhalte aus anderen Volksseelen das Planfeld deutscher Energetik aufmischen und aufwühlen, weil es so scheint, als ob beispielsweise die Volksseele Indiens in diesem Bereich weiterentwickelt sei, als das, was hierzulande präsent ist. Die deutsche Volksseele hat einen anderen Zugang zu den spirituellen Ebenen, weil sie eine andere Betrachtungsweise der Materie pflegt und wir werden hier nicht in unsere Kraft kommen, wenn wir unsere ursprünglichen Zugänge weiter verleugnen und in anderen Volksseelen danach suchen. Auf der physischen Ebene sind wir nun einmal in eine bestimmten Familie, in eine bestimmte Ahnenlinie und in ein bestimmtes Land und damit in eine bestimmte Volksseele inkarniert und die Energetik, in die wir uns inkarniert haben, ist exakt auf unsere Energetik und unsere Lebensthemen abgestimmt.
Die Genesung des energetisch-zersplitterten Systems liegt darin, dass wir zu unseren Wurzeln zurückkehren und aufhören, uns mit Themen zu beschäftigen, die nicht unsere eigenen sind. Unsere Aufgabe ist es nicht, das Familienkarma der Nachbarn, oder der Nachbarländer zu analysieren, sondern uns durch den Kontakt zu unserer Familie und unseren Ahnen wieder mit uns selbst zu beschäftigen, um die Kraft wieder zu erwecken, die hinter unserem Schuldberg schlummert. Dein Geburtsort legt in der Regel die Volksseele fest, mit der du hauptsächlich in Kontakt stehst und sobald du in ein

anderes Land reist, nimmst du energetisch automatisch Kontakt zu der Volksseele dieses Landes auf. Jedoch ist es auch möglich, in einem Land zu sein und so sehr in einer anderen Kultur zu leben, dass es nahezu zu keiner Öffnung gegenüber der Volksseele des Landes kommt, in dem man sich aufhält. Allerdings kommt dann weder die Volksseele, noch der Mensch, der eine andere Kultur lebt, voll in die Kraft seiner eigenen Energetik und eine menschlich-irdische Ebene wird immer mit dem Thema der Heimatlosigkeit und der Zugehörigkeit zu kämpfen haben. Länder, die ein ausgeprägtes Kulturleben haben und eher traditionell veranlagt sind, besitzen eine stärkere Volksseele, bzw. die Volksseele hat einen energetisch stärkeren Einfluss auf jeden Menschen, der innerhalb des jeweiligen Landes lebt. Manche arabischen Länder und gerade die, die nur eingeschränkt Tourismus erlauben, haben eine unglaublich starke Volksseele. Andere Flächen hingegen, ich möchte sie nicht einmal Länder nennen, besitzen so gut wie keine Volksseele, weil sie entweder keine eigene Kultur pflegen oder ein relativ junges Staatsgebilde sind. Die USA beispielsweise hat so gut wie keine eigene Volksseele, auch weil die Gründerväter dieser Weltnation alle ursprünglichen Kulturen dieses Landes unterdrückt und vertrieben haben, wobei uns das Fehlen der Verbindung zum ursprünglichen Geist der Natur des Landes heute als Freiheit verkauft wird. Die Ziellosigkeit, aber auch das Lebensglück eines Landes und seines Volkes hängt ganz maßgeblich davon ab, wie stark ein Mensch sich in der Anbindung mit seiner Volksseele erfährt. Natürlich gibt es über der weltlich-energetischen Ebene noch höhere spirituelle Ebenen, in denen es absolut keine Rolle mehr spielt, wo du herkommst und welchem Volk du angehörst, aber solange wir auf der Welt sind und in ihr agieren wollen, ist es wichtig, sich mit dem Kollektivfeld seines Landes auseinanderzusetzen, um zu lernen, dieses zu verkörpern. Menschen, die in einem Land mit einer starken Volksseele inkarniert sind, haben damit natürlich auch stärkere kulturelle Vorgaben, doch insgesamt würde ich meinen, dass diese Menschen glücklicher leben. Was über die Religionssysteme probiert wurde, ist, die Wirkung der einzelnen Volksseelen zu unterdrücken und auch wenn Religion einen großen Teil der Kultur eines Landes ausmacht, so sind doch die meisten Religionen gerade dafür gegründet worden, um die Kraft einer Volksseele zu schwächen und natürliche Grenzen künstlich miteinander zu vermischen. Anstatt dass der Mensch sich mit seiner Ahnenlinie und seiner Volksseele verbindet, soll er sich mit den Göttern oder dem Gott einer Religion verbinden, was ihn dann über kurz oder lang von seiner ursprünglichen Energetik abtrennt. Es gab eine Zeit auf Erden, da wurde das, was wir heutzutage vielleicht Regierung nennen würden, von den inkarnierten Vertretern der Volksseele gebildet und nur denjenigen, die den Geist eines Landes zu verkörpern wussten, war es auch erlaubt, dieses zu regieren bzw. wesentliche Strukturmerkmale für einen Stamm vorzugeben. Denjenigen, die hier in unserem Land versuchen, mit der Volksseele in Verbindung zu treten, weht ein harter Wind entgegen, da sie nicht nur die Traumathemen eines von Kriegen gebeutelten Landes erleben, sondern sofort der Rufmord mit öffentlich stigmatisierten Begriffen droht, die extra für diesen

Zweck etymologisch herangezüchtet worden sind. Doch was juckt es eine Eiche, wenn sich eine Sau an ihr reibt? Wer erst einmal in zentriertem Kontakt mit allen Ebenen seiner Selbst ist und die eigene Volksseele ist eine von ihnen, der kann mit Ruhe und Gelassenheit alles kommen lassen, was kommen mag und anderer Menschen Meinungen, die vielleicht durch die Aktivierung ihres eigenen Schuldkomplexes zustande gekommen sind, getrost so stehen lassen. Für die Auflösung des deutschen Schuldkonfliktes würde ich mich auf jeden Fall noch einmal mit folgenden Themen konfrontieren:

Das Thema Macht und Machtmissbrauch.
Das Thema Willenskraft und Zerstörung bzw. Krieg.
Das Thema Aufbruch, Neubeginn und Eroberung.
Das Thema gesunder Stolz und Überheblichkeit.
Das Thema der Scham und der Unterdrückung.
Das Thema verraten oder hintergangen werden.
Das Thema Wut.
Das Thema der schwarzen Magie und die Auflösung von Flüchen.
Das Thema der Gutgläubigkeit und der Obrigkeitshörigkeit.
Die Auseinandersetzung mit dem Prinzip des Königs, des Anführers oder Herrschers.
Die Auseinandersetzung mit dem eigenen Feuer, der Begeisterungsfähigkeit, der Impulsivität und des Durchsetzungsvermögens.
Die Beschäftigung mit traditionell deutschen Werten und ihrem kulturellen Zusammenhang und schlussendlich die Riten und Bräuche, die ehemals gang und

gäbe waren, um die deutsche Volksseele aufleben zu lassen.

Fühle doch selbst noch einmal nach all den Informationen in diesen Ausgangssatz hinein: „Deutschland, du bist frei von Schuld“, und schau, was dieser jetzt mit dir macht.
Kraft deiner Verbundenheit mit der Volksseele bist du in der Lage, die gesamte vergangene Schuld eines Landes jetzt und hier in dir aufzulösen. Große Kraft wird entfaltet, wenn ein entwurzelter zu seinen Ursprüngen zurückfindet und wenn Mensch und Volksseele sich wieder verbinden.
Sprich, wenn du magst, im Geiste deine Volksseele an und erlaube ihr dir deine energetische Heimat als Mensch auf Erden zurückzuerstatten und habe den Mut innerlich die Worte zu verwenden, die das Wesen deiner Volksseele ausdrücken. Deine Volksseele steht hinter dir und stärkt dir deinen Rücken und wenn du magst, kannst du jetzt alle Qualitäten und Fähigkeiten von ihr in dir erfahren und für dich übertragen. In dir ruht jetzt die Kraft einer ganzen Nation, wisse diese Macht weise einzusetzen!

## Die Geschichte des falschen Meisters

Ich hatte heute Nacht einen Traum, der in erschreckend eindrücklicher Weise ein Vorgehen beschreibt, welches in dieser oder in abgewandelter Form immer wieder auf Erden abläuft. Nimm diese folgende kleine Geschichte als ein Sinnbild für einen ganz bestimmten Typus von religiöser oder esoterischer Strömung und denke daran, in jeder Geschichte steckt so viel Wahrheit, wie man bereit dazu ist, Wahrheit in ihr zu sehen. In meinem Traum gehörte ich einer Gruppe von spirituell Suchenden an, die sich auf den Spuren eines aufgestiegenen Meisters befanden. Dieser Meister war so bekannt, dass viele Millionen Menschen nach ihm suchten und seinen spirituellen Lehren folgten. Es gab eine sehr lange, über viele Jahre und Jahrzehnte währende Ausbildung, die systematisch Stufe für Stufe an den Meister heranführen sollte. Seine Lehre war sehr umfangreich, tiefgründig und sinnstiftend und je tiefer man in seine Lehre eingeweiht wurde, desto näher kam man selbst den erleuchteten Eigenschaften dieses Meisters und desto mehr Fähigkeiten wurden einem von ihm übertragen. Der Meister selbst schien Gott gleich alle Fähigkeiten zu besitzen, die man sich auch nur erträumen mochte und die, die ihr Erleben der Suche nach diesem Meister vollständig widmeten, bekamen auch immer mehr übermenschliche Eigenschaften und Fähigkeiten, welche man nach außen hin jedoch versuchte, im Verborgenen zu halten. Die riesige Gefolgschaft des Meisters hatte mehr oder weniger nur ein Ziel, nämlich dem Meister selbst irgendwann einmal persönlich zu begegnen. Es rankten sich viele Sagen und Geschichten um die Existenz des Meisters, nach dem alle Welt suchte und gerade weil ihm noch niemand wirklich begegnet war, war die Suche seiner Anhänger noch passionierter in ihrem Ziel, dem Meister zu begegnen. Mit jeder Einweihungsstufe, die sich zum Teil sogar über mehrere Inkarnationen erstreckte, bekam man immer mehr Beweise und Hinweise auf die Existenz des Meisters. Viele Menschen gaben ihr ganzes Leben dieser Suche hin, weil die Schriften des Meisters versprachen, dass dann alles Leid von ihnen genommen werden sollte. Diese Schriften erzählten von Helden und Heiligen, die sich auf die abenteuerliche Suche begaben, um ihn zu finden und alle, die den Meister in diesen Geschichten gefunden hatten, erlangten volle Erleuchtung und wurden nach dem Kontakt zu ihm nie mehr gesehen, da sie sich, den heiligen Schriften nach, auf eine andere, höhere Ebene der Existenz geschwungen hatten. In den heiligen Schriften des Meisters stand, dass alle, die ihn erreichen, nun nicht mehr an das leidvolle Erdendasein gebunden seien und dass sie in einen himmlisch-paradiesischen Zustand aufgestiegen wären. In den hocheingeweihten Kreisen verschwand immer mal wieder einer der Suchenden und dann kam die gesamte Gefolgschaft zusammen und feierte, dass es wieder einmal jemand geschafft hatte, den Meister zu finden. Es stachelte Millionen von suchenden Menschen weiter an, noch mehr in die Suche zu investieren, wenn sie erfuhren, dass der Meister wieder einmal einen von ihnen zu sich genommen hatte. Es gab für die Suchenden keine größere Ehre, keine höhere Erfüllung oder Bestimmung, als dass der

Meister ihnen persönlich begegnete und sie damit aus ihrem Dasein befreite. Es gab viele Kirchen, die das Wort des Meisters für alle Menschen predigten, aber für die, die es wirklich wissen wollten, wer der Meister war und wie man ihn finden konnte, gab es die 32 Einweihungsstufen, über die man in die Verbindung mit dem Meister vorbereitet wurde. Die Schriften erzählten von einer Zeit, als der Meister selbst noch unter den Menschen wandelte und sein Wort verbreitete, aber diese Zeit lag schon lange zurück. Seitdem sich der Meister auf eine höhere Ebene des Seins zurückgezogen hatte, regelten die jeweils Höchsteingeweihten das gesamte Ausbildungssystem für die Suchenden, sowie die Lehrinhalte der Kirchen, die für das Wort des Meisters warben. Selbst die hohen Ränge der Eingeweihten wussten nicht, wer der Meister war oder wo er sich aufhielt, doch sie bekamen die Namen der Wesenheiten, mit denen sie in Kontakt treten konnten, die, wie es hieß, die linke und die rechte Hand des Meisters sein sollten. Ein direkter Kontakt wurde bis zuletzt nicht gewährt und das war es auch, worauf die höchsteingeweihte Riege minutiös zu achten hatte. Die höchst Eingeweihten achteten darauf, dass niemand, der noch nicht bereit dafür war, Kontakt zum Meister bekam, wobei auch sie selbst um eine vertragliche Audienz beim Meister gebeten hatten.

In meinem Traum war ich mit einer Gruppe von sieben Menschen in der höchsten Einweihungsstufe, die es überhaupt im gesamten System gab. Wir wussten, über uns gab es nur noch den Meister. Unsere Rollen und Aufgaben an der Spitze dieses hierarchischen Ausbildungssystems, dem Millionen von Menschen folgten, waren immens einflussreich. Wir waren es, die das Wort des Meisters unter die Menschen brachten, da wir von ihm die höchste Legitimationsstufe innehatten. Wir kannten einander in- und auswendig, weil wir alle den gleichen strapazenvollen Ausbildungsweg hinter uns hatten. Ich war schon seit vielen Jahren im Amt, Suchende auf dem Weg hin zum Meister zu begleiten, doch mein Antrag auf persönlichen Kontakt zum Meister wurde nach wie vor nicht zugelassen und am Ende meines Lebens, nach über 70 Jahren Dienst, die wiederum von meinen vorherigen Inkarnationen auf der Suche nach dem Meister vorbereitet worden waren, begann ich Fragen zu stellen. Ich begann die Dinge, die ich tat, zu hinterfragen und sprach noch eingehender mit den anderen Eingeweihten über die Existenz des Meisters und seine Lehre. Und dann, wie durch eine Schicksalsfügung, bekam ich eines Abends ein Vorgehen mit: Wir wussten, dass der Meister schon bald wieder einen von uns zu sich rufen würde und insgeheim hoffte ich, dass ich es diesmal sein würde. Alle rituellen und zeremoniellen Vorbereitungen wurden getroffen, dass einer von uns in das ewige Reich des Meisters übertreten konnte. An diesem Abend bemerkte ich, wie der älteste der sieben Eingeweihten, der bereits am längsten auf seinem Posten war, einen jüngeren zu sich rief, um ihm mitzuteilen, dass er nun in dieser Nacht, der Auserwählte des Meisters sein würde, der die Ehre hätte, diesem zu begegnen. Wut und Ärger kam in mir hoch, dass wieder ein anderer auserwählt worden war. Doch schon bald wurde mir gezeigt, dass mein Schicksal etwas anderes mit mir vorhatte. Am Abend der Zeremonie, die immer hinter verschlossenen Türen stattfand, war ich Zeuge von etwas Schrecklichem, das meinen gesamten Lebenssinn von jetzt auf gleich komplett zerstören sollte. Durch meine bereits weit ausgebildeten psychischen und spirituellen Fähigkeiten konnte ich beobachten, wie der älteste Eingeweihte dem jungen auf dem Altar des Meisters zeremoniell das Leben nahm. Mir wurde schlagartig klar, dass es den Meister so nie gegeben hatte, sondern dass das gesamte Ausbildungssystem ein erdachtes und ersponnenes Lügenkonzept des ältesten Eingeweihten war, der letztlich die Suchenden einen nach dem anderen zeremoniell umbrachte. Die Erleuchtung und die Befreiung vom Leid, die ich mir durch den Kontakt mit dem Meister herbeigesehnt hatte, war nichts anderes als eine Falle und die Schriften des Meisters nichts anderes, als ein Lügensystem des ältesten Eingeweihten. Anstelle der Erleuchtung feierte die gesamte Gemeinschaft in Wirklichkeit den Tod eines weiteren Suchenden der höchsten Einweihungsstufe. Mir wurde schnell klar, dass der alte Eingeweihte bereits viele Millionen Menschen auf dem wohl nicht mehr vorhandenen Gewissen haben musste, da er diese trickreiche Praktik schon über Jahrtausende verübte. Ich sah, wie der älteste Eingeweihte hinterrücks das Leiden auf der Welt förderte, um die Suche nach transzendentaler Erlösung vom Leid bei den Menschen und damit auch die Suche nach dem Meister anzustacheln. Ich sah, wie seine Lehre perfide darauf abzielte, die Suchenden in den Tod und das eigene seelische Verderben rennen zu lassen, obwohl diese durchaus nach hohen Idealen und Zielen strebten. Ich war mein gesamtes Leben geradewegs in eine Falle gerannt, die von außen so aussah, als sei sie das höchste, was ein Mensch je erreichen könnte. Nachdem ich erkannte, dass es den Meister, nach dem alle Welt suchte, schlichtweg nicht gab, sondern dass die Institutionen für die Suchenden ein perfides Kontroll- und Machtmittel darstellten, gab ich diese damalige Inkarnation vollständig auf und entschied mich in meiner nächsten Inkarnation alles daran zu setzen, dieses falsche Spiel zu enttarnen.

## Distrikt 860

*Ein Erfahrungsbericht eines fünfdimensionalen luziferischen Kollektivs.*

Im Zuge der Beschäftigung mit dem aktuellen Weltgeschehen bin ich immer wieder auf den Begriff „luziferisches Kollektiv“ gestoßen und in dem Zusammenhang hat sich mir die Frage gestellt, wie eigentlich ein fünfdimensionaler Erfahrungsraum aus dem luziferischen Haus aussehen könnte. Und wie so oft schickt mir das Universum dann eine Erfahrung, in der mir genau die entscheidende Information bereitgestellt wurde. Im Abklang dieser Erfahrung ist folgender Text entstanden:
Ich war dort. Ich habe es mit eigenen Augen gesehen, in welche Form der Realität Luzifer selbstvergessene Seelen einzuhüllen vermag. Die Welt oder besser gesagt der Erfahrungsraum namens Distrikt 860 ist einer von sehr, sehr vielen, die Luzifer zur Gleichschaltung von Seelen verwendet. Ihr müsst euch vorstellen, dass eine große Vielfalt an unterschiedlichen Wesen aus unterschiedlichen Speziesgruppen sich im stumpfen Gleichschritt durch die Straßen und Plätze bewegen und alle hören sie ohne Unterlass eine Art Nachrichtenstimme in ihrem Kopf und jeder weiß vom anderen, dass er die gleiche Stimme gerade jetzt in sich sprechen hört. Sobald ein Wesen einen Einzelimpuls hat, d. h. sich aus der Nachrichtenfrequenz ausgeklinkt, wird dies im System registriert. Die gesamte Realität ist in weichen, orangeroten Tönen gehalten, wobei die umliegenden Formen an Silhouetten von Gebäuden erin-

nern. Öffentliche Plätze im Distrikt 860 sind Ansammlungsstellen, in die automatisch alle diejenigen Wesen hineinprojiziert werden, die mit einem individuellen Wunsch- und Mangelimpuls und ihrer Lebendigkeit aus der Nachrichtenfrequenz ausbrechen. Das bedeutet, dass ein innerer Impuls dich sofort auf einen Platz versetzt, auf dem Wesen mit synchronen Impulsen sind. Um dich herum manifestieren sich nach deinem eigenen Impuls spontan viele dutzende Wesen mit ähnlichen Impulsaufwallungen und dies artet schnell in ein chaotisches Gebrabbel aus. Auffällig in dem ganzen System ist, dass es so gut wie keine Emotionen gibt und dass, wenn doch einmal Emotionen auftauchen, man sofort an einen Platz im Distrikt versetzt wird, in dem andere ähnliche Gefühlswandlungen haben, um sich mit ihnen einem Abtrainingsprogramm zu unterziehen. Persönliche Gespräche finden dadurch so gut wie nicht statt, und dennoch scheint äußerlich alles seinen betriebsamen Gang zu nehmen. Die meisten Lebewesen sehen äußerlich etwas zerschunden oder nicht ganz vollständig aus, weil ihnen hier und da eine Gliedmaße oder ein Teil ihres Erscheinungsbildes fehlt. Innerlich scheinen sie dies gar nicht zu bemerken, da sich in ihnen so gut wie kein individuelles Innenleben mehr abspielt. Alle scheinen durch den Persönlichkeitsverlust völlig abgestumpft zu sein und sich wie ferngesteuert in der durchregulierten Realitätsfassade zu bewegen. Als mir klar wurde, wo ich mich befinde, habe ich nichtsahnend den Namen Luzifers ausgesprochen, was eine kollektive Schockwelle durch die umliegenden Wesen hat fahren lassen und im nächsten Moment war ich, so wie alle Wesen um mich herum, in einem Radius von fünf Metern schockgefroren. In diesem Moment war in den Augen aller um mich herumstehenden ein Phänomen wahrzunehmen, das einem Ausschalten eines alten Fernsehers gleicht. Das Bild in den Augen kollabierte. Wir wurden schockgefroren, wobei ich der Einzige mit erhobenen Händen in der Menge war. Unverzüglich manifestierte sich ein hoher Wächter, ganz in Schwarz und das Gesicht von einer Maske verdeckt, in der Szene und machte mich sofort als den systemwidrigen Impuls aus. Außer bei den Wächtern habe ich die Farbe schwarz nirgends gesehen. Ich wurde aus der Szene gezogen und bekam eine Privatunterweisung und eine enorme Strafe in der Form, dass mein Wesen für eine gewisse Zeit eine riesige Last zu tragen hätte, die mein physisches und psychisches System stark unterdrückte. Ich ertrug die Prozedur ohne große Anteilnahme, da mir die ganze Zeit über bewusst war, dass ich hier nur zu Besuch war und eigentlich in einer Erdeninkarnation steckte und dadurch der Strafe jederzeit entkommen konnte. Spannenderweise hat nicht einmal der Aufseher mitbekommen, dass ich eigentlich gar kein Insasse von Distrikt 860 war.

In einer anderen Szene habe ich versucht, mit den Wesen aus dem Distrikt über den freien Willen und die göttliche Anbindung zu sprechen, bin aber hauptsächlich auf Ignoranz und Unverständnis gestoßen, da alle viel zu sehr beschäftigt schienen und Angst davor hatten, auch nur für einen Moment etwas von der alles durchdringenden Nachrichtenstimme zu verpassen. Das Anrufen geistiger Helfer hat in dieser Erfahrungsebene nicht geklappt, doch dafür hatte ich dann zwei

Doppelagenten an meiner Seite, die genauestens über Distrikt 860 Bescheid wussten und mir von einer Legende erzählten, dass auch in ihrer Ebene Wesen kommen werden, die den Schleier lüften würden. Gleichzeitig wurde mir gesagt, dass mir diese Ebene dafür gezeigt wurde, um hier auf der Erde davon zu berichten und durch den Erfahrungsbericht von Distrikt 860 ein anschauliches Bild eines luziferischen Kollektivs zu skizzieren, weil es eine gewisse, wenn auch geringe Wahrscheinlichkeit auf dieser Ebene gibt, dass wir geradewegs auf eine solche „Brave New World" zusteuern. Übrigens wurde mir auch gesagt, dass andere Autoren dies zum Teil bereits verbreitet haben, und dass zum Beispiel Aldous Huxley in seinem Buch „Brave New World" einen anliegenden Distrikt aus einem fünfdimensionalen luziferischen Kollektiv beschrieben hat.

Grundsätzlich kann man sagen, dass das luziferische Prinzip Existenzräume eröffnet, in denen es die Schöpfungsgesetze kopiert und lediglich deren Vorzeichen umgekehrt und es so tatsächlich zu relativ stabilen Realitätskapseln kommt, in denen invertierte Schöpfungsgesetze herrschen. Diese Realitätskapseln sind weder böse noch schmerzvoll, sie sind lediglich das Gegenteil von lebendig. Einen Existenzraum aufrechtzuerhalten, der auf gegenläufigen Schöpfungsgesetzen basiert, verbraucht eine unsagbar hohe Menge an Energie, die aus der Seelenverbindung aller Wesen in solchen kollektiven Systemen geerntet wird. Die Verbindung zur göttlichen Quelle wird abgeleitet und für den Aufbau eines Matrixsystems verwendet, wie es auch schon zum Teil hier auf der Erde geschieht. Wenn die Menschheit sich weiter in einer solchen Realitätsform assimilieren lassen mag, dann müsste sie sich einfach stumpf weiter der Entwicklungsagenda hingeben, welcher sie die letzten Jahrzehnte bereits gefolgt ist. So könnte aus der Welt, die wir kennen, schon bald Distrikt Nummer 861 werden!

# Sternensaat

Liebe Freunde, ihr seid vielleicht schon in dem ein oder anderen Kontext auf den Begriff Sternen-Saat oder Sternenkinder gestoßen und ich möchte hier näher auf diesen Begriff eingehen, um euch ein Gefühl davon zu vermitteln, was es bedeutet, dass so viele Sternenkinder zurzeit auf der Erde inkarniert sind. Nun, zunächst einmal erfährt sich der größte Teil der Schöpfung innerhalb von nichtmateriellen Erfahrungsräumen und nur etwa 5 % erlebt sich selbst in einem materiellen Körper, auf einer materiellen Ebene, wie wir es hier auf der Erde kennen. Aus der zeitlichen Perspektive heraus gesprochen könnten wir sagen, dass die höherdimensionalen Spezies, die ebenfalls den Inkarnationsweg gegangen sind, spätere oder zukünftige Varianten unserer Selbst sind, die bereits die Prozesse durchlaufen sind, die wir noch vor uns haben. Entsprechend haben diese Spezies ein sehr umfassendes Wissen von dem, wie die Entwicklungsverläufe eines kollektiven Sprungs in die nächste Dimension sich vollziehen, und dieses Wissen wird uns auf vielfältige Weise zur Verfügung gestellt. Auf der einen Seite stärken sie das Informationsnetz aus den morphischen Feldern um uns herum, damit wir Zugriff auf ihre Erfahrung haben, auf der anderen Seite entscheiden sich Teile dieser Spezies selber noch einmal, in die Inkarnation zu gehen, um direkt an der Front als Entwicklungsbegleiter mitzuhelfen. So begleiten viele der höherdimensionalen Spezies gleichzeitig und parallel mehrere Entwicklungsverläufe dreidimensionaler Spezies in ihrem Sprung in die nächste Dimension. Wenn eine Spezies der, nehmen wir einmal an, fünften Dimension, bereits zehn bis zwanzigmal diesen Entwicklungsschritt von der dritten in die fünfte Dimension begleitet hat, dann ist sie soweit, in die nächste, in diesem Fall die sechste, Dimension aufzusteigen, d. h. die Schöpfung hilft sich in fraktaler Weise immer selbst und unterstützt sich, wo sie nur kann. Natürlich gibt es auch Spezies, die mit eigener Agenda hier auf diesem Planeten auftreten und dennoch: Je höher die Spezies entwickelt sind, desto mehr sehen sie uns als einen Teil von sich selbst und desto geringer ist der Wunsch der eigenen Einflussnahme auf das, was sich durch uns in der Schöpfung entwickelt. Im Vergleich zu anderen Spezies ist die menschliche Spezies noch eine sehr junge, und der dreidimensionale Erfahrungsraum ist eigens dafür angelegt, eine sehr junge Spezies in den ersten Schritten ihrer Bewusstseinsentwicklung zu begleiten. Dementsprechend hat es einen Sinn, dass wir in der dritten Dimension scheinbar abgeschottet von anderen Dimensionen und anderen Spezies sind, weil wir nur über diese Abschottung unseren freien Willen voll zur Entfaltung bringen können. Wären wir von Anfang an in Kontakt mit höheren Spezies, dann könnte die freie Willensentfaltung, wie sie hier auf der Erde möglich ist, niemals stattfinden. Knapp 80 % aller inkarnierten Menschen machen ihre Haupterfahrungen auf dem irdisch-dreidimensionalen Sektor, d. h. etwa 20 % bringen Erfahrungen mit hierher, die sie auf anderen Ebenen in anderen Dimensionen gesammelt haben. Damit kommen wir zurück zu dem Begriff der Sternensaat, denn für mich bedeutet Sternensaat nur, dass Menschen hier inkarniert sind, die hauptsächlich Erfahrungen in anderen Dimensionen gesammelt haben und diese Erfahrungen jetzt auf dieser Ebene einbringen, um sie zu bereichern und ihr in ihrer Entwicklung zu helfen. Wie ihr vielleicht mitbekommt, sind wir so in der einen oder anderen Weise bereits mit anderen Spezies und anderen Dimensionen verbunden und tragen alle in uns diese Sternensaat und sind zur Erde gekommen, um mit unserer eigenen Sternensaat die Erde zu befruchten und sie in ihrem Geburtsprozess zu begleiten.

## Gaia - Die Geschichte einer Göttin

Gaia war eine junge Göttin mit viel Fantasie, die eine besonders bunte und vielfältige Vorstellung vom Leben besaß und immer schon den Wunsch hatte, ihre Idee über das Leben umzusetzen. Sie wollte einen Lebensraum eröffnen, in dem von der einfachsten Bewusstseinsform, dem Stein bis hin zur höchsten multidimensionalen Wesenheit, dem Erzengel alle Platz finden und alle gemeinsam miteinander leben und lernen konnten. Von den meisten älteren, erfahrenen Planeten wurde Gaia für ihre Vorstellung belächelt und sie meinten, einen derart breitgefächerten Existenzraum könne es nicht geben. Doch in ihrer kindlich verspielten Zuversicht störte dies Gaia überhaupt nicht und sie übte sich als junge Göttin immer weiter im Schöpfungsspiel und dadurch, dass sie ein geschicktes Händchen und einen sehr kreativen Geist besaß, wurden bald einige der älteren Planetengötter auf sie aufmerksam. Zweimal stellte Gaia beim Rat der großen Planeten ihren Lebenstraum vor und beantragte einen eigenen Planeten, um diesen Traum umzusetzen. Sie wollte sich im Gegensatz zu den anderen Planeten auf eine Lebensschenkung und eine Entwicklung zweier Hauptspezies konzentrieren und hatte ihren Lebensplan bereits im Detail entworfen. Der Rat der großen Planeten überschaute ihre Vision und einige meinten, dass man einer solch jungen Göttin die Verantwortung für einen eigenen Planeten noch nicht übertragen könne. Doch einer von ihnen, ein besonders alter und weiser Planetengeist, der das große Potenzial in der Vision Gaias erkannte, trat vor und sagte: „Die Lebensvision Gaias ist revolutionär und selbst wir alten Planeten, die immer ähnlich aufeinander abgestimmte Existenzräume eröffnen, können von ihr noch einiges dazulernen. Ich erkläre mich persönlich bereit Gaia bei ihrer Umsetzung zu unterstützen.“ Der Rat, der die Stimme des alten Planeten sehr achtete, war einverstanden und Gaia bekam drei Himmelskörper zur Auswahl gestellt, um ihre Vision umsetzen. Ein Planet war feurig heiß und mit Lava und Vulkanen übersät, einer war über und über mit weißem Staub bedeckt und eiskalte Winde fegten über ihn hinweg und einer, der kleinste von ihnen, funkelte aufgrund von zweidrittel Wasservorkommen wie ein blauer Diamant. Ohne zu zögern entschied sich Gaia für letzteren und inkarnierte voller Lebensfreude und schöpferischem Übermut in diesen Planeten. Und der Rest ist Geschichte…

Die Erde ist ein lebendiger Organismus, belebt von einer jungen Göttin namens Gaia. Für Gaia ist dies ihre erste Planeteninkarnation und deshalb hat sie vom Großen Rat einige schöpferische Hilfestellungen an die Hand bekommen. Der alte Planetengeist, der unterstützend mitwirkte, hatte bereits das Gefühl, dass die Vision Gaias einmal für das gesamte Universum wichtig werden würde, doch dass Gaia einer geistig intuitiven und sehr liebenswürdigen, gutgläubigen Spezies zur Geburt verhalf, die dann eine derart wichtige Rolle im kosmischen Gefüge einnehmen sollte, war selbst dem alten Planetengeist noch nicht bewusst. Alles im Kosmos schaut heute auf den damals noch unbekannten Lebenstraum Gaias, denn auf ihm wird sich ein kosmisches Schauspiel sondergleichen ereignen. Ungewollt wurde Gaia zur Bühne und zum Austragungsort eines sehr alten, im Universum herrschenden Konflikts zwischen unterschiedlichen Ansichten und Philosophien, wie das Leben zu sein hätte. Und so, wie sich dieser Konflikt auf der Erde exemplarisch lösen kann und wird, so werden sich infolgedessen auch alle gleichgearteten Spannungen zwischen unterschiedlichen Lebensweisen im Universum auflösen. Das, was momentan auf der Erde passiert, geschieht folglich auch stellvertretend für alle anderen, wesentlich älteren Planeten, auf denen sich eine planetenfremde, parasitäre Spezies eingenistet hat. Letztlich sollte der alte Planetengeist mit seiner Aussage, dass alle noch viel von der Lebensvision dieser jungen Göttin lernen könnten, Recht behalten. Nach zweimaliger Wiederholung eines Lebenszyklus auf Gaia wurde nun endlich der Antrag, sich in die nächsthöhere Lebensspirale einer neuen Dimension begeben zu dürfen, vom Großen Rat angenommen. Im August 1978, zum Zeitpunkt der harmonischen Konvergenz, wurde der Aufstieg Gaias besiegelt und seither alles Notwendige dafür eingeleitet. Die großen Hürden sind bereits genommen und die energetische Blaupause für die neue feinstofflichere Erde für Gaias Vision bereits erstellt. Wenn sich ein Planetengeist entpuppt und sein Körper in eine höherschwingende Variante umwandelt, dann geht das meist so vonstatten, dass die darauf lebende Spezies für die heiße Phase der Neugeburt selbst vom materiellen in den feinstofflichen Zustand überwechselt. Doch bei der uns anstehenden Geburt einer neuen Erde wurde alles so bewilligt und eingeleitet, dass wir während des gesamten Vorgangs im materiellen Körper bleiben. Das ist es, wenn biblisch von der Auferstehung im Fleische die Rede ist. Der Geist schwingt sich mit Gaia in eine neue Dimension auf und die Physiologie passt sich nach und nach diesem neuen Schwingungszustand an. Weil dieser Aufstieg auch bedeutet, dass sich die Lebensgrundlage für fremde Spezies auf diesem Planeten auflöst, da diese sich in einem niedrigschwingenden Zustand zu Hause fühlen, werden sie alles daransetzen, diesen Geburtsprozess zu verhindern.

Doch die ersten Geburtswehen haben bereits eingesetzt. Die kritische Masse von 144.000 Menschen, die eine bestimmte Bewusstseinsfrequenz auf der Erde verankern, ist bereits überschritten. Dennoch hat der Raubbau, der auf der Erde betrieben wird noch System und trotzdem liebt Gaia uns nach wie vor bedingungslos, auch wenn sich ihre Geduld uns gegenüber manchmal knapp dem Ende nähert. Das Abpumpen von Erdöl beispielsweise gleicht einer ständigen Entnahme von Lymphflüssigkeit, sodass das hormonelle System von Gaias Körper aus dem Gleichgewicht gerät. Die Erdoberfläche ist wie die Haut Gaias und jeder Baum für sie wie ein kleines Härchen, durch das sie ein feinfühliges Oberflächengespür bekommt. Gaia spürt jeden Schritt, den du auf ihr gehst, doch dadurch, dass wir uns hauptsächlich auf zugepflasterten und geteerten Straßen bewegen, fühlen wir sie (und sie uns) nicht mehr, was jede Form der Unterstützung abschneidet. Auch atmet Gaia durch die alten Regenwälder und bringt durch sie den Kreislauf der Wasserversorgung durch Wolkenbildung in Gang. Das Wasser ist wie das Blut der Erde, bzw. entspricht die Rolle des Wassers für Gaia in einigen Funktionsweisen der des Blutes für den menschlichen Körper, denn die Flüsse sind wie Adern. Das Herz Gaias ist die im Zentrum des Planeten scheinende und gut geschützte, Zentral-Sonne, die auch Leben innerhalb der Erde zu schenken vermag. Auch hat die Erde Energiezentren (Chakren) und ein sie umspannendes Meridiansystem, die sogenannten Leylinien. Durch ihre Energetik sowie durch ihre Geophysiologie reguliert Gaia, wie bei allen lebendigen Systemen, ihre Temperatur sowie ihren Stoffwechsel in feinster Abstimmung mit allen auf ihr lebenden Aspekten selbst. Am wichtigsten aber ist: Die Erde hat einen Geist, ein alldurchdringendes Bewusstsein, mit dem jedes Wesen auf der Erde in Kommunikation treten kann. Wie willst du in einem Existenzraum leben, ohne den Geist zu kennen, der diesen Existenzraum für dich und alles um dich herum eröffnet hat? Wer in die Natur geht, still in sich wird, und dem Spiel des Windes mit den Blättern der Bäume lauscht, der kann eine leise Ahnung vom Lebenstraum und der großen Vision Gaias bekommen. Je mehr wir unser Leben wieder vom großen Lebenstraum Gaias inspirieren lassen, desto glücklicher und erfüllter wird unser Leben auf diesem einzigartigen Planeten sein.

## Sexualität und Schöpfung

Ich werde im folgenden Text so frei und offen wie möglich über einige tabuisierte Themen sprechen, wobei jeder Hörer selbst für sich entscheiden muss, ob die von mir angesprochenen Themen für ihn in einem tieferen Sinne stimmen.
Kaum ein anderes Thema wie das der Sexualität, wird so vielschichtig zur Kontrolle und Manipulation der Bevölkerung eingesetzt. In diesem Bereich liegen derart starke Verzerrungen vor, dass nur wenige Menschen die Unnatürlichkeit der propagierten Sexualität überhaupt mitbekommen. Folgender Text wird einerseits auf die psychologischen und energetischen Kontrollmechanismen dieses Themas eingehen sowie einen Einblick in die geheilte und damit auch heilige Sexualität geben. Die geheilte Sexualität und damit auch der Ausgleich maskuliner und femininer Energien in beiden Geschlechtern ist integraler Bestandteil der Selbstermächtigung jedes einzelnen und damit ein wichtiger Schlüssel auf dem Befreiungsweg der Menschheit. Zeitlich gesehen gab es über längere Epochen in der Menschheitsgeschichte ein Matriarchat, wobei die aktuelle Polarisierung einen Ausgleich und eine Harmonisierung beider Kräfte vor der Vollendung eines bestimmten Entwicklungszyklus herzustellen versucht. Rein astrologisch wurde das Patriarchat und damit auch eine bestimmte Art der Herrschaftsstruktur 2012 beendet und bei den jüngeren Generationen ist zu erkennen, dass sie von Geburt an einen größeren Ausgleich von maskulinen und femininen Aspekten mitbringen. Doch

schon früh wird über die Sexualisierung versucht, verzerrte Rollenbilder zu etablieren und Schuld und Scham gegenüber dem eigenen Körper und seiner Geschlechtszugehörigkeit zu verbreiten. In den am stärksten tabuisierten Themen stecken meist die größten kollektiven Traumata und manchmal ist der erste Schritt der Aufarbeitung der, wieder offen darüber zu sprechen.
Die Pornografie-Industrie beispielsweise ist eines der größten und bestvernetzten, schwarzmagischen Kartelle, das dafür sorgt, dass der Mensch seine Schöpfungsfähigkeit einbüßt. In der Magie ist es weitläufig bekannt, dass die Eroskraft die stärkste Schöpfungskraft im gesamten Kosmos darstellt und bei allem, was entsteht, mitwirkt. Schöpfung ist sowohl in der hiesigen dreidimensionalen Planmatrix, wie auch in den höheren Matrizen immer der Polaritätstanz von männlicher und weiblicher Kraft, egal ob zwischen Wesen, zwischen Protonen und Elektronen oder zwischen links- und rechtsdrehenden Quanten. Das, was den Tanz der Schöpfung in Bewegung setzt ist Anziehung, Resonanz oder schöner noch Liebe! Sexualität mit Liebe ist Schöpfung, ohne Liebe wird sie zu einem Macht- und Manipulationsmittel. Die Pornoindustrie ist gezielt dazu da, die schöpferischen Fähigkeiten eines Menschen herabzusenken, ihn abstumpfen zu lassen und ihm Bilder und pervertierte Vorstellungen einzupflanzen, die auf Macht und Aggression basieren. Ein wichtiger Schritt in Richtung geheilte Sexualität ist die Bewusstwerdung der Bilder und anregender Fantasien. Heutzutage findet der Sex vielmehr zwischen

zwei Köpfen, d. h. in den jeweiligen mentalen Vorstellungsbildern als zwischen zwei Körpern statt und meist sind diese Bilder nicht am höchsten Göttlichen orientiert. Die vorstellungsbefreite Körperpräsenz ist der Schlüssel, um den energetischen Fluss zwischen Mann und Frau zirkulieren zu lassen. Wir haben weitestgehend verlernt, eine rein körperliche Lusterfahrung zu empfinden, ohne mit anregenden Bildern oder Vorstellungen nachzuhelfen und meist ist die Sexualität mehr eine oberflächliche Geilheit des Verstandes, als dass auf körperlicher Ebene eine nachhaltige Befriedigung er- und gelebt wird. Die programmierte Sexualität findet ausschließlich im Kopf statt, wodurch wir generell den Zugang zu den Freuden jenseits des Denkens verlieren. Die Gedanken, die in der energetischen Aufladung der Sexualität gedacht werden, haben eine zweitausendfach verstärkte Schöpfungs- und Manifestationskraft, wobei die Schöpfungskraft im Höhepunkt selbst ihren Höhepunkt findet. Es gibt kaum einen anderen menschlichen Zustand, in dem die Schöpfung und Manifestationskraft derart erhöht ist als beim Orgasmus, weshalb gründliche Gedankenhygiene bei den erregenden und Orgasmus anfachenden Gedanken notwendig ist. Eigentlich sollte ein Orgasmus schöpfen und Leben schenken, doch wird er meist eher aufgrund von Stressabbaus und der Entspannung herbeigesehnt. Die mentale Programmierung geht sogar so weit, den Orgasmus mit dem Tod zu assoziieren, was sich in der französischen Sprache niederschlägt: Dort wird der Orgasmus „la petit mort“, der kleine Tod genannt. Ein zentraler Grund, weshalb versucht wird, die Sexualität so weit wie möglich von ihrem Ursprung und ihrer eigentlichen Funktion zu entkoppeln und zu entfremden ist der, dass der Moment der Schöpfung maßgeblich darüber bestimmt, was durch ihn gezeugt wird. Jede Form von Schöpfung öffnet ein Portal zu einer anderen Feldebene und stellt damit eine Art Eintrittstor in die dreidimensionale Matrix dar, und je nachdem wie hochschwingend und rein eine schöpferische Verbindung ist, desto wahrscheinlicher ist es, dass sich dadurch ein stabiles Portal öffnet, in dem sich entweder ein hochschwingender Zustand, oder eben ein hochschwingendes Wesen inkarnieren kann. Der Grund dafür, dass wir bei Eintritt in die dreidimensionale Planmatrix alles vergessen, liegt auch darin, dass die Schöpfungsportale, durch die wir zur Erde kommen, nicht stabil bzw. nicht hochschwingend genug sind. Im Zuge dessen, hier eine der wichtigsten Informationen, die ihr bitte an jedes Paar weitergebt, das eine bewusste Zeugung in Betracht zieht: Die Art der Zeugung und vor allem die Art des Orgasmus bestimmt darüber, wie sehr ein Kind durch den Schleier des Vergessens gehen muss und wie hoch seine Grundschwingung ist. Natürlich kann man auch hier nur von Wahrscheinlichkeiten und Tendenzen sprechen, aber der Einfluss einer bewussten Zeugung ist für das gesamte Leben des Kindes ist enorm. Am besten ist es, bereits vor der Zeugung eine emotionale und energetische Verbindung bzw. einen telepathetischen Kontakt mit dem Kind herzustellen. In indigenen Kulturen wussten die Eltern immer, wer zu ihnen kommt und konnten entsprechend alle Geburtsfaktoren auf das Kind anpassen, ob es nun den astrologischen Zeitpunkt der Zeugung und damit den der Geburt, oder auch die Namensgebung betraf. Einer der wichtigsten Faktoren für die Fortexistenz der Menschheit ist es, dass die Kinder, die noch geboren werden, einen Teil ihres Ursprungs und ihrer Erinnerung daran mit auf die Erde bringen und wir als potenziell angehende Eltern bestimmen durch unsere Art der Sexualität maßgeblich darüber, wie stabil ein Inkarnationsportal sein wird. Um das zu erreichen, müssen wir uns unseren sexuellen Ängsten und Traumata stellen und diese in Heilung bringen. Wenn die Menschheit auch nur die Hälfte der dunklen Sexualprogrammierungen in Richtung Vergewaltigung und Unterdrückung aufarbeiten und heilen würde, dann könnte die nächste Generation schon wieder so bewusst inkarnieren, dass der Aufstieg leicht und problemlos vonstatten gehen würde. Findet jedoch die Zeugung weiterhin im Einfluss einer Werbe- und Pornoindustrieprogrammierung statt, dann bleibt die Grundschwingung der Kinder der neuen Zeit gedeckelt und weit unter ihren Möglichkeiten. Für viele Menschen würde sich die größte sexuelle Heilung dadurch einstellen, dass sie sich bewusst für eine Zeit lang in sexueller Enthaltsamkeit üben. Sex, wie er fast überall auf der Welt praktiziert wird, sorgt für eine mittelmäßige Zufriedenheit, die einer energielosen Dauerbenebelung gleichkommt. Wer eine Zeit lang zölibatär lebt, wird mitbekommen, dass seine Gedanken an Schärfe, Präzision und Klarheit zunehmen und dass sein Grund-Energiehaushalt ansteigt. Auch kann dadurch die Fähigkeit zur bedingungslosen Liebe allen und allem gegenüber leichter geübt werden. Meist versuchen wir, Liebe durch Sexualität zu erreichen und wundern uns, weshalb wir dort nicht nachhaltig fündig werden und mit Ersatzbefriedigung kompensieren müssen. Die körperliche Verschmelzung kann nur dann wahrhaft erfüllen, wenn zuvor die emotional-geistige Verschmelzung stattgefunden hat und die wenigsten Menschen sind bereits in einer emotionalen Offenheit und geistigen Bewusstheit, in der letztere Verschmelzung möglich ist. Ist man jedoch in einer reinen, bildbefreiten Präsenz, dann können sich Mann und Frau gegenseitig erkennen. „Sie erkannten einander“ ist eine altertümliche, biblische, aber sehr stimmige Ausdrucksweise für das, worum es in der Sexualität wahrhaft geht.

Ein weiteres wichtiges Thema in Bezug auf Sexualität und Schöpfung ist die Telegonie. Bei der Tierzucht ist es schon lange bekannt, dass jeder und insbesondere der erste Sexualpartner einen Großteil der Eigenschaften an das Jungtier mitgibt, auch wenn dieses letztlich von einem anderen Partner gezeugt wird. Alle vorangegangenen Sexualkontakte und insbesondere der erste, bestimmen folglich einen Großteil der Eigenschaften und Merkmale des Kindes, auch wenn diese bereits vor Jahren stattfanden. Durch bewusste Zeugung kann jedoch das Maß der Beeinflussung durch vorangegangene Sexualpartner reduziert werden. Nicht umsonst war und ist bis heute noch in den traditionellen Kulturen Jungfräulichkeit ein sehr wichtiges Thema. Und obwohl die kirchlichen Institutionen diese Doktrin als Manipulationsmittel eingesetzt haben, ist Jungfräulichkeit ein sehr ehrbarer und schätzenswerter Zustand. Wäre die Menschheit in ihrer Gesamtentwicklung bereits wieder dichter am Lebensursprung, dann würde

Sex hauptsächlich bis ausschließlich im Sinne der Zeugung gesehen werden. Da wir aber nun einmal den Entwicklungsstand haben, den wir haben, kann eine heilsame Sexualität auch andere Bedürfnisse nach Nähe und Intimität abdecken, die im alltäglichen Miteinander fehlen.

Keine andere Tätigkeit zieht so viele verschiedene Wesenheiten an wie der sexuelle Akt, weshalb dort die Gefahr von Fremdbeeinflussung bzw. Besetzung stark erhöht ist. Wichtig ist deshalb, dass ein Paar bewusst einen geschützten, intimen Raum aufbaut, indem sie ihre Intention und Ausrichtung verankern. Ein solcher Schöpfungsraum kann im Idealfall im Kleinen das nachbilden, was im Großen einst Universen hervorgebracht hat. Trifft das rein Männliche auf das rein Weibliche, dann entsteht daraus eine ekstatisch-explosive Einheit, die sich völlig frei durch alle Schöpfungsebenen bewegen kann und für die sich jede Information bzw. Energie offenbart. Diese heilige Begegnung findet dann in der Verschmelzung der körperlichen, geistigen und seelischen Ebenen statt und führt zurück bis zum Ursprung. Wer den Wunsch in sich hat, eine geheilte, heilige Sexualität zu leben, der sollte sich mit dem Zustand des Ursprungs der Schöpfung vertraut machen und diesen raum- und zeitlosen Seinszustand erst für sich verkörpern lernen, um dann im nächsten Schritt die dort herrschende allumfassende Liebe mit in sein irdisches Liebesleben hineinzunehmen. Jeder am Ursprung orientierte Liebesakt, in dem die göttliche Energie voll präsent zugegen ist, schreibt das programmierte Feld der Sexualität um und je mehr Menschen dies bewusst tun, desto leichter werden auch weniger bewusste Paare in ihrer Sexualität das Geschenk der göttlichen Liebe erfahren dürfen. Leider ist das Programmierungsfeld rund um das Thema nach wie vor stark von schwarzmagischen Elementen und energieraubenden Elementarwesen durchzogen, doch je mehr Menschen sich in Liebe vereinen, unabhängig in welcher Form sich dies ausdrückt, desto leichter lösen sich diese destruktiven Programme auf. Jeder Mensch hat eine nicht zu unterschätzende Verantwortung, sich seiner sexuellen Programmierung zu entledigen, um wieder voll in seine Schöpferkraft treten zu können.

## Das Prinzip der Schöpfung

Das Prinzip der Schöpfung arbeitet mit Wahrscheinlichkeiten und stets durch mehrere Schöpfungsebenen hindurch. Das Wahrscheinlichkeitsprinzip, das die Schöpfung anwendet, ist ein zur Perfektion aufeinander abgestimmtes Netz an Möglichkeiten, das stets im Voraus die beste aller Möglichkeiten zum Realitätssieger krönt. Die gesamte Schöpfung, sowie die individuellen Erfahrungsräume eines jeden Wesens, sind stets die bestmöglichen Möglichkeiten für die Entfaltung und das Wachstum derselben. Aber wie kommt es, dass sich aus der nahezu unendlichen Anzahl an Wahrscheinlichkeiten immer die Möglichkeit realisiert, die sich ins Gesamtresonanzbild am besten einfügt?
Dem menschlichen Wahrscheinlichkeitsdenken nach müsste die Wahrscheinlichkeit, dass wir immer die beste aller für uns möglichen Realitäten erleben, nahezu gleich null sein. Und wenn die Schöpfung nur auf einer Ebene und anhand eines dreidimensionalen Verständnisses betrachtet wird, dann wäre es auch nicht ersichtlich, dass wir alle wahrhaftig immer die jeweils (für uns) bestmögliche Möglichkeit anziehen. Nimmt man die vierte Dimension (Zeit) mit in seinen Bewusstseinshorizont hinein, dann erfährt man, dass das Prinzip der Schöpfung nicht nur durch den Raum, sondern auch durch die Zeit hindurch erschafft. Das geschieht nicht nur, wie angenommen, von der sogenannten Vergangenheit in die Zukunft, sondern gleichermaßen aus der Zukunft in die Vergangenheit. Dein jetziger Mo-

ment bestimmt sich zum Teil viel weniger aus der Anzahl und Reihenfolge der vergangenen Momente, als dass er sich daraus ergibt, welche zukünftigen Wahrscheinlichkeitspfade mit hoher Gewichtung in deinem Lebensweg liegen. Der jetzige Moment wird immer durch die Zeit zurückvermittelt, das heißt, dass die Zukunft in gewisser Weise bereits weiß, welche Wahrscheinlichkeit in ihr zur Realität geworden ist. Dieses Wissen sendet die Zukunft beständig in den jetzigen Moment hinein. Das Prinzip der Schöpfung ist so aufgebaut und verwoben, dass die Zukunft aus der unendlichen Anzahl an Wahrscheinlichkeiten immer schon die beste aller möglichen Szenarien kennt und dieses Lebensszenario in der Zeit zurücksendet, um es zu verwirklichen. Dass Perfektion hier am Werke ist, könnte nun langsam ersichtlich werden...

Über die Zeitdimension hinaus gibt es noch viele weitere Dimensionen, die analog zu dem Prinzip, wie die Schöpfung rückwärts durch die Zeit arbeitet, funktionieren.

Wer das Gefühl perfekter Harmonie in sich aufsteigen lässt und innerlich nach den höherdimensionalen Wirkweisen der Schöpfungsprinzipien fragt, der wird Erfahrungsantworten von unsagbar tiefer Schönheit erleben. Doch bleiben wir zunächst noch einmal bei der Art der Verwendungsweise der Zeit, sowie den multiplen, parallelen Wahrscheinlichkeitsfeldern und erläutern diese anhand eines Beispiels: Eine Pflanze ist in ihrem Wachstum auf Licht, bzw. auf Photonen angewiesen, welche sie mithilfe des photosynthetischen Prozesses in sich aufnimmt. Doch auch die Pflanze arbeitet dabei multidimensional, da sie die Photonen in einer nahezu

unmöglichen Effizienz absorbiert. Würde die Pflanze versuchen, das Licht „einfach so“ aufzunehmen, würde sie Wahrscheinlichkeiten erleben, in denen die Photonen miteinander kollidieren und so gut wie kein Licht das Innere der Pflanze erreichen würde. Doch stattdessen multipliziert die Pflanze ihre Gegenwartserfahrungen in alle möglichen Möglichkeiten der Photonenbewegung. Und dann wird diejenige Möglichkeit zum nächsten Moment gekürt, in der die größtmögliche Anzahl an Photonen kollisionsfrei in das Zellinnere gelangen kann.
Die Art der Formulierung ist an dieser Stelle etwas fehlleitend, da eigentlich nicht die Pflanze die Multiplikation aller möglichen Möglichkeiten vornimmt, sondern diese Möglichkeiten im Voraus immer schon gegeben sind und die Pflanze lediglich ein Gewahrsein über dieses Wahrscheinlichkeitsfeld besitzt und damit zu interagieren weiß. Eine Pflanze kann (wie ein Mensch auch) nur durch eine Photonenspeisung überleben, wobei sie mit einem bereits bestehenden Photon erst einmal nichts anfangen kann. Oder anders gesagt, eine Pflanze braucht zwar die dreidimensional manifestierte Variante des universellen Lichts, kann aber mit dem bereits manifestierten Licht nichts anfangen, denn sie kann Licht bzw. Photonen nur aus dem Zustand der Superposition für sich nutzbar machen. Das Licht kann sich nur durch seine höherdimensionale Variante aus dem Zustand der Nichtlokalität exakt in den Raumpunkt platzieren, in dem es im Einzelnen verwendbar ist und damit Erfüllung findet. Licht kann sich demzufolge nicht durch den Raum bewegen, sondern es füllt sich per Superposition in jedem Moment in den dafür

exakt vorhergesehenen Raumpunkt. Gleichmaßen verhält es sich mit der Zeit, denn höherdimensionales Licht ist ebenfalls nicht in der Zeit verortet und füllt sich, im wahrsten Sinne des Wortes, quer durch die Zeit in immer den Möglichkeitsmoment, den ein einzelnes Schöpferwesen zu seiner Wirklichkeit erklärt. Jedes Wesen erfährt eine Speisung von höherdimensionalem Licht, ohne die es nicht lebensfähig wäre und gleichzeitig ist jedes Wesen dann damit beauftragt, das was es empfängt, in seine Realitätsebene zu übersetzen. Das bereits zu einer dreidimensionalen Variante umgewandelte Licht ist für dreidimensionale Wesen im Kern nicht mehr verwendbar, da es seinen Zweck auf dieser Dimension bereits erfüllt hat.
Auf diese Weise setzt sich der eine Schöpfungsgedanke durch die höherdimensionalen Räume in multipler Ausführung um und erfüllt sich in allen Varianten seiner Selbst. Wer als Mensch aus der göttlichen Anbindung heraus schöpft, wird gleichermaßen durch die Zeit die wahrscheinlichen Möglichkeitspfade sehen und einen davon in die Realität zu überführen wissen. Die Kunst, im Sinne des Schöpfungsprinzips zu erschaffen, ist es, alle weniger wahrscheinlichen Möglichkeiten oder auch „Abwege", auszublenden und die Gesamtheit der Bewusstseinskraft in jedem Moment einzig und allein auf das bestmögliche Lebensszenario zu konzentrieren. Dies mag sich nach einer anstrengenden Arbeitsleistung anhören, hat aber vielmehr damit zu tun, jede Anstrengung loszulassen und sich hingebungs- und vertrauensvoll in die bestmögliche Zeitlinie hineinziehen zu lassen, die das Prinzip der Schöpfung bereits vorbereitet hat.

Um das Verständnis über das Prinzip der Schöpfung und die in ihr waltende Perfektion auf eine neue Ebene zu heben, kann man sich zusätzlich zu den parallelen Wirklichkeitsszenarien im Raum und den in Wahrscheinlichkeiten gestaffelten Zeitlinien auch noch die Möglichkeitsvarianten zwischen den Schöpfungsebenen ansehen. Dies wollen wir anhand des Lichts beschreiben: Auf jeder Schöpfungsebene ist Licht im Wesentlichen einfach Licht, allerdings verändert es, je nach Dimension in der es auftritt, seine Eigenschaften und Wirkungsweisen. Das in Raum und Zeit gesetzte Photon, das aus reiner Quantenrotation besteht und die Basis aller Materie bildet, ist das dreidimensionale Äquivalent von Licht. Licht in höheren Dimensionen behält bis in die sechste Dimension die Eigenschaft der Eigenrotation und der morphischen Selbstrückkopplung bei. Auf Empfindungsebene steigt die Intensität der Erfahrung von Licht mit jeder Dimension. Der beim Photon noch fokussierte Eigenspinn entfesselt sich auf höheren Dimensionen. Bis zu einem gewissen Grad kann man davon sprechen, dass der Eigenspinn entsprechend mit der Höhe der Schwingungsfrequenz steigt, doch ab einer gewissen Frequenz ist der Spinn so weit entfesselt, d.h. orts- und zeitungebunden, dass es schwerfällt, hier noch von Rotation zu sprechen. Vielmehr verhalten sich die höheren Dimensionen des Lichtes zueinander, wie eine sich selbst intelligent vernetzende Struktur, die trotz einer enorm hohen inhärenten Stabilität, ständig im Werden begriffen ist.
Doch auch an dieser Stelle versagen die Worte und können lediglich ein Gefühl hinterlassen, dass alle

Schöpfungsebenen harmonisch miteinander in Lichtkommunikation stehen, und dass das Schöpfungsprinzip alles so aufeinander abgestimmt hat, dass in keiner Dimension Aspekte des einen Lichtes deplatziert oder unverbunden sein können.

## Die Schlüssel der Liebe

Jeder Mensch auf Erden wünscht sich letzten Endes nur zu lieben und geliebt zu werden und hinter jeder Handlung verbirgt sich ein stiller Ruf nach Liebe. All die Schmerzen und Leiden dieser Welt sind ein verzweifelter Versuch, die Liebe in einer Form und auf einer Weise anzustreben, wie sie nicht gefunden werden kann. Wer sich auf den Weg begibt, um die Liebe zu suchen, sucht letztendlich immer nur sich selbst und wer die Liebe in sich gefunden hat, wird auch in Kontakt mit seiner wahren Größe kommen. Wer sich leichtgläubig auf den Weg der Liebe begibt, wird von ihr verbrannt werden und statt der Liebe immer wieder größten Schmerz erfahren. Aus einer begrenzten Perspektive heraus mag es dann so aussehen, als ob der Schmerz wirklich aus der Liebe stammt. Doch die Liebe kann nur lieben und alles Leid, was auf dem Weg zur Liebe entsteht, stammt nicht aus der Liebe, sondern aus den Widerständen gegen sie. Die meisten Menschen laufen mit stark verdrehten und verzerrten Konzepten und Vorstellungen über die Liebe durchs Leben und wenn sie beispielsweise in früher Kindheit physischen oder psychischen Missbrauch erfahren haben, dann wird diese Erfahrung aus Liebe zu den Eltern unbewusst im Laufe des Lebens immer wieder wiederholt, weil das Kind das Verhalten der Eltern, und sei es noch so missbräuchlich, als eine Form von Liebe abspeichert. Liebe kennt keine Form und keine Begrenzung und der erste zentrale Schlüssel auf dem Weg zur

Liebe ist die Freiheit. Ohne Liebe kann es keine Freiheit und ohne Freiheit keine Liebe geben und wo das eine fehlt, zieht sich auch das andere zurück. In der Regel wird die Liebe mit Bindungen, Besitzansprüchen und daran geknüpften Verpflichtungen verwechselt, doch in dieser verzerrten Form von Liebe drückt sich meist nur ein alles kontrollieren wollendes Ego aus. Die wahre Liebe hingegen ist Allverbundenheit und schließt nichts und niemand in ihrer Liebe aus. Die Liebe ist stets öffnend, verbindend und integrierend und die Idee, dass man durch die Liebe zu etwas, etwas anderes nicht lieben darf, stellt eine weltliche Verzerrung dieser überirdischen Kraft dar. Auch wenn die Liebe in einer Form und der physischen Körperlichkeit gesucht wird, so ist sie letztendlich in einer anderen Ebene beheimatet und kann auch nur dort gefunden werden. Körperlichkeit ist ein Weg zur Liebe, der jedoch derart im menschlichen Bewusstsein verzerrt wurde, dass die wenigsten Menschen sie auf diesem Wege erreichen. Würde man Liebe tatsächlich durch Körperlichkeit und seelische Verschmelzung durch körperliche Verschmelzung erreichen können, dann sähe die Welt heute anders aus. Für das Ego bedeutet die Liebe den Tod und um alles in der Welt versucht es, der Liebe aus dem Weg zu gehen und so lässt es sich immer wieder Abwege, Ausreden und Kompensationsbefriedigungen einfallen, die sein Überleben sichern. Ein weiterer wichtiger Schlüssel auf dem Weg zur Liebe ist es deshalb, zu erkennen, dass ein Teil in dir alles daran setzt, dass eine wahrhaftige Erfahrung von Liebe ausbleibt. Ein Ego kann ein großes Interesse daran entwickeln, sich selbst damit zu brüsten auf dem

Weg der Liebe zu sein und die große Liebe in der Welt zu suchen, aber wehe dem es kommt zu dem Punkt, sie wahrhaft in sich zu finden. Eigentlich ist die Grundvoraussetzung für eine glückliche Partnerschaft die, die Liebe bereits in sich gefunden zu haben, um sie zu zweit auszudehnen. Jedoch wird die Liebe dadurch nicht mehr oder weniger, weil sie jenseits zeitlicher Schwankung und Veränderungen liegt. Alle Partnerschaften, Beziehungen und Freundschaften, die du bisher im Leben hattest oder noch haben wirst, dienen letztlich alle dazu, die Liebe in dir zu finden und sobald du durch Partnerschaften noch Schmerz oder Verlust erfährst, weißt du, dass du die Liebe noch mit Bedingungen verwechselst. Auf dem Weg zur Liebe wird dein Herz immer und immer wieder gebrochen, bis es sich von allen bedingten Schichten befreit hat, um zu einem all-liebenden Herzen zu werden. Nur das dir innewohnende all-liebende Herz ist der wahren Liebe fähig und solange der Weg noch von emotionalen Schmerzen begleitet ist, weißt du, dass sich dein Herz gerade von Bedingungen reinigt, die du ihm auferlegt hast. Dein Herz muss sich von alledem reinigen, was nicht Liebe ist, um seinen strahlenden, innersten Kern freizulegen. Versucht man aus einer befleckten Schicht des Herzens heraus zu lieben, dann verkommt die größte Kraft des Kosmos schnell zu einem Manipulationswerkzeug. Große zerstörerische Wirkung kommt immer dann zustande, wenn die mächtigsten Werkzeuge in die Hände derer geraten, die diese aus einem begrenzten, getrennten Bewusstsein heraus anwenden und so kommt es immer wieder dazu, dass im Namen der Liebe und mit anderen schön klingenden Begriffen die größten Verbrechen dieser Erde gerechtfertigt werden. Nichts ist so gefährlich wie ein Ego, das glaubt zu lieben und mit den Worten der Liebe seine Kontrollsucht und seine Machtansprüche verschleiert. Zu lieben heißt auch immer, sich der Kontroll-Losigkeit hinzugeben und weil die Liebe nichts kontrollieren möchte, wird durch sie alles gelenkt. Deshalb ist ein weiterer wichtiger Schlüssel auf dem Weg zur Liebe das Loslassen aller Kontrollversuche. Die Liebe braucht nichts, sie braucht nicht recht zu haben, sie braucht keine Besitzansprüche, keine Positionierung, keine Bestätigung ihrer Richtigkeit, denn sie handelt schlicht und ergreifend aus sich selbst heraus. In Liebe zu sein bedeutet jedoch nicht immer, zu allen nett und freundlich zu sein, sondern sich vielmehr klar und authentisch auszurichten, um an den richtigen und wichtigen Stellen auch einmal ein Nein auszusprechen. Die Mitläufer und Jasager dieser Gesellschaft haben alles, nur keine Selbstliebe, weil sie immer noch um Bestätigung, Anerkennung und Zuwendung kämpfen und eben nicht wissen, wie sie sich aus sich selbst heraus nähren können. Die Selbstliebe aufgrund der Liebe zu anderen zu vernachlässigen, ist häufig ein Hinweis darauf, dass nicht aus der Liebe, sondern aus einem Mangelbewusstsein heraus gelebt wird, auch wenn das Selbst, das liebt letztlich in der Liebe aufgeht. In der Liebe geht alles auf und in ihr entschwindet der Liebende wie der Geliebte gleichermaßen. Keine Spur von analytischem Vorteilsdenken oder haben wollen mischt sich in eine wahrhaftige Liebe und immer, wenn man sich an einen Menschen deshalb bindet, um eine Verbindlichkeit im Namen der Liebe einzufordern, dann ist dies ein Kontrollelement, um die Erfüllung eigener Bedürftigkeiten sicherzustellen. Wahre Liebe hingegen besteht nicht nur bis zu dem Punkt „bis dass der Tod uns scheidet“, sondern in ihr wird selbst der Tod überwunden, da eine große Liebe oft über mehrere Inkarnationen andauern kann. Viele Ehen dieser Welt werden nicht aus Liebe, sondern aus Angst und Sicherheitsbedürfnis heraus geschlossen. Doch wer sich die Treue aus Angst vor Verlust von Liebe verspricht, wird in seinem Treuegelöbnis Angst und nicht Liebe manifestieren. Wer hingegen wahrhaftige Liebe erfährt, wird wissen, dass es keinen Verlust von Liebe geben kann und dass Liebe immer dagewesen ist und immer da sein wird unabhängig davon, wodurch sie erfahren wird. Immer wenn du glaubst, du könntest die Liebe verlieren, dann hast du sie noch nicht erfahren. Aber durch den Schmerz des Verlustes ist es möglich, eine innere Schicht abzutragen, um die Hingabe an die Liebe zu vertiefen. Die Empfindung, die am entferntesten von der Liebe ist, ist die Angst, wobei letzten Endes auch die Angst aus der Suche nach Liebe geboren wird. Ein weiterer Schlüssel auf dem Weg zur Liebe ist die Konfrontation und die Transformation der Angst, weil hinter der Angst immer die Liebe auf dich wartet. Angst ist die Abwehr vor der Liebe und wenn du genau dorthin gehst, wo deine größte Angst liegt und sie in Liebe betrachten lernst, dann schmelzen die Abwehrmauern nur so dahin und geben dir den Weg wieder frei. Angst bringt immer Beengung, wohingegen Liebe die innere Weite mit sich bringt. Je weiter und allumfassender du folglich in dir

wirst, desto mehr Raum kann die Liebe in dir einnehmen. Fühle dich jetzt dazu eingeladen, dich innerlich weit werden zu lassen und dich über deine Körpergrenzen hinaus auszudehnen und horche hinein, was für eine Empfindung dabei in dir aufsteigt. Wo Liebe gegenwärtig ist, ist Frieden nicht fern und mit sich und allem in Frieden zu sein, ist ein wichtiger Schlüssel zur Liebe. Mit sich und seiner Vergangenheit in Frieden zu sein und sich und anderen für alles, was gewesen ist, zu vergeben, eröffnet die gegenwärtige Schau der Liebe. Frage dich selbst in all deinen Entscheidungen: Was würde die Liebe tun? Und eine tiefe Geistesgegenwart und ein innerer Frieden werden dich in jeder Handlung begleiten. Wenn du lernst, mit den Augen der Liebe zu schauen, wird es dir ein Leichtes sein, in Liebe zu handeln, wobei das In-Liebe-Sein die Voraussetzung dafür ist, etwas in Liebe wahrzunehmen und entsprechend zu handeln. Liebe kann niemals eine Handlung sein, aber sehr wohl in einer Handlung Ausdruck finden. Allerdings sollte man die Ebene des Seins nicht mit der Ebene von Gedanken und Gefühlen oder der Ebene der Handlung verwechseln.
An dieser Stelle kommen wir zu einem weiteren wesentlichen Schlüssel der Liebe, der für die Augen der Welt meist verborgen scheint. Die Liebe ist kein Gefühl, sondern dein ursprünglicher Seinszustand und kein Gefühl kann das ursprüngliche Sein deiner Selbst vollständig zum Ausdruck bringen. Menschen glauben, dass sie lieben würden, wenn sie sich gegenseitig gute Gefühle machen, doch dies hat nichts mit Liebe zu tun, sondern höchstens mit verliebt sein und man achte darauf, dass die Silbe "Ver" eine Verdrehung darstellt.

Eine Partnerschaft, die darauf basiert, sich gegenseitig im Sinne einer Tauschlogik zu stimulieren, egal ob auf physischer, auf emotionaler oder auf mentaler Ebene, sorgt für die Aufrechterhaltung des getrennten Bewusstseinszustandes. Für viele Menschen ist die Ehe und Partnerschaft die vertraglich ausgehandelte Verpflichtung, sich gegenseitig gute Gefühle zu machen und des Egos höchstes “Glück“ ist dann die Stagnation deiner Entwicklung und die Einschläferung von wahrhaftiger Erfüllung. Partnerschaften und auch Freundschaften werden häufig dafür verwendet, um jemanden zu haben, der die eigene getrennte Welt und Selbstsicht bestätigt, anstelle sich gegenseitig liebevoll zu hinterfragen und zur besten Version seiner Selbst zu begleiten. Wie viele Paare kennst du, die glücklich und erfüllt die Liebe in ihrer Partnerschaft gemeistert haben und wie viel Prozent der Paare, die du kennst, sind im ständigen Schmerz und in subtilen oder offensichtlichen Machtkämpfen verstrickt? Alleine schon die immer weiter ansteigende Scheidungsrate sollte einen Hinweis darauf geben, dass die wenigsten Partnerschaften einen gemeinsamen Weg zur Liebe gefunden haben. An dieser Stelle möchte ich dich auf einen weiteren Schlüssel der Liebe hinweisen: Liebe kann nie zu zweit erfahren werden, denn wo zwei sind, ist auch immer Verzweiflung, die Liebe aber kommt nur dort zum Vorschein, wo *eins* ist. Zwei Wesen können niemals in Liebe sein, sie können sich höchstens gegenseitig geistig, emotional oder körperlich so stimulieren, dass beide einen Vorteil daraus ziehen, allerdings hat dies nichts mit Liebe zu tun. Nur der Weg der Vereinigung ist der Weg zur Liebe, aber alles, was mehr als eins ist, wird von ihr nicht berührt. Liebe vereint alles in sich und in ihrer Einheit gibt es keine Widersprüche. Sobald du also Unvereinbarkeiten oder Widersprüche in deinem Geist wahrnimmst, kann die Liebe dort nicht Einzug halten.

Die Vereinigung der Gegensätze, die „coniunctio oppositorum", war seit jeher ein hoher Weg der Liebe, der nur von denjenigen beschritten werden konnte, die bereit waren, sich selbst auf diesem Weg aufzugeben. Die Selbstaufgabe und Hingabe an alles, was ist, ist die Praxis der Liebe und immer, wenn du noch etwas in dir zurückhältst oder verschließt, wird sich dir die Liebe nicht ganz offenbaren können. Liebe hebt alle Trennungen und Spaltungen auf und schmilzt alles in sich zusammen, was im Ursprung bereits zusammen gewesen ist. Dementsprechend kennt sie weder Subjekt noch Objekt, weder innen noch außen, weder hier noch dort, denn es gibt letztlich keinen Ort, an dem die Liebe mehr oder weniger wäre als anderswo.

Wer ohne Liebe auf die Welt schaut, ist blind und wer mit Liebe auf die Welt schaut, sieht keine Welt, sondern Liebe, weil die Liebe nur Augen für ihresgleichen hat. Wenn du folglich aus der Liebe schaust, wirst du nicht die Dinge, sondern die Liebe in den Dingen sehen und wenn du diese Sichtweise innerlich schulst, dann wirst du sie wieder in allem wahrnehmen. Sich immer wieder bewusst für die Wahrnehmung der Liebe zu entscheiden, anstelle der Wahrnehmung von Angst oder Schmerz ist ein wichtiger Schlüssel auf diesem Weg. Wer erkennt, dass die Liebe auch dort ist, wo er sie nicht sieht, so wie die Sonne auch da ist, wenn die Wolken sie bedecken, der wird voller Vertrauen seinen

Weg in die Liebe finden. Liebe ist und war immer da und durch alles, was du erfährst, kannst du in Kontakt treten mit der Liebe, die du vom Ursprung an in dir trägst.

Über den Autor:

Robin Kaiser studierte Psychologie (M.Sc.) und Philosophie in Berlin und erfuhr in jungen Jahren durch Meditation tiefe Einblicke in das schöpferische Wesen des menschlichen Bewusstseins. Seither gibt er seine Erkenntnisse durch Bücher und Seminare weiter und inspiriert zu einem neuen Miteinander auf Erden.

ISBN 978-3-7549-4688-6
www.epubli.de